フレート・ブライナースドルファー｜編
石田勇治・田中美由紀｜訳

「白バラ」尋問調書

『白バラの祈り』資料集

未來社

Sophie Scholl-Die letzten Tage
Herausgegeben von Fred Breinersdorfer

まえがき

この本が出版される二〇〇五年〔原著発行は二〇〇五年二月〕、ゾフィー・ショルは八十三歳になっていたはずだ。戦時中に「普通の」学生生活を送っていれば、ゾフィーはまだ生きていたかもしれない。他のすべての人びとがそうしたように、ゾフィーもまた自らの道を選んだ。目をそらさず、耳をふさがず、しっかりと直視することを選んだのだ。戦争、自国民に対するテロ、「安楽死」、そしてホロコーストは、見過ごすことはできなくとも、見てみぬふりをすることはできた。しかし、ゾフィーは仲間とともに行動し、この空前絶後のテロ政権に対して、絶望的な、死をも覚悟した闘いを挑んだのである。

最近明らかになった史料によれば、苦しい尋問の終わりに、兄の立場や兄とともに闘った抵抗運動から距離をとっていたならば、ゾフィーは生き延びることができたかもしれない。もしかしたら、死刑を免れるわずかなチャンスがあったかもしれないのだ。もしゾフィーがそのチャンスを使っていたとしても、そのことで彼女を非難する者がいただろうか。生き延びるべき立派な理由はなかっただろうか。理想のため、両親と兄妹のために生き延びるべきではなかったのか。それに、彼女のような人間こそ、誰より必要とされているのだ。ゾフィーを非難する者は誰一人いなかっただろう。兄のハンスや仲間は言うまでもない。ゾフィーは抵抗運動にもう十分貢献したのだから。それでもゾフィーは、体制が差し出した最後のチャンスを拒絶した。それは裏切りを意味したからだ。ゾフィーは兄と全く同じ刑罰を受けることを望んだのである。

この内気で才気あふれる女子学生ほどの勇気と力をもつ者が、私たちのなかにいるだろうか。ゾフィーが有名になったのは当然だ。しかし、名声というものは、とかく一人歩きしてしまうものだ。そこで、ゾフィー・ショルという人物は本当はどんな人間だったのかという疑問が生まれ、この映画〔『白バラの祈り――ゾフィー・ショル、最期の日々』〕の制作に携わった私たち全員を動かした。こうして、私たちはゾフィー・ショルと「白バラ」について既知の資料を検討するだけでなく、独自の調査を行なうことにした。それによって、ゾフィーの人物像や、最期の五日間にクライマックスを迎えるヒトラー政権への抵抗運動に関する、さまざまな未解明の問いの答を探ろうとしたのだ。

こうした取り組みの末に、一本の映画ができあがった。この映画は、ゾフィー・ショルという英雄像を理性的に捉えるだけでなく、とくに感情面に注目し、生身の人間として表現することで彼女を理解しようとする試みだ。とはいえ、映画の物語は、事実に基づいている場合でも、映画特有の法則にしたがっている。映画とは、スクリーンの上に独自の現実を紡ぎ出すものだから。

このことから、私たちはこの本を、よくあるようなノベライズではなく、「白バラ」抵抗運動と人間ゾフィー・ショルを理解するための背景資料集にしたいと考えた。ゾフィーは一匹狼ではなかったので、その動機を理解したければ、ゾフィーの交友関係、とくに「白バラ」抵抗運動の仲間との関係、そして、市民階級出身でプロテスタントのショル家でつちかわれたものを知る必要がある。ゾフィーの人生と最期の日々に選んだ道をより深く理解するためにとりわけ重要なのは、ゲシュタポ〔国家秘密警察〕の尋問調書だ。それが、私たちの知る限りここで初めて抜粋して発表されることになった。編集でカットされた部分も含めたオリジナル・シナリオと、映画のコンセプトに関する著者と監督のコメント〔邦訳『白バラの祈り――ゾフィー・ショル、最期の日々〔オリジナルシナリオ〕』未來社刊〕も合わせて、映画からより多くの側面を導き出す一助となれれば、幸いである。

二〇〇四年十一月、ベルリンにて

フレート・ブライナースドルファー

「白バラ」尋問調書――『白バラの祈り』資料集★目次

第3章　バイオグラフィー・メモ　ウルリヒ・ショシー　75

第4章「白バラ」メンバーの尋問調書　ゲルト・R・ユーバーシェア　147

凡　例

・〔　〕内は原著者による補足、〔　〕内は訳者による補足をあらわす。

・原著の第4章には『白バラの祈り――ゾフィー・ショル、最期の日々』のオリジナルシナリオが収録されているが、日本語版ではこの部分のみを抜粋し『白バラの祈り――ゾフィー・ショル、最期の日々〔オリジナルシナリオ〕』（瀬川裕司・渡辺徳美訳）として未來社より二〇〇六年二月に刊行した。

「白バラ」尋問調書——『白バラの祈り』資料集

装幀——ＨＯＬＯＮ

第1章　「白バラ」のビラ

無責任な暗い衝動に駆り立てられた支配者の徒党に、抵抗もなく「統治」を許すことほど、文化民族の名に値しないことはない。誠実なドイツ人ならば、今や誰でもおのれの政府を恥じているのではないか？　いずれ、われわれの曇った目が晴れ、限界という限界をはるかにこえた残虐きわまりない犯罪が白日の下にさらされた時、われわれとわれわれの子供たちに降りかかる汚名がどれほどのものになるのか、予測できるものはいようか？　ドイツ民族が、指一本動かさずに、歴史の法則という怪し気なものに軽はずみにも信頼を寄せ、人間を他のあらゆる創造物よりも高からしめる至高のもの、つまり、自由なる意思を放棄し、歴史の歯車に自ら介入しそれをおのれの理性の決断にしたがわせる人間の自由を放棄してしまうほどに、その存在の底の底まで堕落し腐敗してしまったのならば、ドイツ人が個性を完全に失い、それほどまでに精神なき卑怯者の群れに成り下がったのならば、そうだ、その時、ドイツ人は滅亡するに相応しい。ゲーテはドイツ人をユダヤ人やギリシャ人と同様に悲劇の民と呼んでいるが、今やドイツ人はあたかも浅薄で意思を持たない追従者の群れのようだ。内面の奥底から骨の随まで吸い取られ、自分自身の核となるものを奪われて、甘んじて破滅へと追い立てられてゆく群れだ。見かけはそうだが、実は違う。実は、偽りの姿をとってゆっくりと忍び寄る組織的な暴力に無理強いされ、一人一人が精神の独房に閉じ込められてしまった。そして、そこに縛り上げられて横たわった時初めて、おのれの身の破滅に気づいたのだ。身に迫る破滅を察知した者は少数しかおらず、彼らが勇敢にも警告を発した見返りは死であった。これらの人々の運命については、のちに語ることにしよう。誰もが他の誰かが始めるのを待っているようでは、復讐の女神ネメシスの使者はとどめがたく迫りきて、やがて最後の犠牲者も貪欲な悪霊の口に意味もなく投げ込まれることになるだろう。だから、誰もが一人一人、キリスト教的な西洋文化の一員としての自らの責任を自覚し、この最期の時に、力の限り抵抗し、人類に打ちおろされる鞭に、ファシズムとファシズムに類するあらゆる絶対主義国家体制に抗して行動を起こすべきである。消極的抵抗をせよ！　抵抗を！　諸君がどこにいようとも、この神を畏れぬ戦争機械が動き続けることを阻止せよ！　手遅れにならないうちに、残りの都市がケルンのような瓦礫の山にならないうちに、そして民族の最後の若者が、一人の下等人間の思い上がりのために、どこかで血を流して果てる前に。どんな国民も、おのれが甘んじて従う政府にお似合いだということを忘れるな！

フリードリヒ・シラーの『リュクルゴスとソロンの立法』より。「……リュクルゴスの立法は、それ自身の目的に照らせば、国家学、人間学の傑作である。彼は強大な、それ自体を拠り所とする不滅の国家を作ろうとした。政治的な強さと持続性こそ目指すものであり、状況が許す範囲でこの目標を達成した。しかし、リュクルゴスが目指した目的を、人類の目的に照らしたならば、初めの一瞥から感じた賛嘆の念は、深い拒否に取って替わらざるを得まい。すべてのものは国家の利益のために犠牲にされても許される。ただ、国家自体が一手段となって仕える対象だけは、犠牲にされてはならない。国家それ自体が目的ではありえない。それは人類の目的が達せられるための一条件として重要であるに過ぎないのだ。その人類の目的とは、人間のあらゆる力を育成することであり、進歩に他ならない。ある国家の憲法が、人間に具わるあらゆる能力の発展を少しでもさまたげ、精神の進歩をさまたげるならば、そんな憲法は唾棄すべきであり、害悪である。いかに考え抜かれたものであり、どんなに完全なものであろうとも。その場合、持続性さえも賞賛より非難に値するものとなる。そうなれば、憲法は災いの延長でしかなく、長引けば長引くほど、害を及ぼすのである。

……あらゆる道徳的感情の犠牲の上に、政治的功績が勝ち取られ、そのための能力が育成された。スパルタでは夫婦愛も、母性愛も、子の愛も、友情もなかった。市民以外のもの、市民的な徳以外のものはなかったのである。

……ある国法が奴隷に対して非人間的であることをスパルタ人に義務として課した。この不幸な戦争犠牲者の姿を借りて、人類は侮辱され、虐待された。スパルタ法典そのもののなかで、人間を目的ではなく、手段と見るという危険な原則が説かれていた。こうして、自然法と道徳性の土台が法に従って破壊されたのである。

……無骨な戦士、ガイウス・マルキウスが、ローマ市外の陣営で見せた光景は、それに比べてどれほど美しいものだったことか。彼は母の涙を見るに耐えなかったがために、復讐と勝利を犠牲にしたのである。

……（リュクルゴスの）国家は、国民の精神が停滞している場合というただ一つの条件のもとでのみ、存続が許されるだろう。つまり、このような国家は、国家の至高にして唯一の目的を失することによってのみ、存続できるのである。」

ゲーテの『エピメニデスの目覚め』第二幕、第四場より

「精霊たち
深淵から厚かましくも昇り来たものは
鉄のごとく強き運命により
世界の半ばを征服しうるも
深淵へと戻らねばならぬ

すでに膨大なる不安がおそい
抵抗も空しい！
そしてなおそれに固執する者は
みなもろともに深みに落ちねばならない

希望
今私は勇気ある友らと出会う
黙せど眠ることもなく
夜に集った者たち
そして自由という美しい言葉が
ささやかれ、たどたどしく発せられ
やがてそれまでにない新しい姿となり
われらは神殿の階段にて
再び酔いしれて歓呼する

自由！　自由！　と」

この文書をできる限り多く複写し、さらに配布されるようお願いする！

ナチズムは非精神的なものであるため、これに精神的に対峙することはできない。ナチの世界観という言葉など、口にするのは間違っている。もしそんなものがあったならば、それを精神的な手段で証明するか、撲滅しようとつとめなくてはならないだろうが、現実は全く違う様相を呈している。この運動は最初の萌芽からしてすでに隣人を欺くことに根ざしており、その時から最も深いところで腐り、嘘偽りを重ねることでやっと生き延びて来られたのだ。ヒトラー自身が「彼の」著書（この本は今まで読んだ中で最もひどいドイツ語で書かれたもだが、それでもこの詩人と哲学者の民族によってバイブルとまで崇め立てられている）の初期の版のなかで、このように述べている。「一国の国民を統治するために、国民をどれほど欺かなくてはならないかは信じがたいであろう」と。ドイツ民族のこの癌腫瘍が、初期にはそれほど目につかなかったとすれば、それを押さえるのに正義の力がまだ十分に力を発揮していたからに過ぎない。しかし腫瘍がだんだんと大きくなり、ついに忌わしくも政治を腐敗させて権力を握り、同時にその腫瘍が破裂し、全身に毒が回ると、かつて反対した者の大多数が姿を隠し、ドイツの知識人たちは地下の穴蔵に逃げ込んで、闇に生きる植物のように、日の光を浴びぬままやがて息絶えてしまった。今やわれわれは終末を目前にしている。今こそ互いを求めて再び集い、人間から人間へと蒙を啓き、この体制に抗する闘いが今や必然であることを最後の一人までが確信するまで、常にそのことを考えて休まぬことが肝心だ。このような反抗の波が国中に広がり、「気配が立ちこめ」、多くの者が加われば、その時は最後の力を振り絞った一撃で、この体制を一掃することができるだろう。恐るべき最後を迎える方が、終わりなき恐怖よりましだ。

われらの歴史に最終的な評価を下すという役割は、われわれには与えられていない。しかし、この破局が何かの救いになるとしたら、それは次のことによってのみ可能なのだ。苦悩によって浄化されること、深い夜の闇の底から光を求めて止まず、立ち上がって、この世界を圧迫するくびきを振り払わんがために力を合わせることによってのみ。

このビラでは、ユダヤ人問題について書こうというのではない。被告の弁護を論じるつもりもない。例として次の事実をあげるのみ。ポーランド征服以来、彼の地で三十万人のユダヤ人が、残虐非道な方法で殺害されたという事実を。ここにわれわれは、人間の尊厳に対する恐るべき犯罪、全人類史上、比類なき犯罪をまのあたりにしている。ユダヤ人問題に対してどのような立場をとろうとも、ユダヤ人もまた人間であり、この犯罪は人間に対して犯されたのだ。ユダヤ人がそういう運命なのは当然だという者がいたとしたら、それはとんでもない思い上がりだ。しかし、もしそのようなことを言う者がいれば、その者は、ポーランドの貴族の若者たちが皆殺しにされた(まだそうなっていなければいいが!)という事実には、どのような立場をとるのだろうか? どうしてそんなことが起こったのかと諸君は問うだろう。十五歳から二十歳までの貴族の家系の男子はすべて、強制労働のためにドイツの強制収容所に入れられ、同じ年ごろの少女は、ノルウェーにあるナチ親衛隊の売春宿へ連行されたのだ。われわれは何のために諸君にこのことを語るのだろうか? このことでなくとも、かの恐るべき下等人間たちが犯した他の同様な重大な犯罪を、諸君もすでに知っているだろうに。それは、ここに誰にも深く関わり、誰をも考えさせずにはおかない一つの問題が現われているのだから。なぜドイツ民族は、このような残忍非道きわまりない犯罪のすべてをまのあたりにしながら、これほどまでに無感動なのだろうか? そのことについて考える者はほとんどいない。事実はそういうものとして受け止められ、既成事実として片づけられてしまう。

そしてまたしても、ドイツ民族はその鈍重な惰眠をむさぼり、かのファシズム犯罪者どもが暴威をふるう気力と機会を与えている。そしてやつらは暴威をふるい続けている。このことは、ドイツ人の最も素朴な人間的感情がすさみはて、このような暴挙をまのあたりにしても、心の琴線が悲鳴をあげることもなく、もはや目覚めることのない、死の眠りに沈んだことの証しだというのか？　永遠に二度と再び目覚めぬ眠りに？　そのように見える。また、もしドイツ人がこの鈍麻から覚めず、かの犯罪者の一味に対して、どんな機会にも抗議の声をあげようとせず、幾万の犠牲に同情を寄せないのならば、そうであるに違いない。そして、感じるべきは同情だけではない。感じるべきはそれだけではなく、もっと大きいものだ。それは、同罪であることだ。なぜなら、ドイツ人は、おのれの無関心な態度により、この凶悪な人間どもがあのような行為を行なうことを可能にしたのだから。限りなき罪を負うかの「政府」を耐え忍んでいるのだから。そうだ、この政府と称するものが成立し得たことの責任はドイツ人自身にあるではないか！　誰もが自分に共犯の罪はないと宣言しようとする。誰もがそうして再びこの上なく安らかで高潔な良心のもと眠りにつく。しかしおのれを無罪とすることはできない。誰もが有罪、有罪、有罪なのだ！　しかし、ねじ曲がった政府のなかでも最も醜悪なこの政府をこの世から一掃し、さらなる罪を負わぬようにするためには、まだ手遅れではない。ここ数年ですっかり目を開かされた今、われわれが相手にしているのがいったい誰かがわかってきた今、今こそかの褐色の一味を撲滅するまさにその時なのだ。戦争が始まるまでは、ドイツ民族の大部分は目をくらまされていた。ナチはその正体を表わしていなかった。しかしそれがわかった今、この野獣どもを全滅させることこそ、今やすべてのドイツ人の唯一の、最高の義務、そう、最も神聖な義務に他ならない。

「統治の府が目につかぬほど、その民は心楽しく、統治の府が汲々としていれば、その民の心は離れよう。災いは幸運が立つところであり、幸運は災いの隠れみのとなる。その行く末はいかに？　その末は見通すべくもなし。秩序は混乱に逆転し、善きものは悪しきものに変わる。民は困惑に陥る。いにしえより日々繰り返されてきたことではないか？

よって聖人は四角四面でありながら、角を立てることはなく、角がありながら、傷を負わせることはない。身を正してはいるが、険しくはない。明晰ではあるが、輝こうとはしない。」老子

「国を支配し、おのれの思いのままに国を作ろうとする者。そのような者が目的を達することはあるまい。それだけのことだ。」

「国とは生きる有機体である。作ることなど断じてできぬ。それを試みる者は、国をだめにする。国をわがものにしようとする者は、それを失う。」

したがって、「先に立って進む者あれば、そのあとに従う者もある。暖かな息を吐く者あれば、冷たい息を吐く者もある。強き者もあれば、弱き者もある。豊かな者があれば、乏しき者もある。」

「それゆえ、聖人は過剰を避け、慢心を遠ざけ、越権を慎む。」老子

この文書をできる限り多く複写し、さらに配布されるようお願いする！

III

「公共の安寧は至上の法」

理想的な国家形態は、どれもユートピアである。国家というものは、ただ理論のみで構築することはできないのであって、一人の人間と同様に成長し、成熟しなくてはならない。しかし、どんな文化にも、黎明期には国家形態の前身が存在したことを忘れてはならない。家族は人間そのものと同じくらい古く、理性を有する人間は原始的な集団から、国家というものを作り出した。その国家の根本には正義があり、最高の法はすべての者の安寧であるべきである。国家は神の秩序の似姿でなくてはならず、あらゆるユートピアのなかでも最高の神の国を模範とし、それに近づくことが究極の使命である。ここで、民主制、立憲君主制、王制など、考えうるさまざまな国家形態について判断を下そうというわけではない。ただ次の一点だけは誤解のないよう強調しておきたい。それは、人間は誰でも、一人一人に、有益で公正な国家を要求する権利があるということだ。その国家は、個人の自由も全体の安寧も保障する国家でなくてはならない。なぜなら人間は、国家共同体とともに生き、活動して行く中で、自然な目標、つまり自主独立における現世の幸福の獲得を、神の意思に従って、自由奔放に追求するべきだからだ。

しかし、今日のわれわれの「国家」は、悪の独裁制である。「そんなことはみんなとっくに知っている」という諸君の反論が聞こえる。「そのことをあらためて非難される筋合いはない」と。しかし、私は諸君に問いたい。もし知っているのなら、なぜ動かないのか。なぜ諸君は、この権力者どもが諸君に固有の権利の範囲を、公然と、あるいはひそかに一歩また一歩、次から次へと奪い、やがて犯罪者と酔漢に指揮される、機械的な国家機構の他に何一つ残らなくなるまで耐え忍んでいるのか？　諸君の精神は、もはやそれほどまでに陵辱されてしまったのか。この体制を排除することが、諸君の権利であるだけではなく、道徳的義務でもあるということを忘れてしまうほどに？　だが人間は、おのれの権利を要求する力すら残っていなければ、必然的に破滅してしまう。もしわれわれが、立ち上がり、これまで欠けていた勇気を奮い起こすことが、この瀬戸際にあってもまだできないのであれば、風に舞うちりのごとく、世界のあちこちにまき散らされてしまうのが当然の報いだ。諸君の臆病さを、賢明さというマントの下に隠してはならない。なぜなら、諸君がこの地獄の落とし子に抵抗せず、躊躇している日一日ごとに、諸君の罪は放物線を描くようにどんどん増大していくからである。

この文書の読者の多く、おそらく大部分は、どう抵抗すればいいのかわからないのだろう。方法が見つからないのだ。そこで、われわれは、誰でもこの体制の転覆に何らかの貢献ができるということを、諸君に示そうと思う。個人主義的な反抗、世捨て人の世をすねたやりかたでは、この「政府」を打倒する地盤を育むことも、まして、できる限りすみやかに転覆に追いやることもできないであろう。それは信念を持ち、行動力のある多くの人々、どのような手段で目標に到達できるかについて、意見が一致している人々の協力によってのみ可能だ。われわれにそのような手段が豊富にあるわけではない。方法はただ一つしかない。それは消極的抵抗である。

消極的抵抗の意義と目標は、ナチズムを倒すことにある。そして、この闘いにおいては、それが進まんとするどの領域にあろうとも、どのような方法にも、どのような行為にも、たじろいではならない。攻撃できるありとあらゆる場で、ナチズムを攻撃しなくてはならない。この非国家は、できる限り早く結末を迎えねばならない。この戦争において、ファシズム・ドイツが勝利するようなことがあれば、未曾有の、おそるべき結果になるであろう。ドイツ人一人一人がまず気にかけるべきことは、ボリシェヴィズムに軍事的に勝利することではなく、ナチの打倒だ。絶対にそれが第一でなくてはならないのだ。この最後の要求の必然性がさらに高まっていることについては、これに続くビラで諸君に証明しよう。

今、ナチズムに決然と敵対する者はみな、みずからにこう問わねばならない。現在の「国家」に対して、どうすれば効果的に闘うことができるか。どうすれば、最も痛烈な打撃を与えることができるか。それは、消極的抵抗によってであることに疑問の余地はない。われわれは、一人一人の行動に指針を示すことはできない。一般的な方向を示すことしかできない。実現に向けての手段は、それぞれが自分で見出さねばならない。

兵器工場や軍需工場でのサボタージュ、ナチ党によって行なわれる、ありとあらゆる集会、説明会、式典、組織におけるサボタージュ。戦争機関（ナチ党とその独裁の擁護と維持のみを目的とした戦争のために動いている機関）が滞りなく動くことの阻止。現在の戦争を継続するために活動している、あらゆる学術的、精神的分野――総合大学、単科大学、試験所、研究所、技術事務所などどこでも――におけるサボタージュ。ファシストどもの「威信」を国民のなかで高めるような、あらゆる文化的な催しのサボタージュ。ほんの少しでもナチズムに関係があり、それに寄与している造形芸術のあらゆる部門におけるサボタージュ。「政府」に雇われ、その理念と褐色の虚言を普及するために闘っている、あらゆる著作物、あらゆる新聞におけるサボタージュ。街頭募金では一ペニヒたりとも無駄にしてはならない（それが慈善目的という隠れみののもとに行なわれていたとしても）。それはカムフラージュに過ぎないからだ。実際には、集まったものが赤十字や困窮者に寄与されることはない。政府にはこの金は必要ない。この募金に財政的に頼ってなどいない。印刷機が間断なく動き続け、紙幣を望むままに製造しているのだから。だが国民は常に緊張状態に置かれている必要がある。決してはみ〔馬具で、轡の馬が噛んでいる部分のこと〕の圧力をゆるめてはならないのだ！　金属、繊維、その他の物資の供出に応じるな。下層階級まで含むあらゆる知人に、こんなことを続けても何の意味もなく、戦争には見通しもないこと、そして、ナチズムによって精神的経済的に隷属させられ、あらゆる道徳的宗教的な価値が破壊されることを得心させ、消極的抵抗に導くようつとめよ！

アリストテレス著『政治学』より。「……さらに（僭主制の本質というものに）つきものなのは、臣民の言動が、隠されたままになることはいっさいなく、いたるところにスパイが監視すること……また、世界全体を互いにけしかけて、友人同士、民は貴族に、富める者はお互いに敵対させる。さらにはこのような僭主制の方策には、臣民を窮乏させ、それによって護衛兵として備えるようにし、日々のなりわいの苦労に忙殺されて、反逆を企てる時間も余裕もなくすることもつきものである。さらに、シラクサで課されたような非常に高い所得税もその方策だ。ディオニュソスの治世では、この国の市民は五年間でその全財産を唯々諾々と税金に使い果たしたのだ。また、常に戦争を起こすことも僭主は好み……」

複写し、配布されたし！

子どもに繰り返して言い聞かせる古い説教に、聞きわけのない者は、痛い思いをしなくてはならないというのがある。だが、賢い子どもなら、熱いストーブで指にやけどを負うのは一度だけだろう。ここ数週間、ヒトラーはアフリカでも、ロシアでも勝利をおさめた。その結果、国民の間で、一方では楽観主義が、もう一方では驚愕と悲観主義が、ドイツ的な鈍重さにはふさわしからぬ速さで高まった。ヒトラーに敵対する者の間、つまり善良なる国民の間では、悲嘆の叫びや、失望と落胆の声がいたるところで聞かれた。その声が「こうなれば、やはりヒトラーは……？」という叫びに終わることもまれではなかった。

その後、ドイツのエジプト侵攻は停滞し、ロンメルは危険な状況で踏み止まることを余儀なくされた。しかし、東方への侵攻は今だ続いている。この見せかけの勝利は、悲惨きわまりない犠牲によってあがなわれたものであり、有利と評するにあたわない。よってわれわれは、いっさいの楽観論に警告を発する。

死者を数えた者が誰かいるだろうか。ヒトラーかゲッベルスか。いや、どちらも数えてはいまい。ロシアでは毎日何千人もが戦死している。今や収穫の時とばかり、死神は豊かな実りに思いきり鎌をふるう。故郷のあばら家には悲しみが舞い戻り、母親たちの涙を乾かす者とてない。しかしヒトラーは、その母たちの最も貴い宝を奪い、無意味な死へと駆り立てておきながら、嘘を並べている。

ヒトラーの口から発せられる言葉は、すべて嘘だ。平和と言う時は戦争を意味し、忌わしくも全能の主の名を口にする時は、悪の力、堕天使、悪魔という意味なのだ。ヒトラーの口は悪臭を放つ地獄の淵であり、その権力は根本からして非道なものだ。ナチのテロ国家に対する闘いは、合理的な手段で遂行されねばならないだろう。

しかし、悪霊の力が現実に存在することをいまだに疑っている者は、この戦争の形而上学的背景を理解するにいたっていない。具体的なものの背後、五感で認識できるものの背後、実際的、論理的なすべての思考の背後には、非合理的なものがひそんでいる。それはすなわち、悪霊に対する闘い、反キリストの回し者に対する闘いである。悪霊どもは、いかなる時にもあらゆるところで暗闇に潜み、人間が弱さを見せ、神が人間のために自由の上に築いた秩序のなかの地位を勝手に返上し、悪の圧力に屈してより高い秩序の力から脱け出し、第一歩を自発的に踏み出し、二歩、三歩、さらにその先へと猛烈にスピードを上げて進んで行く、その時をうかがっている。だが、人間は、いつでも、どこでも瀬戸際で立ち上がった。おのれの自由を守ってきた予言者や聖人たちは、唯一の神を指し示し、神の助けによって民族が改心するよう警告した。もちろん人間は自由ではあるが、真実の神なくしては、悪に対して無防備だ。人間は、嵐にさらされた舵のない船、母のない赤ん坊、消えてなくなる雲のようなものである。

　キリスト者である君に問おう。君にとって最高の財産を守るためのこの戦いに、ためらうことがあるだろうか？　策を弄し、他の誰かが君を守るために武器を取ってくれるだろうと考えて、決断を先のばしにするなどということがあろうか？　神みずからが、君に闘う力と勇気をお与えになったのではないのか？　われわれは、悪の最も強力なところを攻撃しなければならない。そして、悪が最も強大なのは、ヒトラーの権力においてである。「私は振り返って、白日のもとに行なわれるあらゆる不正を見た。そして、見よ、そこには不正に苦しむ者の涙があった。彼らには慰める者もない。また、彼らに不正をはたらく者どもの権力は強すぎて、慰めを得ることはできない。

　そこで私は、すでに死んだ者は生ある者より、幸いだと思った……」（聖書の言葉）

ノヴァーリス「真の無政府状態は、宗教を生み出す基本的要素である。それは、あらゆる実存を破壊したところから、新世界の創造者として、その栄光に輝く頭を持ち上げる……ヨーロッパよ、再び目を覚ませ。諸国家のなかの国家よ、一つの政治的教理よ、眼前に現われよ！　ヒエラルヒーが……国家連合の基本原理であるべきか？　……諸国民が、自分たちを堂々巡りさせている恐るべき狂気に気づき、聖なる楽の音に心打たれ、多彩に入り交じった群集となって、心静かにかつての祭壇の前に進み、平和の業に取り組み、硝煙の上がる巡礼地で、熱い涙を流しつつ大いなる平和の祭典を執り行なうその時まで、血がヨーロッパを覆い流れるであろう。宗教だけがヨーロッパを再び目覚めさせ、国際法を保障し、キリスト教世界を新たなる輝きとともに、誰の目にも明らかに、地上の平和の仲介者としての任務につけることができるのだ。」

われわれは、白バラが外国勢力の傭兵ではないことをはっきりと宣言する。ナチ権力は軍事的に破られる他はないことは明らかだが、それでもなお、瀕死の重傷を負うドイツの精神を内面から刷新すべく努める。しかし、この再生は、ドイツ民族が負った罪をすべてはっきりと認め、ヒトラーとその数多き共犯者たち、党員やクヴィスリングのような売国奴どもに対する容赦ない闘いが、まず行なわれなければならない。民族の善き部分と、ナチと関わるあらゆる部分との間にある断層を徹底的に切り広げねばならない。ヒトラーと、その手下どもがしたことにふさわしい刑罰は、この世にはない。しかし、やがて来る世代への愛から、戦争終結後、同じようなことをやってみようとする気が二度と再び誰にも起きないよう、見せしめにしなくてはならない。体制の小悪党どもにいたるまで忘れるな！　誰一人逃れられないよう、名を記憶せよ！　このような忌わしいことが行なわれたのち、最後の瞬間に旗印を取り替え、何もなかったかのように振る舞わせてはならない！

諸君を安心させるために付け加えておくが、白バラ通信の読者の住所はどこにも記録されていない。住所は無作為に住所録から抽出された。

われわれは黙することはない。われわれは諸君のやましき良心である。白バラは諸君に休む間を与えない！

複写し、配布されたし！

ドイツ抵抗運動のビラ

すべてのドイツ人に呼びかける！

戦争は着実に終末に向かっている。一九一八年同様、ドイツ政府はUボートの高まる脅威に万人の注目をひきつけようとしているが、東部戦線では軍が次々と退却しており、西部戦線では敵軍の侵攻が予測されている。アメリカの軍備はまだ最高水準に達してはいないが、すでに歴史上のあらゆる軍備を凌駕している。ヒトラーは数学的な確実さをもって、ドイツ民族を破滅に導いている。ヒトラーはこの戦争に勝つことはできない。できるのは長引かせることだけだ！ ヒトラーとその共犯者の罪は、何をもってしても測りがたく重い。それにふさわしい罰が刻一刻と迫っている！

だが、ドイツ民族は何をしているのだろう？ 見ることも聞くこともせずに。目を閉ざしたまま、誘惑者たちに従って破滅へと進んでいる。いかなる犠牲を払っても勝利を！ と彼らはその旗印にかかげている。自分は最後の一兵まで戦うとヒトラーは言うが、そう言っている間に、戦争はもう失われてしまっているのだ。

ドイツ人たちよ！ 諸君は、諸君の子どもたちが、ユダヤ人の身に起こったのと同じ運命に苦しむことになってもいいのか？ 諸君を誘惑する者どもと同じ尺度ではかられてもいいのか？ われわれは全世界から永遠に憎悪され、排斥される民族になってしまうのか？ いや、違う！ そうならぬよう、ナチの下等人間的行為から決別せよ！ 諸君が違う考えであることを、行動によって示せ！ 新たな解放戦争が始まろうとしている。民族のより善き部分は、われわれの側について戦っている。諸君が心にかぶせた無関心のマントを破り捨てよ！ 手遅れになる前に決断せよ！ ボリシェヴィキへの恐怖を諸君の五体に叩き込んだナチのプロパガンダを信じてはならない！　ドイツの繁栄が、よきにつけ悪しきにつけ、ナチズムの勝利と運命をともにしているなどということを信じてはならない！　犯罪者どもがドイツの勝利を勝ち取るなどということはありえない。まだ間に合ううちにナチズムと関わるすべてのことから絶縁せよ！　卑怯にも優柔不断に身を潜めていた者たちには、いずれ恐ろしくも公正な審判が下るだろう。

断じて国民のものではなかったこの戦争の結末は、われわれに何を教えるのだろうか？　帝国主義的な権力思想は、それがどの陣営から発したものであろうとも、永久に封印されなくてはならない。独断的なプロイセン式軍国主義は、二度と再び権力の座についてはならない。ヨーロッパ諸民族が寛容の精神をもって協調することによってのみ、新たなものを築くための土台を敷くことができるだろう。ドイツやヨーロッパにおけるプロイセン的な国家が成し遂げようとしたような中央集権的な権力はすべて、芽のうちに根絶しなければならない。来たるべきドイツは、連邦国家以外にはありえない。今日の弱体化したヨーロッパを新たな命で満たすことができるのは、健全な連邦制の国家秩序の他にない。労働者階級は、分別ある社会主義によって、最低の隷属状態から解放されなければならない。自給自足経済という幻影は、ヨーロッパから消え失せなければならない。あらゆる民族が、あらゆる個人が、世界の富に対して権利を持っているのだ！

言論の自由、信教の自由、犯罪的な暴力国家の恣意から一人一人の市民を保護すること、これこそ新しいヨーロッパの基盤である。

抵抗運動を支援し、ビラを広めよ！

最後のビラ

女子学友諸君！　男子学友諸君！

わが国民は、スターリングラードの兵士の壊滅を前に愕然としている。第一次世界大戦上等兵の天才的な戦略によって、三十三万のドイツ兵が無意味かつ無責任に死と破滅へと追い立てられていった。総統よ、われわれはあなたに感謝する！

ドイツ国民の胸中には疑念が渦巻いている。われわれは今後もなお、一人の素人軍人《ディレッタント》にわれらが軍の運命を託し続けようというのか。権力の臭いをかぎつけた党の低劣な輩に、残るわれらの青年を生け贄として捧げようというのか。断じてそのようなことはしない！　決着をつける日がきた。わが民族がこれまで被ったなかでも、最も唾棄すべき独裁制に、ドイツの若者が決着をつけるべき日が。われわれは、全ドイツ民族の名において、アドルフ・ヒトラーの国家に対し、個人の自由という、ドイツ人にとって最も貴重な財産の返還を要求する。この財産を、われわれはヒトラー国家にみじめにもだまし取られたのである。

あらゆる言論の自由を容赦なく弾圧する国家でわれわれは育ってきた。ヒトラー・ユーゲント、突撃隊、親衛隊が、われわれの人生で最も実り多き学業の時期に、われわれを画一化し、扇動し、麻痺させようとした。「世界観学習」と称する軽蔑すべき方法により、自立した思考や自尊心の芽生えを無意味な空言のなかで圧殺しようとした。この上なく悪魔的で愚昧な総統の取り巻きが、各地の指導者養成所で、未来の党のボスどもを、神も恥も良心も知らぬ搾取者、殺人者、目を閉ざした愚鈍な総統の追従者に育てあげている。われわれ「頭脳労働者」は、この新しい支配階級にこん棒を作って渡すのにちょうどいいだろう。前線の兵士は、学生指導者や大管区長官志願者どもによって学童なみの処遇を受け、大管区長官は、卑猥な冗談で女子学生たちの名誉を傷つけている。ミュンヘン大学のドイツの女子学生諸君は、その名誉の冒瀆に対して品格ある回答をつきつけ、ドイツの男子学生諸君は、学友である彼女らのために戦い、守り抜いた。このことは、われわれの自由な自己決定を勝ち取る戦いの第一歩である。そして、それなくしては、精神的な価値を創造することはできないのだ。輝かしい先例を見せてくれた、勇敢なる男女学友諸君に、感謝を捧げる！

われわれにとって、合い言葉はただ一つ。党と闘え！ われわれになおも政治的発言を禁じて、黙させようとする党組織を離脱せよ！ 親衛隊の上級、下級幹部どもや、党に追従する輩の演説場から脱け出せ！ われわれの関心事は、真の学問であり、純粋な精神の自由なのだ！ どんな脅迫も、大学の閉鎖でさえも、われわれをおびえさせることはできない。これは、われわれ一人一人が、道徳的責任を自覚した国家において、おのれの未来、おのれの自由と名誉を勝ち取るための戦いなのだ。

自由と名誉！ 十年の長きにわたり、ヒトラーとその仲間が、この二つのすばらしいドイツ語を押しつぶし、叩きのめし、ねじ曲げて、忌わしいものにしてしまった。それは、ディレッタントどもにしかできないやりかたで、一国民が有する最高の価値を豚に投げ与えるに等しい行為だ。彼らにとって自由と名誉が何を意味するかは、あらゆる物質的、精神的な自由、ドイツ国民のあらゆる道徳的な本質が破壊されたこの十年に十分示された。いかに愚かなドイツ人といえども、ドイツ国民の自由と名誉という名目でナチが全ヨーロッパで行なった、そして日々行ない続けているおそるべき流血に、目が覚めただろう。ドイツの若者が今こそ立ち上がり、復讐すると同時に罪をつぐない、おのれをしいたげる者を打ち砕き、新しい精神のヨーロッパを立ち上げなければ、ドイツの名は未来永劫恥ずべきものとされ続けるだろう。女子学生諸君！ 男子学生諸君！ ドイツ民族の目はわれわれに注がれている！　ドイツ民族は、一八一三年にナポレオンを破った時と同様に、一九四三年の今、われわれが精神の力をもって、ナチのテロを打破することを期待している。東部のベレジナとスターリングラードに火の手が上がり、スターリングラードの死者たちがわれわれに懇願している！

「わが民よ、立ち上がれ、狼煙があがっている！」

われらが民族は、ナチズムによるヨーロッパの隷属化に抗して立ち上がり、新たなる自由と名誉の信念を貫くのだ。

一九四三年一月二十八／二十九日のクリストフ・プロープストのビラの草稿

スターリングラード！

二十万のドイツ人の兄弟が、一人のいかさま軍師の威信のために犠牲にされた。ロシア人が出した人間的な降伏の条件は、犠牲にされた兵士たちには隠匿されていた。パウルス元帥は、この大量虐殺の功で柏葉付勲章を授かり、高級将校たちは飛行機でスターリングラードの戦闘を逃れた。

ヒトラーは、包囲された兵士たちが後方部隊まで退却することを禁じた。死に追いやられた二十万の兵士の血が、今こそ殺人者ヒトラーを告発している。

トリポリ！　この町は英国第八軍に無条件降伏した。そして、イギリス人たちは何をしたのかといえば、彼らは市民生活をそのままいつも通り続けさせたのだ。警察や官吏さえも、そのままの役職に残した。一つだけ、彼らが徹底的にしたことがある。彼らはこのイタリア植民地最大の都市から、不正の首謀者や下等人間どもを一掃したのだ。あらゆる方角から、圧倒的に優勢で壊滅的な敵がなだれ込んでくることは、絶対確実である。パウルスは降伏しなかったが、ましてヒトラーは降伏すまい。そうなればヒトラーは逃げ場がなくなるからだ。諸君は、勝ち目がないのにスターリングラードを防衛しようとした二十万の兵士と同じように、だまされようというのか？　みな虐殺され、断種され、子供たちを略奪されると？　世界最強の権力を握るローズヴェルトは、一九四三年一月二十六日に、カサブランカで次のように述べている。われわれの絶滅戦争は、民衆に向けられたものではなく、政治体制に向けられている。われわれは、無条件降伏にいたるまで戦い続ける。これでもまだ決断に思い悩むことがあろうか？

今や何百万の人命がかかっている。ドイツはトリポリの運命をたどるべきだろうか？

現在ドイツは、スターリングラードがそうであったように、包囲されている。かの憎しみの使者に、かの絶滅の意思に、全ドイツ人が犠牲にならねばならぬと言うのか？　ユダヤ人を拷問して死にいたらしめ、ポーランド人の半分を絶滅させ、ロシアを滅ぼさんとしたあの男、諸君から、自由、平和、家庭の幸福、希望、そして喜びを奪い、その代償にインフレの金を与えたあの男のために、犠牲になれと？　そんなことは許されない。そんなことがあってはならない！　ドイツが生き延びるために、ヒトラーとヒトラーの政権は倒れなければならない。

諸君、決意したまえ！　スターリングラードと滅亡をとるか、トリポリを、希望に満ちた未来をとるか。そして決意したならば、行動せよ！

第2章　「自由！」

——「白バラ」小史、その最期から遡る

ウルリヒ・ショシー

開戦以来三年半、大ドイツ放送が戦況報告でドイツ国防軍の敗北を認めたことはいまだかつてなかった。一九四三年二月三日の夜、ドイツ帝国の全ラジオ放送に、次のニュースが流れるまでは。「スターリングラードの戦いは終結した。息絶えるその時まで入隊宣誓に忠実なる第六軍は、パウルス陸軍元帥の模範的な指揮のもと、圧倒的な敵兵力と卑劣な攻撃を前に倒れた。[★1]」

この敗北が知らされたのは、宣伝相ヨーゼフ・ゲッベルス博士の世界一巧妙なプロパガンダ機関をもってしても、この惨事を隠蔽しとりつくろって宣伝することはもはや不可能だったからである。というのも、スターリングラードの敗北の余波は、何週間も前からいたるところで感じられるようになっていたのだ。スターリングラードでは、一九四二年十一月二十二日以後、第六軍の二十六万人の兵士が包囲されており、ドイツでは何千という留守家族が、夫や友人や息子たちの消息を空しく待ち続けていた。

ゾフィー・ショルもまた、同じ不安のなかで暮らしていた。ゾフィーは一九三七年からフリッツ・ハルトナーゲルという士官と親しい仲になっていた。ハルトナーゲルは、ゾフィーを第三者に、自分の花嫁とか、婚約者だと紹介することもあった。ゾフィーは、ハルトナーゲルの部隊がスターリングラードに配置されていることを、一九四二年十二月から知っていて、着くかどうかもわからない手紙を書き、何週間も返事を待った。ゾフィーの手紙は情熱と希望、そして暗示的な言葉に満ちていた。「心のなかではあなたのそばによりそっています。いつもそのことを考えているものだから、ひょっとして、あなたにひょっこり出くわすんじゃないかと思うくらい。でも、あなたはどうしているかしらと心配でたまりません。人の命がどんなに重いものか、あなたもご存知よね。

その命を秤にかけるのなら、何のためにそうするのかがわかっていなくてはいけないわ。[★2]」

ウルム出身のゾフィー・ショルは、一九四二年五月からミュンヘン大学で生物学と哲学を学び、十二月の初めからはフランツ・ヨーゼフ通り十三番地の住居に、兄のハンスとともに住んでいた。ハンスは、陸軍衛生中隊の一員としてミュンヘン大学で医学を学んでいた。この部隊のなかには、音楽や哲学に関心のある医学生の大きなグループができており、彼らは学業のかたわらプライベートな時間もともに過ごしていた。ここで、ゾフィーはハンスの親しい友人であったアレクサンダー・シュモレルとヴィリー・グラーフ、そして空軍衛生中隊に所属していたクリストフ・プロープストと知り合った。プロープストはすでに結婚していて、三児の父であった。ショル兄妹の住まいは大学の近くにあり、このグループのメンバーがよく集まった。もう一か所、そこから歩いて数分のところにあった建築設計士マンフレート・アイケマイアーのアトリエも、集会場所になっていた。このアトリエは、ほとんど使われておらず、人数が多いにぎやかな集まりにはうってつけだった。友人のトラウテ・ラフレンツやギゼラ・シェルトリンクも、ショル兄妹のところによく来ていた。

スターリングラードでの敗北の兆しは、一九四二年の終わりにはすでに現われていた。しかし、そのことを報道していたのはいわゆる「敵性放送」だけで、これを聞く者は死刑の危険をおかすことになる。しかし、このリスクをあえておかすドイツ人は増える一方だった。他には情報を得る手段がなかったためである。ドイツの新聞やラジオは鳴りを潜めていた。口を閉ざす以前、一九四二年の九月には、「スターリンの街は、包囲されたソビエト軍と、大量の軍備もろとも全滅の憂き目に会う」時は近いと意気揚々と予告した。一九四三年に入ると、もはやこのような宣伝を信じる者はいなかった。国家保安部の機密情報報告のなかで、諜報員たちは次のようなメモを残している。「現在、この戦争中最悪の事態を迎えたと言われている。[……]スターリングラードに関しても事態は同様で、多くの国民がすでに敗北したと考えている。この街は当初から戦略的にとくに重要であるとされてはいたが、国民の多くはスターリングラード制圧を国家の威信の問題と捉えており、これで戦争の決定的な転換点を迎えると期待する向きもあった。[★3]」

ヒトラーは一九四三年一月半ばに三人委員会を招集した。この委員会は、国防軍統合司令部長官ヴィルヘルム・カイテル、帝国首相府長官ハンス・ハインリヒ・ラマース、ナチ党官房長官で党全国指導者のマルティン・ボルマンの三人からなっていた。委員会の達成目標は、兵士を追加徴集し、民間経済を犠牲にして軍需物資を増産し、労働強化を命じることにあった。

行政による指令が及ばないところで、心理的に耐久戦をアピールすることは、誰よりも宣伝相ヨーゼフ・ゲッベルスの得意とするところであった。ゲッベルスは一九四三年一月中旬、ラーステンブルクの総統本部を訪れ、ヒトラーを次のように説得した。「もはや銃後の状況に配慮しているわけにはいきません。前線が想像を絶する苦難や危険に立ち向かうことを余儀なくされている時に、銃後では平和な生活を営もうなど許されることではありません。今はまだ想像も及ばないほどの規模で、銃後を動員しなければなりません。[★4]」この時も、副官たちがスターリングラードにいる第六軍最高指令部からの惨状の最新情報を刻々ともたらしていた。「この計画をまとめて言えば、『総力戦』というスローガンをかかげた銃後の再編成計画である。内容は、婦女子の勤労奉仕義務、軍需に関連や必要性がない全研究機関や企業の解体、市民生活におけるすべての銃後組織の戦時状況への完全な適合だ。総統は、私が提案したことは何でも承認してくださる。[★5]」ゲッベルスの計画は高級レストランの閉鎖やダンス会、娯楽の催しなどの禁止に留まらず、ラジオで全国放送される告示にまで及んだ。ゲッベルスはこれによって、すっかり運命論に傾いていた国民感情を、「最終勝利」をめぐる戦いへの狂信的支持に変えようとしていたのだ。ナチ党の地方領主ともいえる大管区長官たちは、地域での告示や呼びかけによって、このプロパガンダ攻勢の下地を作るよう命じられた。

このころ、バイエルン地方では、まだ戦争の惨状はニュースとして伝わってくるだけで、日常にはそれほど影響していなかった。「ナチ運動の首都」と呼ばれたミュンヘンも、毎晩灯火管制で街が暗闇に包まれてはいたが、空襲の被害は、ドイツ西部のその他の都市に比べるとはるかに少なかった。とはいえ、バイエルン州でも、地元のナチ幹部たちが耐久戦のスローガンを広めはじめていた。

オーバーバイエルンの大管区長官パウル・ギースラーは一九四三年一月十三日、ドイツ博物館の会議場で行なわれた集会にミュンヘン大学の学生たちを招集した。この時、思いがけないことが起こった。ナチの立場からすれば言語道断なことである。ミュンヘン大学に学籍がある者には全員出席義務があったのだが、アレクサンダー・シュモレル、ヴィリー・グラーフ、ハンス・ショルの三人は、初めから行かないことにしていた。このころにはすでに「白バラ」の仲間の周辺にとどまらず、かなり広範囲に不満の気配が立ちこめていたに違いない。ウルムの画家ヴィルヘルム・ガイアーは一九四三年一月、アイケマイアーの設計アトリエで仕事をしており、ショル兄妹のキッチンで食事を作っていた。この集会がある夕方、ガイアーはショル兄妹の家で彼らに会って、なぜドイツ博物館へ行かなかったのかとたずねたところ、彼らはこのように答えた。「自分たちは、学生の間や学生中隊のなかで政治的に怪しいと思われているから、何かまずいことが起こったら、まっ先に自分たちが犯人にされてしまうだろう」から行かないのだと。★6

案の定、ハンスが予想していた「まずいこと」が起こった。聴衆は、権力を誇るナチ幹部の演説を、恐れ入って静聴するどころか、反抗したのである。抗議の声があがり、ついにはもみあいになった。その一方は学生たちで、なかには軍服を着た兵士や傷痍兵も多く、もう一方は褐色のシャツを着たナチ党員、親衛隊員、警察官だった。この事件の経過を正確に再現するのは難しい。事件の二日後にフェルキッシェ・ベオバハター紙[★7]に載った唯一の記事では、ギースラーの演説の一部を引用しただけで、ギースラーによる侮辱的な発言は載っておらず、それに続いて起こった騒ぎにも全く触れていない。

ギースラーの演説の原稿は残っておらず、現場の証人[★8]たちの記憶からは細部まで一致した全体像は得られないが、雰囲気はありありと伝わっている。ギースラーが女子学生について、大学で無為に過ごすのではなく、たとえば年間の大学での学業の成果として男の子を産んで、「総統に子どもを捧げるべきだ」と述べると、まず、女子学生が次々と立ちあがって、出口へと向かった。ギースラーはそれに気づいたために、演説原稿の内容から離れ、さらにまくしたてたと思われる。「器量があまりよくなくて、恋人が見つからない女子学生には、喜んで私の副官たちを一人ずつあてがおう。楽しい体験ができることは、私が保証する。[★9]」この発言に、ざわめきは大騒ぎになった。しかも、会場を出ようとした女子学生たちが行く手をさえぎられ、男子学生とともにギースラーの演説を大声で妨害したので、ギースラーは演説を中断せざるを得なかった。ナチ学生同盟のメンバーが走り出て、抗議する女子学生たちをつかまえ、警戒中の警官に引き渡そうとした。男子学生たちは、女子学生たちを助けようと間に割って入り、ナチ学生と入ってきた警官を殴り合いに巻き込んだ。男子学生たちは一時間以上もの格闘の末、かなりの数の女子学生たちを逃がしてやることができたようだ。[★10] アンネマリー・ファルカシュや他の証人が語っているように、この女子学生の解放は勝利と捉えられた。「この時、法学、医学、哲学の学生たちがあっという間に一つにまとまった。私たちはお互い全く知らない学生同士で、腕を組んでルートヴィヒ通りを歩いた。誰もがこの事件に憤慨し、逮捕された者たちのことを心配する気持ちを共有していた。[★11]」

一月十三日の夜にドイツ博物館で起こったことは、その後数日にわたって大学内の雰囲気にも影響を及ぼした。「私はそれ以前にも以後にも、あのあと数日間のあのような雰囲気を大学で感じたことはなかった。廊下には学生たちがそれぞれ一団となり、それまでお互い知らん顔をしていたさまざまな学部の学生が肩を並べていて、誰もが友人だった。[★12]」

フィロメナ・ザウアーマンの証言は、ギースラーに対する偶発的な抗議行動が、学生以外にもどれほど強いインパクトを与えたかをよく伝えている。ザウアーマンは、逮捕され、学生たちの抗議にもかかわらず解放されなかった女子学生の一人だった。つかまった二十二人の若い女性たちは、夜遅くなってようやく尋問のためにヴィッテルスバッハ宮殿のゲシュタポ〔国家秘密警察〕本部に連行された。ここで彼女らは大きなホールで待たされた。その間、監視され、学生同士で話すことは厳しく禁止された。ザウアーマンによれば、係官たちは、真夜中だというのに電話で呼び出され、事態を非常に深刻に受け止めていた。「彼らは、これは学生たちの計画的な革命だと考えていました。それが組織的なものであることと、そして誰が首謀者なのかを聞き出そうとしていました。でもそうではなかった。私たちは、大管区長官の話に憤慨していただけだったのです。[★13]」ザウアーマンの印象では、ゲシュタポは、革命も起こすことができるような、強力な抵抗運動グループがあると考えているようだった。夜中の二時半、何人かの女子学生とともに、ヴィッテルスバッハ宮殿から真っ暗なミュンヘン市街に釈放された時、ゲシュタポの役人の一人が彼女らを見送ってこう言った。「もしここで革命が始まったら、おまえたちに首でつけをはらってもらうからな。[★14]」ザウアーマンは、数日後、大管区学生長に、そしてまたゲシュタポに呼び出された。二月十二日には、ゲシュタポに目をつけられた女子学生全員が、学長から書面による戒告を受けた。それは、今後わずかでも過失を犯せば、退学になるという脅しだった。

ヴィリー・グラーフはこの夜、妹の不思議な変化について、「アンネリーゼはドイツ博物館の学生集会から戻ってきた時、彼女だとわからないくらいだった」と日記にしるしている。アンネリーゼは兄の抵抗運動について何も知らされておらず、ヴィリーが日記にこのことを書く一行前にしるした文が何を意味しているのかは、知る由もなかった。「ハンスを訪問。夜まで残る。作業を始めた。石は転がり出した。[★15]」この作業とは、『すべてのドイツ人に呼びかける！』と題した五番目のビラの印刷のことである。

クルト・フーバー教授は、クリスマスの一週間前から教え子たちのビラ活動について知らされており、一月十三日の午後、アレクサンダー・シュモレル、ヴィリー・グラーフ、ハンス・ショルとともにハンスの部屋に集まり、文案について議論していた。[★16] その文案は、ギースラーの演説の前にすでに書かれていたものと思われる。[★17] いずれにしても、その文章は一月十三日以降は変更されていない。それは、このビラをミュンヘンだけでなく、広範囲にわたって配布するための準備にかなりの手間をかけなければならなかったためでもあるだろう。そうでなければ、学生たちの不満が強く表われた証拠として、「白バラ」があげることができたはずの、反ギースラー蜂起という事件に、ビラで全く触れていないことの説明がつかない。

この『すべてのドイツ人に呼びかける！』と題したビラは、ザルツブルク、リンツ、ウィーン、シュトゥットガルト、アウクスブルク、そしてミュンヘンでほぼ同時に発送され、月末になると、これらの都市の受取人の郵便受けに降ってわいたように入っているのが見つかった。ビラは冒頭の文章からして、スターリングラードの決着を待つ、国内の緊迫した雰囲気をよく捉えている。

「戦争は着実に終末に向かっている。一九一八年同様、ドイツ政府はUボートの高まる脅威に万人の注目をひきつけようとしているが、東部戦線では軍が次々と退却しており、西部戦線では敵軍の侵攻が予測されている。アメリカの軍備はまだ最高水準に達してはいないが、すでに歴史上のあらゆる軍備を凌駕している。ヒトラーは数学的な確実さをもって、ドイツ民族を破滅に導いている。ヒトラーはこの戦争に勝つことはできない。できるのは長引かせることだけだ！　ヒトラーとその共犯者の罪は、何をもってしても測りがたく重い。それにふさわしい罰が刻一刻と迫っている！★18」

「白バラ」は、このビラを少なくとも九〇〇〇部を印刷し、計画的に配布した。アレクサンダー・シュモレルは、一五〇〇通の封筒に入れたビラが入った荷物を持って、ザルツブルクとリンツを経由してウィーンへ行き、そこでこれらの都市とフランクフルト宛の分を発送した。それとほぼ同時に、ゾフィー・ショルがウルムで約二五〇〇部のビラをギムナジウム生ハンス・ヒルツェルに渡し、帰り道のアウクスブルクで途中下車して、宛名を書いた封書を投函した。ヒルツェルと彼の学友フランツ・ミュラーは、封筒と住所を調達し、封筒に宛名を書いた。ヒルツェルは、その一部をシュトゥットガルトへ運び、そこではヒルツェルの妹ズザンネがビラの入った郵便物の発送を手伝った。

アレクサンダー・シュモレルがミュンヘンに帰ると間もなく、シュモレルとハンス・ショルは、夜間の配布作戦で市内中心部の路上に五〇〇〇部のビラを撒いた。

「ドイツ抵抗運動」の『すべてのドイツ人に呼びかける！』というビラが大量に郵送されて、一月末に七つの都市に出現し、それと同時に夜間の配布活動のあと、ミュンヘンの市内中心部で発見された時、さすがのミュンヘンのゲシュタポにも、全く手がかりがなかった。その一つの理由は、郵送の方法がとても巧妙だったことにある。抵抗運動がいよいよ活発になってきたのは明らかであるとの認識から、ゲシュタポには特別捜査班が設置されていたが、この送付方法のために捜査は混乱した。一九四二年の六月末にも、「白バラ」のビラが短い間隔をおいて四号まで発行されていた。しかし、これらはずっと印刷部数が少なく、ほとんどがミュンヘンからミュンヘン市内の宛先に郵送されていた。この時はすべての状況が、地域的に限定されたグループであることを示唆していた。ところが今回ゲシュタポは、敵が誰かということだけではなく、敵はどこにいるのかについても頭を悩ませていた。その様子は、内部資料に表われている。

「一九四三年一月二十八日から二十九日にかけての配布活動から、ここに収集されたビラの数は、実に一三〇〇部あまりにのぼる。市内に撒かれたビラの分布を一望するため、概観図を作成した。それによると、ミュンヘン中央駅が活動のほぼ中心点に位置し、ここからほぼ等距離で北と南に拡大している。この事実から、犯人は鉄道によって外部から来て、ここ中央駅からビラの配布を始めたと推測できる。ビラは一九四三年一月二十七日、ウィーンに出現している。[★19]」

検察事務官ローベルト・モーアは、すでに一九四二年六月には「白バラ」の件の担当になっていた。一九四二年の夏、このグループの活動は四種類のビラが次々と郵送されたあと二週間もすると下火になり、[★20]捜査はそのまま立ち消えになった。

一九四三年一月二十九日、モーアはミュンヘンのゲシュタポ長官オスヴァルト・シェーファーの執務室に呼ばれた。その時のことをモーアは、次のように書いている。「しばらくして何も知らずに執務室に入ると、シェーファー長官が机のそばに立っていた。彼の前には、前述のビラが街から集められ、積み重ねられていた。簡単な説明のあと、他のすべての任務は他の者に任せるなり、緊急でないものは放置するなりして、他の職員数名とともに、このビラを書いた者の捜査をただちに開始するよう指示された。さらに、このビラ活動は、大きな動揺を引き起こしており、党と国家の最高指導部はこの件ができる限り早く解明されるよう望んでいると言われた。[★21]」

捜査が強化されて一週間後、確証がもたらされたのは、捜査官からでも密告者からでもなく、鑑識からだった。「ミュンヘン刑事警察犯罪技術捜査課が確認したところによると、このいわゆる『抵抗運動』のビラは、たった一台のタイプライターで書かれたものであった。この鑑定によって、このビラの印刷原紙も、これまでに発見された、いわゆる『白バラ』のビラの原紙を作ったのと同じタイプライターで作られたことがほぼ確実となった」と鑑識捜査官は書いている。他にも彼らは、印刷用紙はミュンヘンで購入され、使われた封筒もミュンヘンの工場で作られたものであることを突きとめ、次のようにまとめている。「この結果によって、犯人はミュンヘンか、その周辺地域にいるという見方が強まった。[★22]」

この推測は二月三日、ラジオがスターリングラードでの敗北を告げ、厳かな音楽を流したその日、確信に変わる。「スターリングラードに高々とそびえる廃虚の上に、はるかかなたからも見えるように掲げられた鉤十字の旗のもと、最期の戦いが繰り広げられた。将官、将校、下士官、兵士たちは、互いに肩を並べて最後の一弾まで闘った。彼らはドイツが生きるために死んだのだ。[……]しかし、一つだけは今言うことができる。軍の犠牲は無駄ではない。[★23]」

この日の夜、ミュンヘンの暗い市内中心部で行なわれ、ミュンヘン市民が朝日のなかで目にしたものによって、ゲシュタポは捜査範囲をさらに絞ることになる。ミュンヘン第一州裁判所の高等検察は、「ミュンヘンにおける反国家的謀略」という件名で、ベルリンの帝国法務省に次のように報告した。「一、二月三日から四日にかけての夜間、ミュンヘン市の少なくとも二十か所でブリキ型とタール塗料を使って『自由』、『打倒ヒトラー』などの標語が書かれた。その横には、上から線をひいて消した鉤十字が書かれていた。この種の標語は、ルートヴィヒ通りの広告柱や、大学、アマーリエン通り、サルヴァートア通り、アルトハイマーエックで見つかった。犯人は不明。建物の所有者たちは、この落書きを消すよう指示された。[★24]」

ゲシュタポ長官オスヴァルト・シェーファーは、使える限りの警官を動員して大がかりな捜査を開始し、ホテルの宿泊客カードをチェックさせ、スローガンを壁に書き、ビラを配った「凶悪犯」に関する情報を寄せた者には、一〇〇〇ライヒスマルクの報奨金を保証するという新聞広告を出した。ついにはシェーファーは、反ナチ分子として知られていた元図書館司書のマックス・シュテフル博士を、「疑わしい人物」として監視させた。シュテフルは、学歴からしてこのビラの作者であっても不思議はないと考えたのである。二月十一日、シェーファーは、「ビラを撒いた者たちの［……］大捜査網は、結果が出ずに終わった」こと、そして、再度夜間にペンキ塗り活動が行なわれたことを国家保安本部に報告せざるをえなかった。「一九四三年二月八日から九日にかけて、新たに『打倒ヒトラー』と『自由』という標語が書かれた。［……］犯人は、特に大学の建物をねらっていることが明らかであるため、大学を監視下に置いた。[★25]」

二月十五日から十六日にかけての夜、再び壁に標語が現われる。「打倒ヒトラー」、そしてフーゲンドゥーベル書店の壁には、高さ一メートルもある黒い文字で「大量殺人者ヒトラー」という標語が書かれた。それに加えて、この夜、新たなビラが郵便で発送され、翌朝、その宛名の人びとは郵便受けからこのビラを取り出すことになる。「男子学友諸君！　女子学友諸君！　わが国民は、スターリングラードの兵士の壊滅を前に愕然としている。第一次世界大戦上等兵の天才的な戦略によって、三十三万のドイツ兵が無意味かつ無責任に死と破滅へと追い立てられていった。総統よ、われわれはあなたに感謝する！

ドイツ国民の胸中には疑念が渦巻いている。われわれは今後もなお、一人の素人軍人《ディレッタント》にわれらが軍の運命を託し続けようというのか。権力の臭いをかぎつけた党の低劣な輩に、残るわれらの青年を生け贄として捧げようというのか。断じてそのようなことはしない！★26」

ハンス・ショルとゾフィー・ショルが逮捕されるまでに、ゲシュタポにわかっていたのは、次のことだけだった。捜査官たちが把握できずにいるこの抵抗運動グループが、ミュンヘン大学とその学生たちに接近をはかっていること。そしてそれは、文章にも表われているということだ。そこでゲシュタポは、ビラを分析して作者を特定できるだろうと見込んだ。ゲシュタポに信頼されていた古典文献学者リヒャルト・ハルダー教授は、ゲシュタポの依頼を受け、二月十七日から十八日にかけてこの資料、つまり『ドイツ抵抗運動のビラ』と、出たばかりの『女子学友諸君！　男子学友諸君！』の鑑定に大急ぎで取り組んだ。★27ハルダーは次のように書いている。

「これらの怪文書はどちらも非常に水準が高い。ここで語っている人物は、ドイツ語を完璧に使いこなし、自分が書くことについて、明確かつ徹底的に考え抜いている。この男は、自分が何をしたいかをはっきりと自覚しており、細部にわたる知識を有している。この男はドイツ人である。それも亡命ドイツ人ではなく、長年にわたり今日までここドイツ国内で、政治的な事件を身をもって体験しているドイツ人である。★28」ハルダーは、ビラはいずれも一人の作者によるものであるという結論に達した。ハルダーの分析からは、ハルダーがこの作者に一目置いていることが伺えるが、一方で、実に冷静に文章を批判してもいる。「まとめて言えば、この作者は天分ある知識人であり、自分のプロパガンダを大学関係者、特に学生の間に広めようとしている。文章にはある程度勢いがあり、政治的な意思による固い決断を感じさせるが、この知的産物は所詮机上の空論である。絶望し孤立した者の口調ではなく、背後に一定の仲間はいるようだが、政治的な力を持って活動しているグループから派出したものではない。それには文章が抽象的すぎる。これでは、兵士や労働者から幅広い反響を得ようとしているとは(また得られるとは)思えない。★29」

「夜は自由なる者の友」――活動する「白バラ」

「白バラ」の活動家たちにとって最も効果的な隠れみのは、仮面をかぶることではなく、ごく普通に生活することだった。彼らは学校や大学で学び、コンサートに行き、パーティーをし、スキーや山歩きに出かけ、友人がいて恋愛もしていた。外からはわからないよう、隠れて怪しげな活動に専念するために、孤立して他との接触を避けるような一匹狼ではなかった。こうしてごく普通であることが、さまざまな面で隠れみのとしてかなりうまく機能していた。ゲシュタポは、そのような反逆者を想定していなかったし、巻き込んで危険な目にあわせるわけにはいかない、身近な人びとや家族に対してもうまくはたらいた。ハンスの妹、ゾフィーの姉にあたるエリーザベトの体験は、このことをよく伝えている。エリーザベトは一月末から二月五日まで十日間ミュンヘンに二人を訪ね、これがハンスとゾフィーや、その友人たちに会う最後になった。それは、「白バラ」の抵抗運動が、最も活発であった時期のまっただ中のことだった。エリーザベトは活動のことは知らされておらず、訪問中も、散歩やレストランでの食事、コンサートなどで過ごして、自分の兄妹や友人たちがこの時期、抵抗運動の活動などというものに取り組んでいるのでは、と感づくようなことは何も起こらなかった。エリーザベト・ハルトナーゲルは、スターリングラードの敗北が報じられた二月三日の夜のことを、次のように回想している。「夜中零時の十分くらい前だったと思います。アレクサンダー・シュモレルが来ました。それから、みんなは私に『これから産婦人科に行ってくる』と言って、いなくなりました。すると、ヴィリー・グラーフがやってきました。ゾフィーと私がみんなは産婦人科に行っていると言うと、彼は笑って言いました。『僕がいなければ産婦人科には行かないさ』――実際その通りで、みんなはまだいて、そのあとそろって出かけていきました。ゾフィーと私は、英国庭園で散歩をしました。ゾフィーが『こういう時こそ、壁に標語を書かなくちゃね』と言いました。私が『鉛筆なら持っているけど』と言うと、ゾフィーは『それじゃだめよ。タール塗料でなくては』と言います。私は『それは危険だわ』と言いました。ゾフィーはそれに答えてこう言いました。『夜は自由なる者の友よ』。そのあと、家に帰るとハンスが電話をかけてきて、ポケットに五〇マルク見つけた、管理人のところでワインを一本買っておいてくれというのです。管理人は闇で商売をしていたんです。私たちは言われた通りにして、ワインを二本も買いました。すると、三人はすっかり興奮した様子で戻ってきて、みんなでいっしょにワインを飲みました。あとで、みんなが亡くなってから思ったんです。あの電話は、ゾフィーに何もかもうまく行ったと伝えるサインだったに違いない。だからハンスは電話してきたんだって。だって、ワイン一本手に入れるのに、十分ぐらい早くても遅くても別にどうでもよかったはずです。★30」

翌朝、ハンスとゾフィーは、フーバー教授のライプニッツについての講義に、エリーザベトとウルム出身の友人で画家のヴィルヘルム・ガイアーを連れて行き、そこでアレクサンダー・シュモレルとヴィリー・グラーフに会った。彼らは、壁に書かれた「自由」、「打倒ヒトラー」という標語の脇を通ったが、エリーザベトやガイアーに対して自分たちがこの標語を書いたと口を滑らせたりはしなかった。アレクサンダー・シュモレル、ヴィリー・グラーフ、ハンス・ショルの三人が、講義のあとでフーバー教授と言葉を交わした時も、ゾフィーは姉エリーザベトを連れてそっとその場を離れた。この日、フーバー教授は、次のような言葉で講義を始めていた。「空疎な決まり文句の時は過ぎた。」この言葉が、スターリングラードでの第六軍の敗北を告げた大仰な報道は、むしろそれを冷笑するようなものだと見なして、それをあてこすったものであることは聴衆には明らかだった。最高司令官ヒトラーは、まだ彼らを救出するチャンスがあった時期に何週間にもわたって、脱出も降伏もいっさい拒絶したのである。

フーバーが、学生たちを前にこのようなあてこすりを言ったということは、スターリングラードの問題が、彼をどれほど駆り立てていたかを表わしている。アレクサンダー、ハンス、ヴィリーの三人は、午後にアイケマイアーのアトリエで、自分たちが仲間のために手配した作家テオドール・ヘッカーの朗読会が行なわれることについて、教授に念を押したと思われる。テオドール・ヘッカーは、自著『創造主と創造』のなかから朗読した。危険な夜間のペンキ塗り活動からたった数時間後のこの時、ヘッカーの哲学的、神学的なテキストに触れた時間は、再び心を鎮めて熟考する機会となった。「彼の言葉は、水のしずくのようにゆっくりと落ちるのです。そのしずくが落ちる前、しだいに水滴が集まってくるのが見えるの。そして、もう落ちるだろうと思っていると、そこに何か特別な重みをたたえて、したたり落ちるのです」とゾフィーは書きとめている。「彼はとても静かな顔つきの人で、内面を見つめているかのような目をしています。顔を見て、これほど納得させられたことは、今までありません。[★31]」エリーザベト・ハルトナーゲルの記憶では、朗読のあと、スターリングラード後の状況について一般的な話をしたが、グループの活動については話に出なかった。いずれにしても、エリーザベトのような、事情を知らされていない人物のいるところでは話し合われなかった。

彼らは学生としての日常生活を少しも削らず、ごく平均的に見える学生生活のなかに違法な抵抗運動を組み込むために、夜を昼として活動していたが、その代償として、常に極度の疲労に襲われ、神経が張り詰めていた。トラウテ・ラフレンツは、最初の夜間のペンキ塗り活動の翌朝、かつての恋人ハンス・ショルが、この非常事態下の生活の影響で、神経過敏になり始めたのに気づいた。それは二月四日の朝、彼女もまたフーバー教授の講義に行く途中で壁の標語のそばを通った時のことだ。「大学へ行くと、向こう側からハンスが来るのが見えた。[……] 彼は大股で、少し前かがみの姿勢で（このころ姿勢が悪くなっていた）、お互いにつつきあい、指差している人びとのそばを通り過ぎた。得意げと言ってもいいくらいの笑みが、張りつめた表情のなかにうっすらと浮かんでいた。それから、いっしょに大学のなかに入り、バケツやほうきやブラシを使って、石の壁から文字を消そうとこすっている清掃婦の一群のそばを通ると、彼の微笑はいっそう大きくなった。やがて、興奮した学生が、私たちの方に走りよってきて『もう見たかい？』と言った。すると、ハンスはげらげらと笑い出し、『いや、いったい何だい？』と言った。この瞬間から、私は彼のことが心配でたまらなくなった。[★32]」

抵抗運動では、どんなことをするにも避けがたく危険がつきまとった。稼働中の印刷工場は厳しく監視され、違法なビラの製作に使うなど問題外だ。印刷手段を持っていたナチに批判的な組織は、一九三三年にはすべて壊滅させられていた。タイプライターと印刷用のインク、謄写版原紙、そして個人が利用する量をこえる大量の封筒、印刷用紙、切手をひそかに調達するのはきわめて難しかった。兵士は、進軍命令か軍の上官の許可がなければ、五十キロメートル以上の距離の旅行をすることは許されず、列車内では、しばしば乗客と荷物の検査があった。にもかかわらず、ヴィリー・グラーフは二度、許可なしに軍服を着て、ビラを持ち、しかも一度は謄写機を荷物に入れて、列車でドイツを縦断する旅をしていた。旅の目的は、同盟青年団出身の昔からの友人たちのなかから「白バラ」の同志を募ることだった。応じなかった者の方が賛同者よりも多く、協力を申し出たのは、ザールブリュッケンのヴィリー・ボリンガーと、その弟でフライブルクにいたハインツ、そしてヘルムート・バウアーとルーディ・アルトの四人だけだった。トラウテ・ラフレンツは、ハンスからこの秘密活動の核の部分からは閉め出されていたが、時おりゾフィーとともに紙や封筒を調達に行った。また、「白バラ」のビラをハンブルクに持っていき、自分の出身ギムナジウムであるリヒトヴァルク学園の卒業生たちの反体制的なグループに、このビラをハンブルクで複写し、配布するよう促した。アレクサンダー・シュモレルは、知人のリロ・フュルスト＝ラムドーアを通して、若き劇作家ファルク・ハルナック博士と連絡を取り、ハルナックが駐屯していたケムニッツを、ハンスとともに訪ねた。二人はこの列車の旅にも許可を取っていなかった。その直前に、ハルナックの兄アルヴィトとその妻ミルドレッドは、抵抗運動グループ、ローテ・カペレ〔赤い楽団〕の首謀者として、民族裁判所において反逆罪で死刑判決を受けていた。このことから、アレクサンダーとハンスは、ファルク・ハルナックはベルリンの抵抗運動につてがあるだろうと考え、そこと「白バラ」との間でコンタクトを取りたいと考えていた。ハルナックは協力を申し出て、二月の初めに今度はハルナックがミュンヘンを訪問することになった。ハルナックは、抵抗運動の最盛期に飛び込んでくることになったのである。

このように、「白バラ」を他の都市でも定着させ、広域で把握しにくく、強力な組織を作りあげようという試みはなされていた。それが不首尾に終わった原因は、声をかけられた人びとの大多数が、それに応じなかったことにある。ヴィリー・グラーフが、同盟青年団で親しかったかつての同志のところへ、あえて危険をおかして旅したことを思えば、悲劇的な結果である。「白バラ」の活動家たちは最後の活動をミュンヘンに限定し、大学周辺の狭い範囲で行なったことで、発見される危険がますます大きくなったのだが、それは意図したことでも、ましてや運動方針として決定したことでもなかった。単に協力者が少なすぎたからに他ならない。

ファルク・ハルナックは、二月八日にミュンヘンにやってきた。彼は親友のリロ・フュルスト＝ラムドーアを訪ねた。それで、のちに裁判でも「白バラ」の一味と出会ったのは偶然であると主張して認められた。この日、アレクサンダー・シュモレルはハルナックを、まず話をするために、ハンスのところへ連れていった。その翌日には、シュモレルとハンスがフーバー教授も加えた会合を手配した。この会合も、ショル兄妹の住居で行なわれた。お互いに考えをさぐり合い、共通の部分もあったが、ヒトラー以後のドイツについて、考え方が違う部分も明らかになった。特に、フーバーとハルナックの間には見解の相違があった。フーバーはこの会合に最後までは同席せず、途中でショル兄妹の部屋を立ち去ったので、学生たちとハルナックは、自分たちだけで話す時間ができた。彼がアレクサンダー・シュモレルとハンスに伝えたニュースのなかで最も重要だったのは、ディートリッヒ・ボンヘッファー牧師と兄のクラウス・ボンヘッファーが、ミュンヘンの彼らとベルリンで会ってもいいと言ったことだった。ミュンヘンの学生抵抗運動と、ベルリンの武装抵抗運動グループとの間で、連絡を取ろうというのだ。[★33]

そのしばらくあと、ハルナックが去ってからのことだが、クルト・フーバー教授が再びハンスの部屋にやってきた。スターリングラードの敗北と、学生たちに対する大管区長官ギースラーの侮辱的な扱いが、フーバーに衝撃を与え、自分の役割を新たに決断しなおしたのである。それまでのフーバーは、「白バラ」の学生たちにとって知的権威であり、運動に共鳴しているアドバイザーとして重要な存在だった。彼は慎重に行動するようにといさめ、ビラによるプロパガンダ活動には懐疑的だった。

今や彼はぎりぎりの危険をおかして、自ら活動に乗り出した。フーバーは、ハンス・ショルとアレクサンダー・シュモレルにビラの草稿を見せた。フーバーの妻クラーラによれば、それはスターリングラード陥落の数日後の、ある早朝の朝食前に、自宅で自分のタイプライターを使って書きあげたものだった。クラーラは夫の肩ごしに書いているものを見て、「何てこと！　何を考えていらっしゃるの？　そんなこと、考えるだけでもいけませんわ」と叫んだ。「それから間もなく夫は朝食に来て、それから出かけていきました。私が『あれをお持ちになったの？』と聞くと、彼は『ああ、もちろんだとも。今に出るぞ』と言いました。私は恐ろしかった。なぜあんなことをと思いました。でも、彼はそうせずにいられなかったのです。」[★34]

フーバーのビラの草稿に書かれていたのは、兵士たちのスターリングラードにおける「無意味で、無責任な」犠牲についてだったが、そこからは大学教授として、自由に教え、自由な精神を育てることができないことへの憤りとやり場のない不満も伺える。学生であるハンスの要望で、教授は学生になりかわって次のように書いている。[★35]

「あらゆる言論の自由を容赦なく弾圧する国家でわれわれは育ってきた。ヒトラー・ユーゲント、突撃隊、親衛隊がわれわれの人生で最も実り多き学業の時期にわれわれを画一化し、扇動し、麻痺させようとした。『世界観学習』と称する軽蔑すべき方法により、自立した思考や自尊心の芽生えを無意味な空言のなかで圧殺しようとした。この上なく悪魔的で愚昧な総統の取り巻きが、各地の指導者養成所で、未来の党のボスどもを、神も恥も良心も知らぬ搾取者、殺人者、目を閉ざした愚鈍な総統の追従者に育てあげている。★36」

前回はクルト・フーバーが、学生の書いたビラ『すべてのドイツ人に呼びかける!』の草稿を添削したが、今回は、ハンス・ショルとアレクサンダー・シュモレルが、教授の文章のある部分に強く反対した。クルト・フーバーはナチ党と戦い、あらゆる党の組織から脱退せよという呼びかけを、次のような要求で締めくくった。「一丸となって栄光あるわが国防軍の隊列に加わろう。★37」

クルト・フーバーは、ドイツ人が犯した戦争の残虐行為の責任は一重に親衛隊にあると考えていたが、前線での経験を持つ「白バラ」の学生たちの見方は違っていた。彼らの体験した国防軍は、フーバーが期待しているような、軍人の礼節の拠り所などではなかったのである。軍は後方での殺人行為を許し、見て見ぬふりをし、ヒトラーを止めようとしなかった。国防軍は、ヒトラーの思いのままに操られる道具であった。そうではないことが証明されなければ、つまり、対ヒトラー軍事クーデターが起こらないうちは、ナチ支配の終結をもたらすことができるのは軍事的敗北だけだった。

クルト・フーバーが、アレクサンダー・シュモレルとハンス・ショルのところにビラの草稿を持ってきた時、この論争に再び火がつき、すぐに合意にいたることはできなかった。★38 フーバーは、ハンスの部屋を立ち去り、学生たちは彼の草稿を使ったが、最後の文は削除した。印刷機を持っていたのは学生たちである。原紙にタイプし、一枚また一枚と印刷し、時間がある限り日中も、さらに夜も朝の五時半まで作業を続け、約三〇〇〇部を刷りあげた。表面的には普通の学生生活が続いていた。ヴィリー・グラーフは二月十二日、次のように日記に書いている。「一時間フェンシング。楽しい。もっと回数を増やせればいいのだが。ハンスのところで数時間過ごす。アンネリーゼは午後には発つ。準備して、二十時十五分にヴァルターとガイスアッハに行く。そこの空気だけで、もう生き返ったようで、いい気分だ。夜遅くまでいろいろ語り合う。オットー・グメーリン『グラールスブルク』。[★39]」ヴィリー・グラーフはまずスポーツをし、そのあとアレクサンダー・シュモレル、ハンス・ショルとともに、ハンスの部屋でフーバーのビラを印刷し、それから週末を山歩きとスキーで過ごすために田舎に出かけた。荷物には読書用にオットー・グメーリンの『グラールスブルク』が入っていた。これはある兵士の物語だ。この兵士は前線で負傷し、意識を失って平和な世界に迷い込む。そして、傷が癒され戦争が終わったのち、兵士はこの牧歌的な夢の場所を現実の世界に探し求めるのだ。

吹き抜けホールの最後のビラ――逮捕

ハンスとゾフィーが、なぜ一九四三年二月十八日木曜の朝に、ビラでいっぱいのトランクを持って大学へ行ったのか、また、なぜ白昼堂々、十一時の講義終了の数分前に床や扉の前、出窓の枠、階段の手すりなどにビラを置いたのか、完全に解明されることはないだろう。この行動の間、冷徹さと軽率さ、高揚感と抑鬱の入り交じった奇妙な気分に突き動かされていたことだろう。彼らは、活動に拍車をかけていたにもかかわらず、三週間にわたって発見されずにいた。二月九日の二度目の標語ペンキ塗り活動のあと、大学は学生にもはっきりそれとわかるように監視下に置かれていた。それでもヴィリー・グラーフ、アレクサンダー・シュモレル、ハンス・ショルの三人は、二月十五日から十六日にかけての夜、すぐ発送できるように用意しておいた八〇〇から一二〇〇通の六番目のビラを、市内中心部のあちこちで投函することに成功した。しかも彼らはこの時塗料の入ったバケツと刷毛も持って行き、途中で家々の壁に新たにたくさんの標語を書いた。翌朝、サルヴァートア通りのフーゲンドゥーベル書店の壁には、高さ一メートルもある文字で「大量殺人者ヒトラー」と書かれた標語が人目をひいた。ビラ撒き活動のあと、ビラの残部が約一八〇〇ほどまだショル兄妹の住居にあった。

高揚した気持ちのすぐ隣り合わせに、失望があった。ハンスが、のちにゲシュタポの尋問で、そのことについて述べた箇所がある。それによれば、それまでの慎重さを捨て、危険をおかして夜間に壁に標語を書く活動を決意するにいたった理由は、何千部も配布した『ドイツ抵抗運動』の呼びかけに対する反応が全く見られなかったからだった。★40 ハンスは学生としての普通の日課と、夜間の抵抗運動を耐え抜くため、興奮剤を使っていた。このことも、それまでの慎重さや集中力、一貫性をきちんと守り通すことができなかった原因の一つかもしれない。

二月十七日の夜遅く、暗号の警告が飛び込んできたのは、おそらくこのような状況の下だったのであろう。インゲ・ショルの友人であるウルムのオトゥル・アイヒャーがちょうどミュンヘンに来ていて、ジャーナリストのカール・ムートを訪ねていた。アイヒャーは、そこから夜遅くハンス・ショルに電話をかけ、二人は二月十八日の朝に会う約束をした。★41 ウルムでは、二月十七日にギムナジウム生ハンス・ヒルツェルが現地のゲシュタポに尋問されたが、釈放されていた。★42 ヒルツェルは、インゲ・ショルをたずね、ミュンヘンに緊急に連絡してほしいと頼んだ。ヒルツェルは、ショル家の人びとやウルムの友人たちとは違って、アレクサンダー・シュモレルとハンス・ショルからビラ活動について知らされており、南ドイツでのビラ撒きに積極的に参加していた。ショルとシュモレルは、問題が生じた場合に警告する暗号の知らせとして、次の文を使うことをヒルツェルと取り決めてあった。『権力国家とユートピア』という本は絶版だ。」アイヒャーが夜ハンス・ショルに電話をかけた際、この当たり障りのない文を伝えていた可能性はある。翌朝、アイヒャーが約束通り十一時にフランツ・ヨーゼフ通りにやってきた時、ハンスとゾフィーはトランクいっぱいのビラを持って、大学に向かったあとであった。

ヴィリー・グラーフ、アレクサンダー・シュモレル、ハンス・ショルとゾフィー・ショルの間では、二月十八日の数日前から大学内でのビラ活動のことが話に出ていた。思いきって実行するかやめるかについて、仲間たち全員で決定するにはいたっていなかったと思われる。トラウテ・ラフレンツの報告によれば、アレクサンダー・シュモレルは、この活動が、この時点でこのような形で、ショル兄妹によってなされたことに驚いていた。ヴィリー・グラーフにとっても同じであった。「ハンスとゾフィーに最後に会ったのは二月十八日だった。ヴィリー・グラーフと私は、フーバー教授の講義が終わる十分前に講義室を出た。なんとか遅刻せずに神経科に行くためだった。ガラスの扉のところで、ハンスとゾフィーがトランクを持ってこちらにやってきた。私たちは急いでいて、たいして言葉も交わさず、午後に会おうと約束した。市電に乗っていると、私は気味が悪くなってきた。あの二人は講義が終わる五分前に大学でいったい何をしているんだろう？　ヴィリーは肩をすくめたが、やはり落ち着かない様子だった。」[★43]

この作戦はうまく行くかに思われた。ほとんどすべてのビラが各講義室の前に置かれ、ハンスとゾフィーはトランクを持って、見つからずにアマーリエン通りに出て大学の裏口の前にいた。そこで二人はまだ残っていたビラを持ってきびすをかえし、もう一度階段を上がって、故意か不注意か、吹き抜けホールの手すりからビラを一束下に落としたのである。用務員のヤーコプ・シュミートが舞い落ちるビラを見て、階段を駆け上がり、三階に見知らぬ学生が二人だけいるのを発見した。ハンスとゾフィーだった。シュミートは、二人を逮捕すると叫んだ。二人は逃げず、シュミートに従って大学の法務顧問のところへ行った。大学の扉はすべて封鎖され、ゲシュタポが呼ばれた。ゲシュタポが来る前に、ハンスは上着から取り出した紙切れを小さくちぎって、人目につかないように始末しようとした。用務員シュミートはこれも見逃さず、やめさせた。

ハンスがゲシュタポに大学のなかを連行された際、出口近くで足留めされていた学生の一団のなかにガールフレンドのギゼラ・シェルトリンクの姿を偶然見つけた。彼は、彼女の方を見ずに「家へ帰ってアレックスがいたら、僕のことは待たないようにと言ってくれ」と言った。ゲシュタポは、ハンスのすぐそばに立っていた男子学生を逮捕したが、ギゼラ・シェルトリンクは、見つからずにあとで立ち去ることができた。ハンスは、アレクサンダー・シュモレルが、しばらく前からすでに考えていたように逃亡できることに期待をかけていた。

調書と告白——ゲシュタポでの尋問

二月十七日、ゲシュタポ特別捜査班は、ギリシャ古典学者リヒャルト・ハルダー教授に五番目と六番目のビラを渡し、ハルダーはその日のうちに鑑定書を提出した。ハルダーの分析は鋭いが、間違いが一点だけある。彼は、どちらのビラも同じ作者によるものだと考えたのである。ハルダーは、誰が書いたのかを特定することはできなかったが、範囲を狭めることができた。紙と封筒の犯罪技術捜査は、犯人グループがミュンヘンにいるらしいことをつきとめた。壁の標語を市内中心部と大学に書いた者が主に学生たちに呼びかけようとしていることは明白だった。そこへきて、ハルダーによる文体と内容の分析から、これらのビラの作者は「大学教育を受けた者であるだけでなく、大学に密接な関係がある人物」★44ということが判明した。

特別捜査班のチーフで検察事務官のローベルト・モーアが二月十七日の勤務を終えるころ、注視すべきは大学周辺であることはわかっていた。だが、それ以上のことはわかっていなかった。ハンスとゾフィーの発見と逮捕にモーアは全く関与していなかった。「捜査活動の最中だった一九四三年二月十八日午前十一時ごろ、大学から電話連絡があった。つい先ほど、吹き抜けホールの手すりから大量のビラが投下され、ビラを撒いたと思われる二名が拘束されたということだった。[★45]」

モーアは自ら大学へ行った。この時点からは、モーアはヴィッテルスバッハ宮殿での捜査の詳細を語った、唯一の証人である。モーアは一九四三年二月十八日から二十日まで、ゾフィーの尋問を行ない、調書を作成した。この調書から、ゾフィーの証言が今日に伝えられている。戦後、この捜査のちょうど八年後に、モーアは「ウルム在住の元市長ローベルト・ショル氏の要請により［……］私が一九四三年二月の問題の日々に、ショル氏の二人の子供、ゾフィー・ショルとハンス・ショルに関して経験したことを、記憶をもとに後述のように記録[★46]」している。この報告書で、モーアは敬意を持っているらしき口調をとっているが、それについては、モーアがこの時、元ゲシュタポ係官として取り調べを受ける立場にあったことを考慮に入れる必要がある。「そのしばらくあと、学長秘書室に通されると、そこにも小机の上に、見たことのある種類だが、『女子学友諸君！　男子学友諸君！』と題されたビラが積み重ねられていた。それは、吹き抜けホールで集められたものだった。同じ部屋に、二年若い娘さんと青年がいて、ビラを撒いた者であると思われると伝えられた。大学の職員（シュミート）は、二人を投下地点付近で見たと主張していた。二人とも、とくに娘さんの方は全く落ち着いた様子で、やがて二人は、ゾフィーとハンス・ショルで兄妹だということを、学生証を提示して証明した。」

モーアは、二人を自動車でヴィッテルスバッハ宮殿に連行させた。ゲシュタポの収監施設の受付で、ゾフィーはエルゼ・ゲーベルに初めて対面している。ゲーベル自身四人であった。[★47]ゲシュタポには女性係官はいなかったので、ゲーベルが雑用係と、新入りの女性囚人の身体検査に使われていた。「初めて二人きりで向き合った時、あなたにこうささやいた。『ビラか何か持っているなら、ここで処分してしまいなさい。私自身も囚人なの』」エルゼ・ゲーベルは、ゾフィーがこの申し出に対して、警戒したにちがいないと回想している。ゲーベルは、ゾフィーが割り当てられた広い「栄誉房」に最初の日から移されていたので、なおさら疑いを持っていただろう。一九四六年十一月に書かれたこの報告のなかで、エルゼ・ゲーベルはこう続ける。「私を信じる？　それともゲシュタポがワナを仕掛けていると思っているの？」★48 この報告は、ゾフィーの最期の日々を伝える、二つ目の重要な記録である。

受付手続きのあと、ハンスとゾフィーは別々に並行して尋問された。ハンスは検察事務官アントン・マーラーの、ゾフィーはローベルト・モーアの取り調べを受けた。兄妹は何時間にもわたって、非常に巧みに否認を続けた。このことから、さまざまなことが推測できる。大学へと向かった時、二人はゲシュタポに追われていると思っていたのではないだろうか。そのため、あわてていて、証拠になるような怪しまれるものを、住居や着衣のなかから隅々まで徹底的に始末しきれなかったと思われる。しかし、まだ撒かれずに部屋にあった一八〇〇部のビラは、何よりも明らかな証拠になってしまう。そこで、二人は一九四三年二月十八日の朝、これを大学に持っていった。ショル兄妹のこの行動は、信念を行動に表わしてのろしをあげようというものではなく、ましてや、あえて自己を犠牲にするというものでもなかった。もしそうするつもりだったならば、講義が終わるまで待ち、講義終了の直前ではなく、直後に投下していたはずだ。そうすれば、この建物の中や吹き抜けホールを行き交うできるだけ多くの学生に、ビラに気づいてもらうことができただろう。また、ヤーコプ・シュミートに嫌疑をかけられ連行された時、建物のなかに撒かれ、吹き抜けに舞い落ちてきたビラとは、何の関わりもないと憤慨した様子で否認することはなかっただろう。

　ハンスとゾフィーは、逮捕された時にそなえて、尋問された場合の行動について、あらかじめ打ち合わせをしておいたようである。そうでなければ、二人の供述が大部分一致していたこと、そして二月十八日の夜までに、別々にそれぞれ単独で行なわれた尋問で、逮捕したのは真犯人ではないと、ゲシュタポの取り調べ官にもう少しのところで確信させるところまでいったことの説明がつかない。ローベルト・モーアは「ゾフィー・ショルは最初このビラの件とは全く関係がないと供述し、それは（これは状況から見て無理もないことだったが）実に信憑性があった」と記録している。さらに、「この時点では、私は状況から見てハンス・ショルとゾフィー・ショルは、その日のうちに釈放されるだろうと見込んでいた」[★49]と続く。

　モーアは、ゾフィーに釈放されると告げてさえいる。ハンスも、最初の尋問では取り調べ官に、ビラ撒き活動には関わっていないと信じさせることができたようだ。ところが、釈放される前に、ゲシュタポがフランツ・ヨーゼフ通りの二度目の家宅捜索から戻ってきた。彼らは、新たな証拠品を発見していた。そのあと、尋問が継続されることになり、そのなかでその証拠品が取りあげられた。それは切手一〇〇枚のシートと、クリストフ・プロープストがハンスに宛てた手紙で、特に後者は、のちに重大な結果をもたらす押収物だった。この手紙の筆跡が、ハンスが逮捕された時に所持していたビラの草稿と、疑問の余地なく一致したのである。ハンスが、まだ大学にいた時に、なんとか始末しようとしてできなかったあの紙切れの筆跡と。これでハンスは、それまで主張していたように、知らない誰かがその原稿を封筒に入れずに郵便受けに入れたのだと言い張ることができなくなってしまった。

　ハンスのこの油断が、ぬきさしならない結果を呼び込んでしまう。自分が大学のビラの張本人であることを否認し続ければ、その時点で、自分の筆跡のビラの草稿がもとで連行されたクリストフ・プロープストが、他のすでに配布されていたビラの作者であるということになり、ゲシュタポに追及されることになる。早朝四時、ハンスは自白を始めた。ゾフィーは兄の供述を突きつけられてはじめて、自分も兄に続いて自供した。[★50] ローベルト・モーアが書いていることが正確だとすれば、ゾフィーは、おそらくこの時点で、兄の様子について確実に知りたいと要求している。「ゾフィー・ショルの尋問は長時間にわたったが、一九四三年二月十八日夜の最初の数時間、どういうわけか相手が落ち着かない様子なのに気づいた。どうしたのかと聞くと、ゾフィーはだいたいこのように答えた。『ゲシュタポは容疑者を自白に追い込むため、苦痛を与え、虐待し、拷問まですると人から聞きました。』彼女（ゾフィー）は、そういうことがこれから起こるに違いないと思って覚悟しているが、私がそんなことをするような人間には見えないと言う。さらに続けて言うには、自分自身は恐ろしくはないが、兄のことが心配だということだった。私はそれを聞いて笑い、ここではそのような扱いはしない、彼女（ゾフィー）は間違った情報をつかまされたのだと言ったが、それでも相手は納得しなかった。彼女（ゾフィー）が兄とコンタクトを取りたいと言えば、何度でも取らせると私が保証して初めてゾフィーは納得し、またすっかり落ち着きを取り戻した。ゾフィーが動揺したのは、次のような状況の影響だったかもしれない。私は隣室に続くドアを途中しばらく開けていたので、ゾフィー・ショルは、兄の姿を垣間見ていたのだった。あれほど心配していた兄を。[★51]」

　ここで明確にしておかなければならないが、ローベルト・モーアの描写を他の二次資料にあたって確認することはできない。インゲ・アイヒャー＝ショルが、モーアの報告のこの部分をこれまで発表しなかったのは、そのためであろう。ハンス・ショルを尋問した検察事務官のアントン・マーラーが、戦後ミュンヘン州立裁判所で、非ナチ化審査および刑事訴訟において、囚人虐待行為で確定判決を受けたことを考えれば、インゲ・アイヒャー

＝ショルのこの点に関する慎重さは十分理解できる。とはいえ、マーラーが摘発された虐待行為は、一九四三年の比較的遅い時期に行なわれたもので、そのころには、「白バラ」のメンバーの訴訟はすでに完了していた[★52]。

ローベルト・モーアの描写には、次の点で信憑性がある。モーアは心理学的に経験を積んだ尋問官であり、尋問の始めの数時間で、尋問相手のゾフィー自身の人物と、彼女の兄との関係がどのようなものかを見てとった。モーアの見たゾフィーは、自分自身については動揺していないが、兄を大変慕い心配している若い女性であった。兄が供述を変え、自白しはじめたことを知ると、ゾフィーの兄への心配は一気に募ったに違いない。このことから、モーアは、兄のハンスが拷問によって沈黙を破ったわけではないということを納得させない限り、ゾフィーに自供させることはできないと考えたようだ。

何が起こったのかはさておき、ゾフィーの尋問は、時間の記録はないが、十四ページにわたって全く自供しないまま経過し、ゾフィー自身とモーアが署名したあと、再開された（これも時間の記録はない）。それは次の文で始まっている。

「兄ハンス・ショルが真実を語ること、私たちがしたことの動機を始めとして、全き真実を述べることを決意したと明かされた今、私もまたこれ以上自制せず、この件について私が知っていることのすべてを記録に供したいと思います。[★53]」こうして、自白に転換してからは、兄妹は二人とも、抵抗運動に臨んだ自分たちの動機と、ナチ国家とその戦争遂行に対する断固とした拒絶のいっさいを、率直に語っている。「ドイツは戦争にもはや敗れたこと、そしてこのすでに敗れた戦争のために失われる人命は、一つ残らず無駄な死であることを、私たちは確信していました。とくにスターリングラードで払われた犠牲が、このような私たちから見て無意味な流血に対して何かしなくてはいけないと私たちを突き動かしました。」自白の核心となるこの文を、ゾフィー・ショルはあとでこのように補足している。「私たちの行動が、現在の国家形態を除去することを目標とし、国民の広い層に対する適切なプロパガンダによって、この目標に到達することを意図しているということは、もちろんはっきり自覚していました。[★54]」ハンス・ショルはゾフィーと同様、目標は負け戦を早く終わらせることだったと述べ、こう続けている。「他方、われわれの占領下におかれた地域や民族への仕打ちは、私には堪えがたい残忍なものでした。このような支配方法によって、ヨーロッパの平和的な再建が可能であるとは思えませんでした。[★55]」

ゾフィーとハンスのこの率直さは、同時に隠蔽戦術でもあった。二人は、自分たちが謀略の思想的な核であるように見せ、できるだけ多くの活動について、自分たちだけで遂行したと主張した。活動のうち、自分たちだけではできるはずがない部分については、協力者はアレクサンダー・シュモレル一人だけだと主張し、シュモレルが逃亡していることに望みをかけた。

ハンスは、アレクサンダー・シュモレルが抵抗運動に積極的に参加していたことを、尋問のなかで徐々に認め、ビラの郵送や配布、夜間の壁の標語活動の協力者として、シュモレルの名をあげた。尋問の最後には、一九四二年の夏に、アレクサンダー・シュモレルが自分とともに「白バラ」の最初の四つのビラを起草し、作成し、配布していたと述べた。

ゾフィー・ショルは、それまでにゲシュタポから抵抗運動の協力者として嫌疑をかけられていた友人たち全員について、最後まで一貫して、彼らの役割は全く取るに足りないものであったと述べた。アレクサンダー・シュモレルは「政治的なことについてあまり冷静に考えることができず、すぐ夢中になってしまうたちだから」加わった、ヴィリー・グラーフは「ビラの作成と配布には全く関わっていない」と言い、その妹アンネリーゼについては「グラーフは、本当のところは判断しかねますが、私が見たところでは全くのノンポリです」と述べた。[★56]

ゾフィーと同じ房にいたエルゼ・ゲーベルの報告からは、ゾフィーが捜査と尋問の経過をどう見ていたかが伺える。ゾフィーは、土曜日の夜に投獄されたこの件の「首謀者」の一人が、アレクサンダー・シュモレルではなく、クリストフ・プロープストだとゲーベルから聞くと、激しい衝撃を受けている。「私があなたにクリストゥルの名前を言うと、あなたは驚愕した表情になる。初めて茫然自失したあなたを見る。［……］でもあなたはまた落ち着きを取り戻す。クリストゥルにはせいぜい禁固刑しか課せられないし、そんなのすぐにすんでしまうわ。」[★57]その翌日、ゲーベルは、ゾフィーが起訴状を読んだ時の反応を、こう記している。「その分厚い起訴状を読みはじめた時、あなたの手は震えている。でも、読んでいるうちにだんだんとあなたの表情は落ち着いてきて、最後まで読むとあなたの興奮はすっかりさめている。あなたは一言『よかった』とだけ言う。[★58]」

帝国高等検事ヴァイアースベルクが作成した起訴状を分析してみると、どちらの反応も説明がつく。ハンスの所持品として見つかった手書きの草稿のために、クリストフ・プロープストが、反逆準備罪、敵方幇助、国防軍攪乱という、死刑になる可能性がある犯罪行為で兄妹とともに起訴されていることは、非常に気がかりなことだった。その他に主な共犯者としてあげられているのは、アレクサンダー・シュモレル一人だけだった。しかし、シュモレルは共同被告人として記載されていなかったので、ゾフィーはゲシュタポが彼を逮捕できなかったのを確信していた。ゾフィーは、ゲシュタポが探り出すことができなかった人びとがいることを、特に自分の勝利ととらえていたのではないだろうか。クルト・フーバー教授の名も、ヴィリー・グラーフとその友人たちの名も、ウルムとシュトゥットガルトの協力者たちの名も、出てこなかったのである。

処刑人の前に毅然と立つ
――クリストフ・プロープスト、ハンス・ショル、ゾフィー・ショルに対するフライスラーの司法殺人

「白バラ」の活動がナチ国家をどれほど挑発したかは、そのテロ司法当局が前代未聞の対応をとったことから読み取ることができる。ハンス・ショルとゾフィー・ショルが、二月十八日木曜日に逮捕されてから、二月二十日までの三日間、わずかな中断をはさんだだけで取り調べが続けられた。二月十九日金曜日には、クリストフ・プロープストがインスブルックの学生中隊の事務局で逮捕され、ミュンヘンのヴィッテルスバッハ宮殿に連行された。プロープストは二月二十日の尋問で、ハンスの所持品として見つかった手書きの草稿が、ハンスに頼まれて自分が書いたものであることを認めた。その翌日、二月二十一日の日曜日には、起訴状が完成していた。二月二十二日月曜日朝十時、ベルリンの形式上はドイツ最高位の裁判所、いわゆる「民族裁判所」がミュンヘンの裁判所で法廷を開き、公判が行なわれることになった。審理は、「民族裁判所」長官ローラント・フライスラー博士が直々に行なうこととなり、そのために直ちに飛行機でミュンヘンにやってきた。

「民族裁判所」がこのように迅速に動いたのは、大管区長官パウル・ギースラーがことをせかしたからである。ハンス・ショル、クリストフ・プロープスト、アレクサンダー・シュモレル、ヴィリー・グラーフは兵士であった。このため、本来は一般司法ではなく、軍事法廷の管轄下にある。ところが、二月十九日には、すでにギースラーがベルリンの党全国指導者マルティン・ボルマンに連絡し、その日の十七時に、ゲシュタポ特別捜査班にその交渉の結果を伝えている。「カイテル陸軍元帥は、この件に関わる兵士らを国防軍から除隊させ、民族裁判所法廷で判決を下すことに同意した。大管区長官は、数日中にここで判決が下され、その後迅速に刑が執行される

よう要請する。[★59]」

刑の執行。ギースラーのこの言葉づかいからも伺い知ることができるように、この「公判」の結論が、前もって決められていたことは明らかである。ゲシュタポも裁判所も、被告に弁護士を手配する機会を与えなかった。被告の家族も、法律補助人を手配することはできなかった。家族は身内の逮捕についても、行なわれることになった裁判についても知らされていなかったのである（ショルの両親の場合は、勇気ある二人、トラウテ・ラフレンツとユルゲン・ヴィッテンシュタインが知らせていた）。帝国高等検事は、日曜の午後、二人の国選弁護人に反逆罪裁判の起訴状を送達した。裁判は、翌日の午前に行なわれることになっていた。ハンスとゾフィーに割り当てられた弁護士は、勇気を見せるどころか、この件の資料を検討し、依頼人と話し合うために公判の日程の延期を申請しようという気さえなかった。エルゼ・ゲーベルはこの弁護士アウグスト・クラインがやってきた時の、ぶざまな様子を報告している。クラインは、ゾフィーの房に形だけたずねてきたが、前向きな弁護の方針について真剣な話し合いを始めようとはせず、何かしてほしいことはあるかと聞いた。「いいえ、あなたはお兄さんが銃殺刑に処される権利があるということを、弁護士に確認したかっただけ。［……］自分は公開で絞首刑になるのか、ギロチンで死ぬのかとあなたがたずねた時には、弁護士はぎょっとしていた」とエルゼ・ゲーベルは書き、さらにこう続けている。「そのようなことを、こんなに落ち着いた様子で、しかも若い娘に聞かれるなどとは、思ってもいなかったのでしょう。[★60]」弁護士のフェルディナント・ザイドル博士は、少なくとも、自分の依頼人クリストフ・プロープストの公判が、ショル兄妹の主公判とは別に行なわれるよう申請したが、認められなかった。[★61]

月曜午前の法廷は、公開裁判になる予定だった。しかし、ゲシュタポもナチ司法当局も、あらかじめ選抜した傍聴人でないと、どのような反応が起こるかわからないと恐れていた。そこで、公判のスケジュールは公開されず、傍聴席は、このために動員されたナチ組織のメンバーで埋められた。数少ない中立の目撃者となった司法実習生レオ・ザムベルガーは、招聘された傍聴人たちの表情にも、やはり緊張の色が現われていたと語る。「周り中、緊張した顔ばかりだった。ほとんどの顔が不安であおざめていたように思う。その不安は、判事席の方から広がってきていた。」[★62]大学の用務員シュミート、ゲシュタポ捜査官ローベルト・モーアとアントン・マーラーが、証人として召喚されていたが、尋問されなかった。告訴人の帝国高等検事ヴァイアースベルク、法廷顧問、そして弁護人までが、赤いローブをまとった主役のわき役を無言でつとめた。「怒り狂い、叫び、声が裏返ってしまうほどどなり、たびたび火でもついたように席から立ち上がって」[★63]と、目撃者であるレオ・ザムベルガーは民族裁判所長官フライスラーの審理の様子を描写している。しかし、被告たちはそれにひるんだり、くじけたりはしなかった。「被告の態度に深い感銘を受けたのは、私だけではないだろう。そこに立っていたのは、紛れもなく自分たちの理想に満ちあふれた人物たちだった。裁判長は審理のあいだじゅう、告訴人の役割を演ずるばかりで、判事としての役は果たさず、時には恥知らずな質問をしたが、被告たちは冷静沈着で、明晰かつ毅然とそれに答えていた。[★64]」

フライスラーは、法廷に入ろうとしたハンスとゾフィーの両親の聴取をいっさい拒否し、法廷官吏に命じて、二人を法廷から退出させた。フライスラーが殺人の気分に浸っていたことは、クリストフ・プロープストの審理で特に明らかになる。ゲシュタポの捜査の状況から見ても、クリストフ・プロープストは、告訴の中心となっていた壁の標語活動にも、ビラ活動にも関わっていなかった。ハンスがプロープストに書くように頼み、ハンスが持っているのが見つかった、印刷されてもいない書きつけだけがすべてだった。ハンス以外、この文章を読んだ者は誰もいない。プロープストは自供しており、この文章は、妻が難産だったことや、産褥熱にかかっていることによって、精神的に抑鬱状態に陥って書いたものだと言っている。そして、三人の幼子の父として、助命を願い出た。ハンスが、最終弁論でプロープストの情状酌量を訴えると、フライスラーはハンスをさえぎってこう言った。「自分のことで言うことがないならば、黙っていろ！」この審理のやりかたと、クリストフ・プロープストにも死刑を宣告することで、フライスラーは、決定は恣意的で、法的な考慮や個別の事情には全く関係なく言い渡されるのだということを、はっきりとデモンストレーションして見せたのである。それは、民族裁判所は、ショル兄妹のように抵抗運動をし、それを表明する者だけを肉体的に消し去るのではなく、抵抗運動をする人物と思想的に近い者や、友人として接する者もまた根絶する、というメッセージだった。思想の自由はもはや全くない。ハンスが裁判長について言ったコメントを、あるゲシュタポ官吏がフライスラーのために書類にメモしている。「ショルは行なわれている公判を、サル芝居だと言った。[★65]」

一九八五年一月二十五日に、ドイツ連邦議会が、党派に関わらず全会一致で承認した次の文章は、一九四三年二月二十二日午前、ミュンヘンで行なわれた公判にもぴったりと当てはまる。「『民族裁判所』と呼ばれた機関は法治国家としての意味での法廷ではなく、ナチの恣意的支配を行使するための、テロ手段の一つであった。[★66]」

十二時四十五分にフライスラーは判決を言い渡した。「被告は戦時中に、ビラで軍備のサボタージュと、わが民族の国民社会主義的な生き方の転覆を呼びかけ、敗北主義的思想を喧伝し、総統を悪口雑言をつくして罵倒し、それによって帝国の敵方を幇助し、わが国防軍を攪乱した。よって被告を死刑に処す。被告の市民権は永遠に失われる。」

ローベルト・ショルが、司法実習生レオ・ザムベルガーの助力を得て出した恩赦の嘆願は、聞き届けられなかったが、シュターデルハイムで妻とともにハンスとゾフィーに面会する許可を得ることはできた。両親は、この時点ではこの日のうちに処刑が予定されていることは知らない。

クリストフ・プロープストは、家族に別れを告げることはできなかった。プロープストは、最期の時間にカトリック聖職者の洗礼を受けている。看守が、三人に一本のタバコをいっしょに吸う機会を与えた。十七時、ゾフィー、ハンス、クリストフは、死刑執行官ライヒャルトによってギロチンで処刑された。

「白バラ」の仲間たちの運命と彼らが遺したもの

アレクサンダー・シュモレルは、仲間たちが処刑された二日後、二月二十四日に逮捕された。彼は「犯罪者指名手配」という見出しのポスターや新聞で捜され、捕まえた者には一〇〇〇ライヒスマルクの報奨金が出されていた。★67 シュモレルは、スイス方面に逃亡をはかったが失敗し、ミュンヘンへ戻ってきて、ある防空壕で目撃され、密告されて逮捕された。二月二十六日には、ゲシュタポはクルト・フーバー教授を逮捕した。フーバー教授が学生の抵抗運動グループに関係しており、最後のビラの作者であったことを、ゲシュタポはこの時初めて知った。おそらくこのことから、ゲシュタポと民族裁判所はこの時は起訴までに時間をかけ、「白バラ」抵抗運動のあらゆる関係者を洗い出そうとしたのだろう。それでも、二月十八日にすでに逮捕されていたヴィリー・グラーフは、特に慎重に供述していたので、自分が協力を呼びかけた仲間のほとんどをかばい通すことができた。

四月十九日、再びミュンヘンでフライスラーを裁判長とした民族裁判所の法廷が開かれた。クルト・フーバー教授、ヴィリー・グラーフ、アレクサンダー・シュモレルは死刑判決を受け、その他の十一人の被告は禁固刑となった。ファルク・ハルナックは、思いがけず無罪判決となった。

ヒトラーは、二度目の裁判で死刑判決を受けた者に対する恩赦嘆願をすべて即刻拒否し、アレクサンダー・シュモレルとクルト・フーバー教授は、七月十三日に処刑された。ヴィリー・グラーフは、最も長期にわたって死刑囚用の房に拘禁され、十月十二日に断頭された。グラーフの処刑が延期されたのは、ゲシュタポがヴィリー・ボリンガーの「白バラ」の活動への関与について、グラーフから情報が得られると考えていたためだが、グラーフは供述しなかった。「白バラ」の協力者に対する一連の裁判は、ハンブルク、ミュンヘン、ノイブルク・アン・デア・ドナウの各地で、戦争が終わるころまで続けられた。ノイブルクでは、マリー＝ルイーゼ・ヤーンと化学専攻の学生ハンス・コンラート・ライペルトに対する民族裁判所の審理が行なわれた。

ライペルトがミュンヘンで処刑された時には、すでに一九四五年一月二十九日になっていた。ライペルトは、プロテスタントとして育ち、愛国心があり、兵士として戦車突撃章を授与されていたが、ニュルンベルク法による「半ユダヤ人種」として、一九四〇年に国防軍から「不名誉」除隊となった。一九四一年には、ユダヤ人の血を引くという理由で、ハンブルク大学を退学になり、ノーベル賞化学者であるハインリヒ・ヴィーラント教授の聴講生として、ミュンヘン化学研究所にもぐりこんだところだった。ヴィーラント教授は、自分の力の及ぶ領域で、ナチの大学規則を果敢にも無視していた。

ハンス・ライペルトとその恋人マリー＝ルイーゼ・ヤーンは、ショル兄妹とクリストフ・プローブストの処刑のあとで活動を始めている。二人は、「白バラ」の六番目のビラを手に入れ、これをさらに広めていた。ベルリンでも同様に、作家ルート＝アンドレアス・フリードリヒを中心としたグループが活動していた。ハンス・ライペルトとマリー＝ルイーゼ・ヤーンは、ビラの上部に「それでも彼らの精神は生き続ける」という見出しを書き加えた。また二人は、夫の刑の確定後、生計の道を完全に断たれていたクルト・フーバー夫人クラーラのために、寄付金を集めた。

民族裁判所の書類のなかで、「白バラ」のメンバーの恩赦の可能性についてのやりとりよりも多いのは、あるミュンヘンの弁護士が、タイプライターの返却委譲をしつこく要請した書類である。そのタイプライターとは、アレクサンダー・シュモレルが知人から借りて、「白バラ」のビラ作りに使ったものだった。そのタイプライターは、本来の所有者が、親衛隊突撃部隊の遺族の世話をするために緊急に必要である、とこの弁護士は述べている。数か月後、タイプライターは引き渡され、再び体制のための機能を果たすこととなった。「白バラ」のメンバーをシュターデルハイムで処刑した死刑執行官ヨハン・ライヒャルトは、全部で三〇〇〇件以上の刑を執行したが、戦争終結後一時解雇されたものの、一九四五年秋には再びバイエルン州法務省に採用され、ランツベルク監獄に派遣された。今度は、ニュルンベルクで有罪判決を受けたナチ主要戦犯の処刑人として。

第3章　バイオグラフィー・メモ

ウルリヒ・ショシー

ハンス・フリッツ・ショルは一九一八年九月二十二日、クライルスハイム近郊のインガースハイムで生まれた。その一年前に生まれた姉インゲに続く、ローベルトとマクダレーナ・ショル夫妻の第二子で、長男である。

最初の「白バラ」のビラのなかで、ハンスが書いた一節には、二度読まなくてはわからない部分がある。一読すると政治的なパンフレットによくある文のように思われるが、実はそれがハンスのきわめて個人的な変化を、非常に正確に映しだしてもいるからだ。「ゲーテはドイツ人をユダヤ人やギリシャ人と同様に悲劇の民と呼んでいるが、今やドイツ人はあたかも浅薄で意思を持たない追従者の群れのようだ。内面の奥底から骨の随まで吸い取られ、自分自身の核となるものを奪われて、甘んじて破滅へと追い立てられてゆく群れだ。見かけはそうだが、実は違う。実は、偽りの姿をとってゆっくりと忍び寄る組織的な暴力で無理強いされ、一人一人が精神の独房に閉じ込められてしまった。そして、そこに縛り上げられて横たわった時初めて、おのれの身の破滅に気づいたのだ。[★1]」

このビラの文章は、ハンス・ショルの人生を電文のように短縮して伝えている。というのも、のちに「白バラ」の仲間となるアレクサンダー・シュモレル、クリストフ・プロープスト、ヴィリー・グラーフが、少年期からヒトラー・ユーゲントの干渉を避けたのに対して、ウルムにいたハンス・ショルとその兄妹たちは、一九三三年からヒトラーとともに「新しい時代」が到来したと思い、初めのうちはそれに熱狂していたのである。ハンスは、そのころ十五歳になったばかりだった。「偽りの姿をとってゆっくりと忍び寄る組織的な暴力による無理強い」は、一時期ハンスをも「精神の牢獄に閉じ込め」たのである。ドイツの多くの青少年にとって、ヒトラー・

東部戦線への出発前の見送り
1942年7月23日、ミュンヘン

1942年夏、東部前線にて
(左から右へ：フーベルト・フルトヴェンクラー、ハンス・ショル、ヴィリー・グラーフ、アレクサンダー・シュモレル)

ユーゲントやドイツ女子青年同盟は、束縛しようとする両親の影響下から脱する、初めてのチャンスであった。青年運動は、二十世紀の初頭には、おとなの世界に対する同盟青年団による抗議運動として、「灰色の街の城壁」を破って飛び出すことから始まっていたが、それが今や国家権力公認のものになったかに見えた。この抗議運動イコールナチ青年組織といういびつな方程式で、ナチ国家は、世代間の対立においては若者の側に立ち、年長者と対決するかのように見えた。この方程式は一九三六年ごろまで、ショル家の子供たち、インゲ、ハンス、エリーザベト、ゾフィー、そしてヴェルナーにも当てはまっていた。

一家のなかでは、ショル家の父親、ローベルト・ショルは最初からナチに対して非常に批判的であったが、それは子供たちには図式通りと思われた。子供たちは三年間の長きにわたって、リベラルな思想を持った父親の意見を聞く耳を持たなかった。ローベルト・ショルは、一九一四年当時、国内が世界大戦の熱狂に包まれた時も冷静さを失わず、平和主義者としての決意も固く、兵役を拒否した。その時と同様に、ローベルト・ショルはヒトラーに熱狂することはなかった。インゲ・ショルは、自著『白バラ』〔邦訳『白バラは散らず』未來社〕のなかで、ヒトラーは約束通り失業をなくしたじゃないかという子供たちの意見に、父親がどのように答えたかを伝えている。「それを否定する人は誰もいないよ。しかし、ヒトラーがどうやってそうできたかは聞かない方がいいようだ。ヒトラーは軍需産業を振興し、兵舎が建設されている。これがいずれどういうことになるか、わかっているかい？　失業問題を解消するなら、平和的な産業を作るという道もあったはずだ。独裁体制ならたやすくできることだ。私たちは、かいば桶が一杯なら満足している家畜とは違う。物質的な保障だけでは、人々を幸せにするには足りない。私たちは、自由な意見やそれぞれの信条を持った人間なんだ。この部分に手を出すような政府は、人間に対する畏敬の念をこれっぽっちも持ち合わせていない。でもそれこそ、何よりもまず私たちが政府に要求

ハンス・ショル、ウルムにて。1918年9月22日生まれ。
医学生。
1943年2月22日処刑

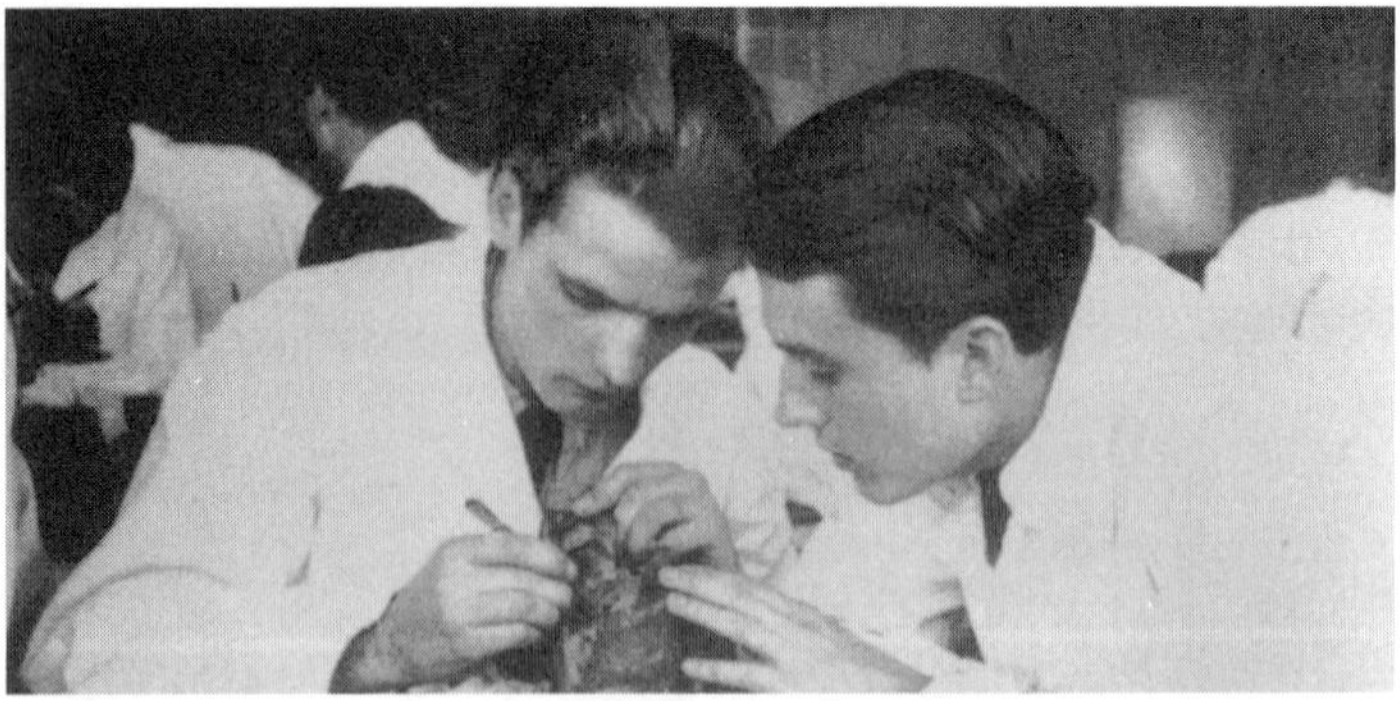

1939年末、解剖室にて、友人のエンノ・フォン・ブレサーと

しなくてはならないことなのだよ。[★2]」

ハンス・ショルが父親ローベルト・ショルの考え方を受け継ぎ、広く一般に呼びかけるにいたるまでには、何年もの時が流れた。それが現われているのが、一九四二年の夏、ハンス・ショルが書いた「白バラ」のビラ第一号の冒頭の部分である。ここでは息子が父と基本的な姿勢を同じくしていることが、はっきりと見てとれる。「誠実なドイツ人ならば、今や誰でもおのれの政府を恥じているのではないか？　いずれ、われわれの曇った目が晴れ、限界という限界をはるかにこえた残虐きわまりない犯罪が白日の下にさらされた時、われわれとわれわれの子供たちに降りかかる汚名がどれほどのものになるのか、予測できる者はいようか？ドイツ民族が、指一本動かさずに、歴史の法則という怪し気なものに軽はずみにも信頼を寄せ、人間が有し、人間を他のあらゆる創造物よりも高からしめる至高のもの、つまり、自由なる意思を放棄し、歴史の歯車に自ら介入しそれをおのれの理性の決断にしたがわせる人間の自由を放棄してしまうほどに、その存在の底の底まで堕落し腐敗してしまったのならば、ドイツ人が個性を完全に失い、それほどまでに精神なき卑怯者の群れに成り下がったのならば、そうだ、その時、ドイツ人は滅亡するに相応しい。[★3]」

ハンス・ショルは、一九三三年から一九三六年までヒトラー・ユーゲントに所属し、一六〇人の団員を従える中隊長にまで上りつめた。この時期、ハンスはまだ父親の意見には耳を貸さなかった。それにはまず、のめり込んでいたこの運動の矛盾と葛藤に、自らぶつからなくてはならなかったのだ。ハンスは同盟青年団運動のグループ「ドイツ青年団」、略して「d・j・11・1」の伝統を、ヒトラー・ユーゲントのなかで継承しようとし、初めのうちは容認されていた。[★4] 同盟青年団運動の伝統は、奇妙な組み合わせから成り立っていた。この運動には、ヒトラー・ユーゲントと同様に、画一化された軍国主義的な仰々しさがつきものだった。また、エリートの詩人であり、聖職者でもあったシュテファン・ゲオルゲ崇拝もあった。しかし、この伝統には、ワイマール時代の近代的なものへの熱狂もまたつきものだった。

バート・テルツの家へ向かう

書く時は、バウハウスの影響で小文字を使い、小旅行で味わった自然への憧憬は、フランツ・マルクなどの表現主義的な絵画への感嘆の念につながった。ハンス・ショルとその仲間たちは、そのころすでにナチによって「退廃」の烙印を押されていた画家だけではなく、シュテファン・ツヴァイクやトーマス・マンなどの追放された作家にも関心を持った。しかも、小旅行やグループの夕べの集いなどでは、ドイツの歌だけではなく、ロシア民謡やスカンジナビア民謡が歌われた。ヒトラー・ユーゲントでは、このような活動は、上部組織の指導者から、次々と禁止されていった。一九三六年、ハンス・ショルは、自分の所属するヒトラー・ユーゲントの支部の代表として、ニュルンベルク党大会に派遣された。ところが、期待に胸をふくらませて赴いたこの旅から、ハンスはすっかり幻滅して戻ってきた。ツェッペリンフェルトでの隊列行進や、目も眩むほどの夜間照明の中、それまでの数年の経験が一つの確信になっていった。ナチが作り上げようとしている新しい共同体は、個人を計画的に解体することによって達成されるものだったのだ。嫌気がさし、幻滅したハンスは、自分にとって新しいこの認識について、両親に宛てた手紙のなかで語っている。「僕は頭が重く、もう人間が理解できません。ラジオであのなんとも言い難い熱狂ぶりを聞くと、外に出て、どこか広い誰もいない平原に行って、一人になりたいと思うのです。」★5

ハンス・ショルのなかでは、拒否感と怒りがつのっていった。アビトゥーア〔大学入学資格試験〕のあと、数か月間の初めての兵役を終えると、その直後の一九三七年の晩秋に、ハンスと兄妹たちは、いわゆる「同盟青年団的破壊活動」を行なったとして、取り調べのために拘留され、起訴された。ヒトラー・ユーゲント以外の活動で、ハイキングや会合をしたことが理由だった。オーストリア併合に続く恩赦のおかげで、兄妹たちは裁判を免れた。拘留中に、ハンス・ショルは医学を学ぶことを決意する。ハンスは手紙や日記の記述のなかで、迫りくる戦争に対して感じている懐疑の念についてたびたびふれており、その不信感や、戦う兵士となって、ヒトラーとナチに操られる手先になりたくないという思いも、この決断に影響したと考えられる。一九三九年九月、ポーランド侵攻を皮切りに戦争が始まると、ハンス・ショルは日記にこのようにしるしている。「僕は戦争で『英雄的行為』なんてものを求めはしない。僕が目指すのは浄化されることだ。僕を取り巻いている影という影が消えてなくなればいい。僕が求めているのは僕自身、それだけなのだ。なぜなら、僕にはわかっているのだ。真実が見出せるのは自分の中だけだということを。」★6

ハンス・ショルの反応は、当初はナチが支配する日常からの逃避だったが、すぐに兄妹や親しい仲間のなかで自分の方向性を模索し始めた。手から手へと渡され、いっしょに読んで議論を交わした本が、ここでは決定的な役割を果たした。インゲ・ショルの恋人で、のちに夫となるオトゥル・アイヒャーは、仲間たちの文学的、哲学的な道先案内人的存在となった。アイヒャーは、自伝『戦争の内側』のなかで、読むに値する本をさがすのがどんなに難しかったかを語っている。「政治的な書物は存在しなかった。国家に都合が悪いものはすべて片づけられ、一部は公然と焚書にされていた。しかし、時には検閲をすり抜けたものもあった。内容が、資本の権力を制限するために、市民の参加と共同管理による経済の民主化を要求するものであっても、『キリスト教の未来』というタイトルの本なら、宗教的な書物としか思えないだろう。マルタンはフランスの哲学者だ。私はトーマスについて研究していて、この哲学者のことを知った。〔……〕私たちは、ジャック・マルタンから多元的民主主義という概念を学んだ。無神論者がキリスト教徒と、社会主義者が自由主義者と肩を並べて暮らし、人種にしろ階級にしろ、どのようなユートピア思想も、他者に対する支配を正当化することはできない。[★7]」

プロテスタントとして洗礼を受けたハンス・ショルは、仲間とともにフランスの同時代人、ジョルジュ・ベルナノスの『田舎司祭の日記』などの著作を発見した。ベルナノスは、「ルヌーヴォー・カトリック」というカトリック刷新運動のリーダー的存在で、この運動は、宗教的な精神性と社会政治的参加を結びつけようと試みていた。ハンス・ショルは、一九三六年にナチの理不尽な政治から逃避し、自分自身を見出そうとしたが、開戦後はこのように私的な領域にひきこもることを批判的に考えるようになっていた。

「どこかへ行って、小さな家を建て、窓に花を飾り、玄関の前に庭を作って、神を讃え、感謝を捧げて、汚い世界には背を向けていればいいのだろうか？　世を捨てることは、裏切りではないのか？　逃亡では？　破壊のあとに光が来るというなら耐えられる。若き精神は、廃虚から光に向かって舞い上がっていくのだ。だが、破壊と光が同時に存在するというのは矛盾だ。僕はちっぽけで弱いが、正しいことをしたいのだ。[★8]」ハンス・ショルが内心でナチに離反することだけでは満足できなかったことを証明しているのは、恋人ローゼ・ネーゲレにあてたこの手紙だけではない。だが、抵抗活動を実行に移すべきなのだろうか？　してもいいのか？　する他ないのだろうか？　ハンス・ショルは一九四一年から四二年にかけての冬にも、この疑問でいても立ってもいられず、まだ決心がつかないでいた。このころに、ハンスは、ゾフィーの紹介でウルムのギムナジウム生ハンス・ヒルツェルに会っている。「一九四二年初頭の冬、ハンス・ショルは、ナチがやろうとしている恐ろしいことを私に語りました。ポーランドの知識階級全体とユダヤ人を根絶やしにするというのです。その時私たちにわかっていた人数は、たった三十万人でした。もし本当の数字を知っていたら、良心に従うかどうかであれほど思い悩むことはなかったでしょう。それに立ち向かって行動するかどうかという問題だっただけに、それは難しい決断でした。そして、そうしなくてはならないという感じは、日増しに強くなっていました。一九四二年の春はそういう雰囲気でした。

　ハンス・ショルは、そのころはまだ反対していました。宗教的な理由からで、規模があまりにも違うからというのです。一方は、さまざまな手段を持つ強大な帝国、それに対するは、力も経験もなく重要な地位にもついていない若者たちのちっぽけな一団。『僕らがそんなことをしてもいいのだろうか？』と私たちは自問していました。自分たちの意見に従って行動することが、許されるのだろうか、と。

　そうしなくてはならない理由が、どんなに抜き差しならないものであったとしても、それは普遍的な秩序に反する行為ではないのか？　司教たちや判事などのすべきことではないのか？　彼らこそ、そのための任務についているのだ。彼らにはそのために命をかける責務がある。自分たちが手出しするのは、思い上がりというものじゃないのだろうか？　謙虚であるべきじゃないのだろうか？　当時のハンス・ショルの意見はこういうものでした。彼は『歴史の歯車に手出しすべからず』という表現を使い、私たちの間ではそういう考え方が主流でした。[★9]」

「歴史の歯車に自ら介入する」――そのしばらくのちの一九四二年六月に、ウルムのハンス・ヒルツェルは、匿名の郵便で送られてきた「白バラ」のビラを読んでこの言葉を発見することになる。この文句は合い言葉のように響いた。「ドイツ民族が、指一本動かさずに、歴史の法則という怪し気なものに軽はずみにも信頼を寄せ、人間が有し、人間を他のあらゆる創造物よりも高からしめる至高のもの、つまり、自由なる意思を放棄し、歴史の歯車に自ら介入し［傍点はウルリヒ・ショシーによる強調］それをおのれの理性の決断にしたがわせる人間の自由を放棄

1940年、フランス出兵

1941年、登山中の休憩

1941年、ミュンヘンにて

ハンス・ショル「人が人としてその生を終えることを戦争は許さない」

してしまうほどに、その存在の底の底まで堕落し腐敗してしまったのならば、ドイツ人が個性を完全に失い、それほどまでに精神なき卑怯者の群れに成り下がったのならば、そうだ、その時、ドイツ人は滅亡するに相応しい。[★10]」

この文章の作者は、しばらく前にヒルツェルと話した時は、まだ疑いを抱いていたハンス・ショル以外には考えられない。のちにゲシュタポの尋問でも自供しているとおり、ハンス・ショルは積極的な抵抗運動をすることを決断していた。「[……]私は国家の市民として、自分の国家の運命に対して無関心でいたくないと思ったので、自分の信条を頭のなかで考えているだけではなく、行動に表わそうと決意しました。それで私はビラを書き、印刷することを思い立ったのです。

私がビラを印刷し、配布しようと決意した時、そのような行動が、現在の国家に反する行為であることは自覚していました。私は、内面からわきおこるやむにやまれぬ気持ちでこうしなくてはならないと確信し、その内面的な責務は、兵士として宣誓した忠誠の誓いよりも重要なものだと考えていました。それによって、どのようなことを自分が被らなくてはならないかはわかっており、このことで自分の命を失うことも覚悟していました。[★11]」

アレクサンダー・シュモレル

ハンス・ショルは、アレクサンダー・シュモレルとともに積極的な抵抗運動をすることを決断した。一九四二年六月に、ミュンヘン・ハルラヒンクのシュモレルの実家で、「白バラ」のビラ第一号が印刷された。タイプライターと謄写機を調達したのもシュモレルだった。アレックスとハンスはともに医学生で、大学で出会った。「白バラ」のビラを印刷し始めた時には、二人は授業や講義、試験準備などで知り合っていた。二人ともハルラヒンクの病院でインターンをつとめ、互いに友人を紹介しあい、コンサート、山歩き、会合、朗読の夕べなどを通して、個人的な交流のネットワークができあがっていた。お互いに相手のそれまでの生い立ちを知り、隠し事のいっさいない、友情と信頼に結ばれた関係ができていた。反ナチのビラを撒くという危険な企てには、そういう関係が前提条件だった。ビラ活動のリスクは、最初から活動のあいだじゅう、ずっと二人でいっしょに担い、二人とも、ビラの文章の重要で決定的な部分を執筆した。それは、たとえばこのような文章である。「このビラでは、ユダヤ人問題について書こうというのではない。被告の弁護を論じるつもりもない。例として次の事実をあげるのみ。ポーランド征服以来、彼の地で三十万人のユダヤ人が、残虐非道な方法で殺害されたという事実を。ここにわれわれは、人間の尊厳に対する恐るべき犯罪、全人類史上、比類なき犯罪をまのあたりにしている。ユダヤ人問題に対してどのような立場をとろうとも、ユダヤ人もまた人間であり、この犯罪は人間に対して犯されたのだ。」★12

「白バラ」のビラ第二号の文章のこの部分は、アレクサンダー・シュモレルが一九四二年六月に書いたもので、ユダヤ人のホロコーストに対して、ドイツ抵抗運動の関係者が公にあげた抗議の声としては、これまで知られている唯一のものだ。シュモレル自身、尋問のなかで最初の四種類のビラの文章はすべて「私とショルの知的所有物です。すべていっしょにやったことだからです[★13]」と述べている。尋問調書に書かれていることは、慎重に分析する必要がある。とはいえ、ハンス・ショルがどの部分を自分が書き、どの部分を友人のアレクサンダー・シュモレルが書いたかを詳細に語った部分は、状況からして事実に即していると考えてもいいだろう。というのも、ポーランド人とユダヤ人殺害について書いた部分の作者は、「ドイツ人」に対しても、ドイツ人が道徳に無感覚であることに対しても、距離を置いた見方を示しているが、「白バラ」の中心メンバーのなかでも、誰よりもそのような見方を持っていたのは、アレクサンダー・シュモレルに他ならないからだ。

「そしてまたしても、ドイツ民族はその鈍重な惰眠をむさぼり、かのファシズム犯罪者どもが暴威をふるう気力と機会を与えている。そしてやつらは暴威をふるい続けている。このことは、ドイツ人の最も素朴な人間的感情がすさみはて、このような暴挙をまのあたりにしても、心の琴線が悲鳴をあげることもなく、もはや目覚めることのない、死の眠りに沈んだことの証しだというのか？　永遠に二度と再び目覚めぬ眠りに？　そのように見える。また、もしドイツ人がこの鈍麻から覚めず、かの犯罪者の一味に対して、どんな機会にも抗議の声をあげようとせず、幾万の犠牲に同情を寄せないのならば、そうであるに違いない。そして、感じるべきは同情だけではない。感じるべきはそれだけではなく、もっと大きいものだ。それは、同罪であることだ。なぜなら、ドイツ人は、おのれの無関心な態度により、この凶悪な人間どもがあのような行為を行なうことを可能にしたのだから。限りなき罪を負うかの『政府』を耐え忍んでいるのだから。そうだ、この政府と称するものが成立し得たことの責任はドイツ人自身にあるではないか！　誰もが自分に共犯の罪はないと宣言しようとする。誰もがそうして再びこの上なく安らかで高潔な良心のもとで眠りにつく。しかしおのれを無罪とすることはできない。誰もが有罪、

アレクサンダー・シュモレル、ミュンヘンにて。1917年9月16日生まれ。
医学生。
1943年7月13日処刑

有罪、有罪なのだ！[★14]」

アレクサンダー・シュモレルは、「白バラ」のなかで最も重要なメンバーの一人であるにもかかわらず、ほとんど知られておらず、写真もあまり残っていない。その数少ない写真のなかの彼は、ほっそりした背の高い青年で、面長で細面、力強い鼻、官能的な唇、豊かな、当時の標準よりは長めの髪で、よくパイプを手にしている。彼の手で書かれた文章の記録もほとんどない。詳しく書かれた日記もなく、個人的な内容の手紙も、何通かが断片的に残っているのがわかっているだけだ。「彼は芸術、なかでも彫刻に特に関心を持っていた。ベートーベンの彫像が私の記憶に残っている」と、学生中隊の学友の一人だったフーベルト・フルトヴェンクラーが書き残している。「ベートーベンは、ムソルグスキーと並んで、彼のお気に入りの作曲家だった。アレックスは内面をかき乱し、根本から変えるような芸術を求めていた。それは、彼の性格の、ある種享楽的な面にもふさわしかった。ウォッカとダンス、そしてバラライカの演奏をこよなく愛していた。私自身、アレックスといっしょにロシアでそんな夜を過ごしたことがあるし、彼は一九四二年から四三年にかけての冬に、よくウクライナ人の友人たちと会い、彼らとウォッカと歌で夜を過ごしていたことも知っている。[★15]」

アレクサンダー・シュモレルは、一九一七年九月十六日にロシア、ウラル南部のオーレンブルクという街で生まれた。ロシアには——さまざまな意味で——のちにまた戻ることになる。母親は、ロシア正教の聖職者の娘のロシア人で、息子はロシア正教の典礼に従って洗礼を受け、家族から「シュリク」と呼ばれ、のちには友人たちにもそう呼ばれた。アレクサンダーの父親フーゴ・シュモレルもロシアに生まれ育ったが、両親はドイツ人で、彼らはドイツへの文化的なつながりも、ドイツ国籍も手放すことはなかった。アレクサンダー・シュモレルがまだ二歳にもなっていなかった時、母親がチフスの大流行で亡くなった。父親は再婚して、オーレンブルクを離れ、一九二一年に、かつて医学を学んだミュンヘンへ行き、ここで診療所を開いた。しかし、このハルラヒンクのシュモレル家の屋敷にもロシアは息づいていた。アレクサンダーを生まれた時から世話してきて、一家についてミュンヘンまでやってきた、年老いたロシア人乳母のナーニャその人のなかにである。アレクサンダーは、ロシアの影響を受けてはいたが、そのためにドイツ人の同年代の仲間のなかでアウトサイダーになることはなかった。彼は、青年団シャルンホルストに入団したが、この団体がヒトラー・ユーゲントに吸収されると脱退し、仲間を探すうちに、プロープスト兄妹、クリストフとアンゲリカと出会い、友人になった。アレックスは、ある時は二人といっしょに、またある時は一人で、山やバイエルンの湖に出かけた。「彼は一人で山を歩き、あてもなく放浪し、どこかにもぐり込んで、世にも変わった人たちと友達になるのが好きだった」とアンゲリカ・プロープストは回想している。「彼は冒険家や無宿者、落ちぶれた芸人、ジプシー〔ロマ〕、物乞いなど、さまざまな人に親近

1940年9月、マリーエナウにて。アンゲリカ・プロープストを訪問

1940年、ミュンヘン大学での講義中

1942年、東部戦線に向かう

感と理解を持ち、のちにはよく夜遅くまで座り込んでワインを飲み、翌日、そのことを夢中で話すのだった。★16」

たしかにアレクサンダー・シュモレルは、強固なイデオロギーを持った地下抵抗運動家ではなかったし、ましてや一つのイデオロギーを信奉してもいなかった。しかし、だからといって、彼を、基本的には感情に流されたノンポリの反徒だと決めつけるのも、また正当な評価とは言えない。ナチ国家が、彼の個人としての自由への渇望を制限すればするほど、アレックスは、黙って日和見主義的に追従するどころか、抵抗の声を堂々と上げた。このことは、のちの民族裁判所の起訴状にも記録されている。「勤労奉仕動員のあと国防軍に入隊した時、彼は総統に忠誠を誓うことを内心躊躇し、のちに上官に自分の政治的見解について告白している。しかし、国防軍から除隊させてくれという要請は受け入れられなかった。★17」アレックスの友人たちが述べているところでは、彼はチャンスさえあればいつでも軍服を脱いで、平服に着替えたということだ。ブルガリア人のニコライ・ニコライエフ・ハムザスピアンが、一九三九年十月にミュンヘンへやって来て大学に入学し、アレックスと知り合った時も、アレックスは平服だった。二人は友達になり、時にはロシア語で、また時にはドイツ語で話した。「シュリクは、私にユダヤ人に対する迫害について話し、彼らがバスに乗ることを許されず、歩かなくてはならないとか、黄色い星をつけなくてはならないのは、非人間的だと語りました」と、ハムザスピアンは回想している。一九四〇年六月から、二人はいっしょに活動を始めた。「フランスが降伏してから、私たちはタバコと残飯を集めました。フライジンク方面に、フランス人捕虜の収容所があり、私たちは捕虜たちにたばこをあげたのです。アレックスはいつも集められる限りのパンとタバコを集め、私たちはそれを自転車に乗せて、収容所に運びました。★18」

ナチによって疎外された人々を助け、人間として連帯するのがシュモレルの最初の反射的な行動だった。しかし、「白バラ」のビラ第三号のなかで彼が書いた次のような箇所を読むと、独裁下に政治的抵抗運動を行なうには、どのような方法が可能かを模索していたことが伺える。

「われわれは、誰でもこの体制の転覆に何らかの貢献ができるということを、諸君に示そうと思う。個人主義的な反抗、世捨て人の世をすねたやりかたでは、この『政府』を打倒する地盤を育むことも、まして、できる限りすみやかに転覆に追いやることもできないであろう。それは信念を持ち、行動力のある多くの人々、どのような手段で目標に到達できるかについて、意見が一致している人々の協力によってのみ可能だ。われわれにそのような手段が豊富にあるわけではない。ただ一つの方法があるだけだ。それは消極的抵抗である。[★19]」「白バラ」第三号のビラの、消極的抵抗とサボタージュに関する正確で政治的な記述も、アレクサンダー・シュモレルが書いたことが今日では明らかになっている。この文章は、個人主義者アレクサンダー・シュモレルの政治的意識が、次第に高まっていったことを裏づけるものととらえることができよう。彼は既存のイデオロギーや世界観の引き出しにはおさまらなかったことから、誤解を受け、過少評価されたかと思うと過大評価もされた。仲間の間でさえも、はっきりとした政治的な関心を持たない、芸術家肌で音楽的な性格とみなされていた。これに対して、フーバー教授は、ロシアとロシア人に対するシュモレルのロマンティックで情熱的な憧憬を、ボリシェヴィズムへの共感であると考えていた。シュモレルは、始めから「白バラ」の抵抗運動における自分の役割について自供し、抵抗への信念を表明し、その後、「民族裁判所」での裁判の前に、ゲシュタポの要求により「政治的信念の表明」を拘置所内で書き残している。その文章は君主制への信奉から始まっている。

「私はよくロシア人だと自称してきましたが、ロシアの国家形態としては帝政ロシア《ツァーリズム》以外にはありえないと考えています。私が言いたいのは、一九一七年までロシアを支配していたような国家形態が、私の理想であるということではありません。それは違います。あの帝政ロシアにも欠陥がありました。しかも、それはかなり多かったかもしれません。それでも、根本的には正しかったのです。ロシアの専制君主はロシア民族の代表であり、国民に深く愛される父でした。それは当然のことでした。専制君主は国家元首としてではなく、むしろ国民の父親であり、庇護者であり、助言者であるととらえられていました。これもまた実に当然のことでした。君主と国民との関係はまさにそういうものだったからです。［……］

もちろん、私が想定しているような国家には、野党も存在します。野党は常に存在し続けるでしょう。国民全体で一つの意見しかないということは、まずないからです。また、野党も容認され、尊重されなければなりません。なぜならば、野党こそが、現行の政府の過ちを——間違いを犯さぬ政府がありえましょうか？——明るみに出し、批判するからです。［……］

次に、なぜ私が国民社会主義の政治体制を支持しないのかと聞かれました。それは、この政府が私の理想と合わないと思われるからです。私の見方では、この政権は掌中の権力のみに頼りすぎています。野党や批判を許容しないので、犯している間違いに気づかず、これを正すこともできない。また、私はこの政権が民族の意思の純粋な表現になっていないと思います。それは、国民が自分の意見を述べることを不可能にしています。政府のことで何か国民が同意できないことがあっても、国民がそれを変えることを不可能にしているのです。この政権ができあがったからには、批判したり、何一つ変えたりすることは許されない——そんなことは間違っていると思います。政府は国民の考え方とともに歩まねばなりません。柔軟でなければならず、命令を下すだけではだめです。［……］私の見るところ、今や、市民は誰もが、政府・官庁のことについて何か批判することに恐怖を感じています。そのようなことをすると、罰せられるからです。このようなことは避けねばなりません。私はほとんどの場合、民主的な国家形態よりも権威主義的な国家形態の方がよいとさえ思っています。なぜなら、民主主義が私たちをどこに導いたかは、みながすでに知るところだからです。権威主義的な国家形態がよりふさわしいと思うのはロシアだけのことではなく、ドイツでもそうです。ただし、国民は国家元首を政治的な指導者と見るだけではなく、おのれの父であり、代表であり、庇護者であると思わなくてはなりません。そして、ナチ・ドイツではそうなっていないと思うのです。[★20]」

アレクサンダー・シュモレルの「政治的信条の表明」は、戦略的なごまかしの全くない記録であり、シュモレルの心情と政治的思考を、驚くほど率直に伝えている。この文書は、「白バラ」の抵抗運動の闘士たちが、いかに既存のイデオロギーの引き出しからはみだしているかを示している。シュモレルの例にもみられるように、彼らは暴力の問題など確固とした原則を持っていた部分もところどころあるが、まだ模索している最中だった。

「ある民族に、他のすべての民族の頂点に立ち、やがてあらゆる民族が兄弟となるように導いて行く権利が与えられることもあるでしょう。しかし、暴力によってでは断じて許されません。その民族が、救いとなる言葉を知っており、それを発して、その言葉にすべての民族が真実を見出し、それを信じて、自由意志で従う場合にのみ、その権利は与えられうるのです。私は確信しています。この道によってのみ、やがて全ヨーロッパが、そして世界が一つになるだろうと。友愛に結ばれ、自由意志でついてゆくこの道によってのみ。私の故郷、ロシアとの戦争が始まった時、私が特につらい思いをしたことは想像していただけるでしょう。もちろん、ロシアにはボリシェヴィズムが台頭しています。それでも、ロシアが私のふるさとであることに変わりはありません。ロシア人が私の兄弟であることに変わりはないのです。[★21]」

クリストフ・プロープスト

一九四三年二月二十一日日曜日、クリストフ・プロープストは、ヴィッテルスバッハ宮殿内のゲシュタポ留置所で、担当の尋問官ガイトの立ち合いのもと、ちぎられた紙くずを貼りあわせた手書きの手紙を前にして、そのパズルのような手紙から自分が書いた文章を再現していた。それは、ハンス・ショルが大学で六番目のビラを大学で配布して逮捕された時、うかつにも所持していて、ちぎって始末しようとしたができなかった、あの手書きの文章が書かれた紙である。クリストフ・プロープストは、この文章を一月末に書いていた。そのなかで、プロープストは、当時激戦の舞台となった二つの戦場を比較している。トリポリでは、イタリア人が英国に無条件降伏し、戦闘終結後、市民生活は平常を取り戻した。スターリングラードでは、ヒトラーが包囲されたドイツ軍に降伏することを禁じ、陸軍第六軍はパウルス司令官の指揮のもと、消耗戦に追い込まれ、二十万人の兵士が戦死した。プロープストは文章のなかで、ドイツでの成りゆきが、近い将来、トリポリに範を取ったものになるのか、それともスターリングラードに範を取るのかが決定される時が来るだろうと述べている。「あらゆる方角から、圧倒的に優勢で壊滅的な敵がなだれ込んでくることは、絶対確実である。パウルスは降伏しなかったが、ましてヒトラーは降伏すまい。そうなればヒトラーは逃げ場がなくなるからだ。諸君は、勝ち目がないのにスターリングラードを防衛しようとした二十万の兵士と同じように、だまされようというのか？　みな虐殺され、断種され、子供たちを略奪されると？

世界最強の権力を握るローズヴェルトは、一九四三年一月二十六日に、カサブランカで次のように述べている。われわれの絶滅戦争は、民衆に向けられたものではなく、政治体制に向けられている。われわれは、無条件降伏

クリストフ・プロープスト、ミュンヘンにて。1919年11月6日生まれ。医学生。
1943年2月22日処刑

にいたるまで戦い続ける。これでもまだ決断に思い悩むことがあろうか？〔……〕現在、ドイツは、スターリングラードがそうであったように、包囲されている。かの憎しみの使者に、かの絶滅の意思に、全ドイツ人が犠牲にならねばならぬと言うのか？　ユダヤ人を拷問して死にいたらしめ、ポーランド人の半分を絶滅させ、ロシアを滅ぼさんとしたあの男、諸君から、自由、平和、家庭の幸福、希望、そして喜びを奪い、その代償にインフレの金を与えたあの男のために、犠牲になれと？　そんなことは許されない。そんなことがあってはならないのだ！　ドイツが生き延びるために、ヒトラーとヒトラーの政権は倒れなければならない。諸君、決意したまえ！スターリングラードと滅亡をとるか、トリポリを、そして希望に満ちた未来をとるか。そして決意したならば、行動せよ！」★22

この草稿は、ビラとして印刷され、配布されることはなかったが、クリストフ・プロープストが「白バラ」の抵抗運動に参加していたことを示す、唯一の具体的な物的証拠である。この草稿の存在は、一九九〇年に東ベルリンの文書館から、ショル兄妹とクリストフ・プロープストの尋問調書が出てきて初めて明らかになった。★23とはいえ、クリストフ・プロープストが「白バラ」のメンバーであり、ナチと戦争に対する彼の考え方が、仲間たちのものと一致していたことが疑問視されたことはない。プロープストがグループのなかで他のメンバーほど存在感がないのには、いくつかの理由がある。プロープストも医学生ではあったが、ハンス・ショル、アレクサンダー・シュモレル、ヴィリー・グラーフと同じ学生中隊には所属していなかった。一九四二年から四三年にかけての冬学期からは、インスブルックに転属になり、妻のヘルタと子供たちはその近くのレルモースに住んでいた。転属になったのは、仲間が三か月以上にわたるロシア前線での実習任務から戻って来たばかりの時だった。

しかし、クリストフ・プロープストが一九四二年の夏、友人アレクサンダー・シュモレルとハンス・ショルが作った最初の四種類のビラに、対話を通して影響を与えたという証言がある。証言しているのは、リロ・フュルスト＝ラムドーアで、クリストフ・プロープストが目立たないようにされた理由も語っている。「一九四二年から四三年にかけて、アレックスは活動の経過についてすべて私に打ち明けてくれました。その時、クリストゥル・プロープストのことを心配していることが始終話に出ました。クリストゥルに何かあったら大変だ、そんなことが決してないようにしなくては。彼には妻と子供たちがいて、彼は必要とされているんだから。〔……〕でも、クリストゥルは閉め出されたがらなかったし、欠くことのできない存在でもあったのです。」インスブルックに転属になってからも、それは全く変わらなかったとフュルスト＝ラムドーアは語る。「彼はたびたび仲間のところを訪れ、活動を慎重に見守り、適切な提案をしていました。とにかく、アレックスはそう話していました。」[24]インゲ・ショルが伝えているところでは、仲間がロシア戦線での実習任務に出発する時の壮行会で、疑いを持っている者たちに対して、大勢の前でクリストフ・プロープストが抵抗運動を支持する次のような演説をぶったという。「傲慢にも、人間の最も深いところにあるもの、そして、最も固有なものの上に立とうとするこの権力、反抗する者を絶滅させようとするこの権力に、危険を冒してもノーと言わなくてはならない。」[25]しかし、この夕べに立ち会っていたもう一人の生き残りの記憶では、プロープストが演説したというのはかなり怪しい。ウルムのギムナジウム生、ハンス・ヒルツェルの記憶は、次のようなものだ。「私が好感を持ったその人は、無口な若者でした。五歳年上でしたから、私の感覚ではもうそれほど若いとは言えなかったんですが。」ヒルツェルは「白バラ」のビラを郵便で受け取ってからすぐミュンヘンに来ていた。ハンス・ショルがウルムに来た時にいろいろとほのめかしていた仲間と、この機会に知り合うためだ。「その青年は、クリストフ・プロープストでした。彼はあまり話さなかったし、会話にはほとんど加わっていませんでした。参加するというより、その場にいっしょにいるという感じでした。しかし、私は彼から非常に内省的で、考え深いという印象を持ちました。」ヒルツエルはプロープストに話しかけ、プロープストのところを訪問する約束を取りつける。「その時、彼はハンス・ショルは行動主義だと言い、それには反対しており、批判的な意見でした。それで、彼の第三帝国に対する敵対心が強固で、私のようにぐらついてはいないことがわかりました。私は自分の考えに自信が持てず、しょっちゅう自問していたのです。やっぱり何もかも間違っているんじゃないか、私が重要だと思っていることはずれているんじゃないか、世界のことを知らなさすぎるんじゃないか、判断できないんじゃないか、と。[★26]」

クリストフ・プロープストは、一九一九年十一月六日にムルナウで生まれた。彼が育った環境によって、初期のナチの誘惑にも抵抗力がついていた。というより、抵抗せざるをえなくなっていた。というのも、プロープストが子供の時から大切にしていたものが、体制の全体主義的な圧力によって、危機にさらされたのである。それは、教授資格を持つサンスクリット研究家の父ヘルマン・プロープストの家庭で体験した、文化と宗教に対する寛容な態度であった。

ヘルマン・プロープストは、表現主義画家のエーミール・ノルデと親交があり、ノルデは、クリストフ・プロープストとその姉アンゲリカの肖像を描いている。また、パウル・クレーとも交友があった。どちらも、ナチに即座に「退廃している」との烙印を捺された画家である。やがて、ナチによる脅威は一家の家庭生活に、はっきりと影を落とすようになる。父親が、クリストフとアンゲリカの母親と離婚したあと、再婚したのだ。その二人目の妻はユダヤ人であった。

「彼は、公の場で黄色いユダヤの星をつけなければならないという規則に憤慨していました。彼の二番目の母親が、ユダヤ人だったからなおさらでした」と、クリストフ・プロープストの教師で、のちに姉アンゲリカの夫となったベルンハルト・クノープは回想する。「しだいにもれ聞こえ、だんだんと増えていった強制収容所と東部前線における大規模犯罪の知らせについては言うまでもありません。」[★27]

アンゲリカ・プロープストは、弟が早くから人間の尊厳を侵害し疎外する時代の精神に反発しているのを見ていた。「特にはっきりと覚えているのは、精神異常者や治る見込みのない病人を殺すことに、クリストフが反対した時の、真剣で興奮した様子です。その時は、私はそれがそんなに恐ろしいことだとは思っていませんでしたが、クリストフは、私にこのように話して悟らせてくれました。人間には、神の御意思に介入する資格は断じてない。なぜならば、この精神を病んだ人々の魂のなかで、どのようなことが起き、苦しみからどのような何人の目にもふれぬ成熟の境地にいたるかは、誰も知ることはできないのだから。」[★28]

クリストフ・プロープストは、学校生活のほとんどの時期をマルクヴァルトシュタインとアマー湖畔のショー

バイエルン高原にて

ミュンヘンでフェンシングの練習中

1941年、息子ミーヒャと

1942年、ルーポルディンクの自宅で

1942年夏、息子ミーヒャと

ンドルフにあった田園学寮で過ごした。これらの全寮制の学校では、革新的な教育方針をとっており、ナチ時代にも生徒に自由を与えていた。プローブストはアビトゥーアを早くも十七歳で取得し、そのあとは勤労奉仕に動員された。プローブストは空軍の兵役を志願した。一九三九年には大学で医学を専攻した。クリストフ・プローブストは、学業に意欲的かつ真剣に取り組んだが、この点では学友であったアレクサンダー・シュモレルやハンス・ショルとは異なっていた。シュモレルとショルは、何よりもヒトラーの戦争での積極的な前線任務を避けようとして、医学を専攻したからである。クリストフ・プローブストは二十一歳で結婚し、一九四二年にはすでに二児の父となっていた。

ここで、次のような連想をしたくなるかもしれない。プローブストのこの足早な人生は、自分が早く死ぬのではないかという予感があったからではないか、と。しかし、その解釈は当たっていない。友人たちが伝える彼は、優しく、大らかな人物だ。背の高いハンサムな青年が、あけっぴろげな表情で、感じのいい笑みを浮かべてカメラの方を見ている写真も、そのような印象を与える。

クリストフ・プロープストは特定の宗教教育は受けておらず、洗礼も受けていなかった。両親にあらかじめ決められたしがらみがなかった彼は、他の誰よりもはるかに強くこのしがらみ、つまり宗教をさがそうとしていたように思える。というのは、死んだあと、どうなるのかということは、彼の人生において早くから問題になっていたのである。尊敬し、愛していた父が自殺した時、彼は十七歳だった。二十三歳そこそこの、生きる喜びに満ちた三児の父クリストフ・プロープストは、逮捕から判決までたった二日間で処刑を前にした時、公判のほんの数時間後に、刑務所のカトリックの牧師に洗礼を願い出た。母親に宛てた別れの手紙には、このように書き残している。「お母さんが僕に生を与えて下さったことに感謝しています。僕の考え方が正しければ、これが唯一の神に通じる道でした。でも、その道を歩むことはできないので、最後の部分は飛び越して行きます。僕のただ一つの苦しみは、お母さんたちにつらい思いをさせることになってしまったということです。僕の死をあまり嘆かないで下さい。そうすると、僕も常世でつらい思いをするでしょうから。僕は天国にいるわけで、そこでお母さんたちを歓迎する準備ができるのです。ついさっき、僕にはあと一時間しか残されていないと聞かされました。僕は今から聖なる洗礼と聖体拝領の儀式を受けます。

もし、もう手紙を書くことができなかったら、僕が愛する人たちみんなにどうかよろしく。僕の死は安らかで、喜びに満ちていたと伝えて下さい。[★29]」

「ハンスからとても優しい手紙をもらったわ。いっしょに大学で勉強できたらすてきね。だってハンスの前ではバカなことをしたりしないでしょうから。（もっとも、誰の前でももうそんなことはしないようにしたいけど）ハンスも私の前ではしっかりしているでしょう。一番効果的な教育法よね。[★30]」

兄のハンスといっしょに大学に行きたいというゾフィー・ショルの望みは、一年待ったあと、一九四二年五月の始め、ゾフィーの二十一歳の誕生日の数日前に実現した。ミュンヘンへ行き、生物学と哲学を専攻することになったのだ。

ゾフィーは、一九四〇年三月にアビトゥーアに合格し、気が進まない帝国勤労奉仕から逃れるために、ウルムのフレーベル・ゼミナールの養成コースに入った。幼稚園教諭という仕事につけば、勤労奉仕の代わりとして認められるということだった。ゾフィーは、ズザンネ・ヒルツェルといっしょにこの養成コースに入った。二人は友達同士で、時どきいっしょにヒッチハイクしたり、山歩きをしたりしていた。二人を結びつけていたのは、ヒトラー・ユーゲントでの強烈な思い出だった。

「私たち二人、つまりゾフィーと私は、リーダーをやめさせられました。その時、私たちは十六歳でした。理由は『背信行為』と『反抗的言動』でした。まだこれだけはよく覚えているんですが、私たちは自分たちのシンボルマークがついた自分たちの旗を作り、それを持って歩き回ったんです。同盟青年団的なやりかたを復活させたからというわけです。そういうことは禁止されていましたから。『反抗的言動』というのが何のことだったかは覚えていません。その時は何かのお祝いだったか、追悼だったかのセレモニーで、私たちは罰せられて、こう言

ゾフィー・ショル、ウルムにて。1921年5月9日生まれ。生物学と哲学専攻の大学生。1943年2月22日処刑。

われました。『あなたたちをヒトラー・ユーゲントから追い出しはしません。そうなったら、あなたたちのこれからの人生は台なしになってしまうでしょうからね。でもリーダーはやめてもらいます。』それから『我らが立つところ忠誠あり』を歌いました。[★31]」

ゾフィー・ショルは、一九二一年五月九日、ショル家の五人兄弟の下から二番目の子として生まれた。一番上の姉インゲとは四歳、兄のハンスとは三歳離れていたために、ゾフィーはこの二人とは少し違う育ち方をすることになる。兄弟のなかで、みんなをリードしていたインゲとハンスは、初めはドイツ女子青年同盟とヒトラー・ユーゲントに夢中になっていたが、その時ゾフィーはまだ十二歳のほんの子どもで、ただ姉と兄を真似しているだけだった。十三歳になると、ゾフィーは姉や兄の葛藤をだんだんと強く意識するようになり、党の方針に忠実なナチの若者たちの狂信ぶりに、背を向けるようになった。この方向転換を、ゾフィーはかなり早くから、彼女らしいやりかたでひっそりと心に決めたのである。

ゾフィー・ショルは、分析的な視線で見ることで、自分の道徳的な義憤の念をいっそう強めていた。たとえば、ユダヤ人の同級生ルイーゼ・ナータンは、ヒトラー・ユーゲントの会員になることはできなかった。ゾフィーは、ドイツ女子青年同盟のなかで、何度もそのことについて抗議し、お粗末なナチの人種教義の正当化の試みを非難した。ナチは学問をよそおった「人種衛生学」的観点から、アーリア人と非アーリア人を分別しようとしていたのだ。「髪も瞳も黒い私がドイツ女子青年同盟の会員なのに、どうして金髪で青い目のルイーゼがなれないの?[★32]」

ヒトラーが一九三九年九月一日にポーランドに侵攻して始めた戦争については、ゾフィー・ショルは、「白バラ」の男性メンバーよりも早くから、決然と、きっぱりとした立場をとった。たくさんの手紙のやりとりが、こ

1938年夏、ウルム近郊のイラー川のほとりにて

のことを示している。手紙は、時には突き放すようで、時には愛情に満ちていたかと思うと、また挑発的になったりまた甘えるようでもある。それは、ゾフィーが四歳年上の恋人、フリッツ・ハルトナーゲルと交わした書簡である。ハルトナーゲルは、このころ士官として志願して軍務についていた。開戦四日後の一九三九年九月五日、ゾフィーは手紙に「愛するフリッツ、お便りありがとう。次のお手紙は今度ほど待たなくてすめばいいと思います」と書き、小生意気な調子でこう続ける。「さぞかしお忙しいんでしょうね。私には、人間が人間を四六時中命の危険にさらしているなんて理解できない。決して理解できないだろうし、ひどいことだと思うわ。祖国のためだなんて言わないでね。」次の文では愛情にあふれた口調に変わる。「きっと元気でいてね。わかった？　あなたの任務はそんなに危険じゃないのでしょう？[★33]」

ゾフィー・ショルがダンスでフリッツ・ハルトナーゲルと知り合った時、ゾフィーは十六歳だった。「ゾフィーは踊る時は夢中で、集中し、話もしませんでした。音楽に身を任せ、周りのことをすっかり忘れて、パートナーにぴったりと合わせていました[★34]」と、姉インゲ・ショルは、四歳下の妹の様子を語る。インゲの話では、クラスメイトがゾフィーの踊り方をはしたないと言ったが、そう言われてもどうしようもない、とゾフィーは手紙に書いていたと言う。インゲ自身は、妹の踊り方を冷静な目で見ており、感嘆しているようでもある。「ゾフィーは、踊っていると解き放たれているようでした。私たちは、よく午後にウルムの友人アンネリーゼのところで集まりました。アンネリーゼのところには、蓄音機とダンス音楽のレコードがあったんです。彼女のところで、一九三七年にゾフィーとフリッツは知り合いました。[★35]」ゾフィーのフリッツに宛てた手紙を読むと、ゾフィーは彼に対して、実に率直に自分の気持ちを打ち明けている。インゲは、何年か妹と同じ部屋を使っていて、ゾフィーが性に関しても開放的だった様子を伝えている。「アビトゥーアの一年前に、ゾフィーは生物学の授業で生殖について習いました。ある晩、ゾフィーは私に、『ねえ、今日すごいことを習ったのよ。教えてあげる』と言って、私のベッドにもぐりこんで、ノートとペンを取り、生物学の先生が教えてくれたことを、その通りに描いて見せたのです。私が学校で習わなかったことを、真面目に一生懸命私に教えてくれました。[★36]」

しかし、フリッツ・ハルトナーゲルに対して気持ちを素直に打ち明けるからといって、ゾフィーは自分の考え方や判断も恋人に左右されることはなかった。フリッツへの手紙を見ると、むしろその反対の印象を持つ。ゾフィーは愛する人に対しては、その人を問いただし、相手の立場を批判することさえも自由だと思っていたようだ。ゾフィー・ショルがフリッツ・ハルトナーゲルに宛てた手紙は、戦争が激しさを増すにつれて、目に見えて緊迫したものになってゆく。「時どき、戦争がいやでたまらなくて、希望が全然ないように思えます。こんなことは考えたくはないんだけど、今に世の中は政治一色になってしまうでしょう。それが混乱していて、悪しきものであるうちは、そこから目を背けるのは卑怯なことよね。きっとあなたは笑って、私のことを女の子だなあと思っているんでしょう。でも、いつもこんな重苦しいことがなければ、私だってずっと陽気でいられるでしょうに。そうすれば、気がとがめることなく、他のことに夢中になれる。でも、これではやはり他のことは二の次になってしまう。私たちは政治的に育てられたのだから。（また笑っているでしょう）あなたのそばでまたゆっくり休みたいわ。あなたの背広の布地だけを見て、感じていたいの。」[★37]

士官候補生フリッツ・ハルトナーゲルは、ゾフィーより四歳年上で、ゾフィーはまだ女学生だったが、二人のつきあいは、普通考えられるような役割とは逆の関係になっていた。のちにフリッツ・ハルトナーゲルの妻となったゾフィーの姉エリーザベトは、二人の関係について次のように述べている。「ゾフィーは彼に、兵士なんだから戦争に責任がある、士官なんだからヒトラーがやっていることに責任がある、と言っていつも説得しようとしていました。」また、「ゾフィーは、一歩も譲りませんでしたが、自分の考えをできるだけ穏やかに伝えようと努力していました。二人にとっては長くつらい道のりで、二人の間でいつも議論になっていました。フリッツ・ハルトナーゲルは、のちに私宛ての手紙にこう書いています。その時は、まだ戦争中でした。『僕は若い女の子

1940年の精霊降臨祭のハイキングで、弟のヴェルナーと。ヴェルナーは1944年以来、行方不明。

1941年6月クラウヘンヴィーズ（ジグマリンゲン）での帝国勤労奉仕中

1942年学期休み中、自宅にて

にすっかり考えを変えさせられたけれど、それを認めるのを少しも恥ずかしいとは思わない』。」[★38]二人の議論が白熱した様子が伺える手紙も残されている。たとえば、フリッツ・ハルトナーゲルがゾフィーに「国民」についてどう考えているかを書くように促したことがある。すると、ゾフィーは、前置きはいっさいなしにそれに答えている。ゾフィーは、国民のなかでの兵士の役割について論じている。それは職業軍人の道を選んだフリッツ・ハルトナーゲルの役割そのものであった。

「私の考えでは、国民に対する兵士の立場は、言わば父親と家族に対して、どんな時もお父さんや家族の味方でいると誓った息子のようなものです。もし、父親が他の家に対して何か正しくないことをして、まずい立場に立たされたとしても、息子はどんな時も父親の味方をしなくてはならないというわけ。自分の家族に、それほどの理解を示さなくてはならないなんて、私にはできない。正義はどんな時も何よりも高い価値を持っていると思います。センチメンタルな甘えなんかよりもずっと高い価値よ。戦う時は、自分が正しいと思う側についた方がいいんじゃないかしら。〔……〕

道で兵士を見ると感動します。音楽に合わせて行進しているとなおさらね。以前は行進しているのを見ると涙が出そうになったわ。でもそんなのはおばあさん向きの感傷なのです。そんなものにとらわれているなんて、滑稽だわ。〔……〕今日はこれで。ゾフィーより心をこめて。」[★39]

ゾフィーは、一九四二年の五月初めにミュンヘンに着くと、さっそく兄の仲間の輪に迎え入れられた。ハンスの元恋人のトラウテ・ラフレンツは、以前ハンスに連れられてウルムに行ったことがあった。アレクサンダー・シュモレルは、ゾフィーと同じく芸術に関心があった。時たま、二人はシュモレル家のアレックスのアトリエで会い、ゾフィーはデッサンし、アレックスは彫塑を制作した。ゾフィーは、当時子供たちとともにルーポルディングに住んでいたクリストフ・プロープストとその妻のヘルタとも友達になった。手紙のなかで、ゾフィーは友人たちとのパーティーや、英国庭園での夜の散策について楽しげに書いている。ゾフィーは、同じ考え方の仲間に囲まれていることをすぐに感じとっていた。ゾフィーがミュンヘンに着いて一か月後の、一九四二年六月に、ハンス・ショルとアレクサンダー・シュモレルは、四種類の「白バラ」のビラシリーズを作成し、配布した。

ゾフィー・ショルがこの活動について、この時すでに知らされて、加わっていたかどうかは、今日になってますますわからなくなっている。これまでは、ずっとインゲ・ショルが自著『白バラ』に書いた通りだと考えられてきた。ゾフィーは最初、大学で手から手へと渡されてきた「白バラ」のビラを読んだ。それから、兄の部屋で、開いて置かれていた本のページに下線を引いた箇所があるのを見つけた。それは、ビラの文章の一部とぴったり一致していた。そこで、ゾフィーは兄を問いただした。「『ねえ、あのビラの出所を知っている?』――『今は知らない方がいいこともいろいろあるんだ。誰かを危険な目に会わせるかもわからないからね』――『でもハンス、あんなこと一人じゃできっこないわ。敵の力はものすごく強いのよ。こういうことを自分以外の誰にも打ち明けることができないってこと自体がその証拠だわ。一番強い人間の絆を断ち切って、孤立させられるのよ。一人じゃその力に対抗できない』。」[40]

インゲ・ショルの著書『白バラ』に書かれた二人のこの会話は、フィクションである。ゾフィーとハンスは処刑されたのであり、二人とも、自分たちの違法な活動については、両親や他の兄弟たちに、最後まで打ち明けなかったからだ。[41]

現在わかっているところでは、その後一九四二年七月中旬までの二週間に続けて出た第二号、第三号、第四号のビラの起草、作成、配布に、ゾフィー・ショルが関わっていたという確証はない。ゲシュタポの尋問調書は、この点について驚くべき新情報を含んでいる。調書によれば、ゾフィー・ショルは否認しても無駄だと悟ってからは、「白バラ」の活動について洗いざらい自供した。しかし、尋問の最後の方で、ローベルト・モーアが、一九四二年六月から七月にかけて出た四種類の「白バラ」のビラについてゾフィーに質問すると、ゾフィーは、それには全く関わっていないと否認しているのだ。★42

一方、エリーザベト・ハルトナーゲルは、別の情報を根拠に、妹のゾフィーがミュンヘンに引っ越す前に、ハンス・ショルが抵抗運動を計画していることを妹に打ち明けていたと考えている。一九四二年の夏、フリッツがロシア戦線に転属になる前に、最後に会った時、ゾフィーがフリッツに一〇〇〇ライヒスマルク貸してほしいと頼んでいたことを、エリーザベトはフリッツから聞いている。ゾフィーはこの時、ミュンヘンへの引っ越しを目前にしていた。しかも、ゾフィーは、フリッツの中隊のスタンプが押してある謄写機の購入許可書が欲しいとも言っていた。金と謄写機が何のために必要なのかは、ゾフィーはフリッツに言おうとしなかった。フリッツは、金は調達したが、スタンプを押した許可書はできなかった。そのためには、連隊の兵士を巻き込まなくてはならなかっただろう。フリッツは、ゾフィーが何か不法な活動を計画していると考えていたので、それはできないと言った。

ハンス・ショル、アレクサンダー・シュモレル、そして新たに加わったヴィリー・グラーフが、一九四二年の冬に抵抗活動を再開した時は、ゾフィー・ショルは最初から参加していた。兄のハンスが一九四二年十二月に、オイゲン・グリミンガーに会いにシュトゥットガルトへ行った時も同行した。グリミンガーは、ショル一家の友人で、ローベルト・ショルの同僚だった。彼はビラによる宣伝活動を支援するために、ハンスに資金を渡した。このころ、ゾフィーの恋人フリッツは、他の数十万人のドイツ兵とともに、スターリングラードに包囲されていた。この機会に、ゾフィーはシュトゥットガルトの音楽大学に行っていた友人のズザンネ・ヒルツェルに会っている。ズザンネはゾフィーの衝動的なところや、徹底的なところをよく知っていたが、この時はそれがいっそう強くなったように、とても印象的に感じられたと言う。「私たちは、それからあるカフェでハンスに会うために、街中へ行きました。その時、レーマー通りを歩きながら、ゾフィーがこう言ったのをよく覚えています。『もしここにヒトラーが来て、私がピストルを持っていたら、撃ち殺してやるわ。男たちにできないんなら、女の私がやらなくちゃならないのよ』

私はこう言いました。『ピストルなんか持っていないじゃない。ヒトラーも来ないしね。もしあなたがヒトラーを撃ち殺したとしても、お次はヒムラーよ。ヒトラーを殺したからって、たいして変わるとは思えないわ』すると、ゾフィーはこう言うのです。『誰も何もやろうとしないからよ！　誰も何もやらなかったから、こんなことになってしまったんだわ。だから私は何かしなくては。』その時私は、彼女は何だか……そう、もう何かをしようと心を決めているようでした。でも、私は警告しようとしたのです。だって、『何かする』っていったいどういうことなんでしょう。みんな切羽詰まった気持ちでした。ゾフィーは自分に責任があると考えていました。あのころの状況の何もかもについて責任を感じていたのです。だから、自分は何かしなくてはいけない。でも、何かといっても、意味のあることでなくては何にもなりません。」[★43]

この時が、ズザンネ・ヒルツェルが友人ゾフィー・ショルに会う最後となった。ズザンネは、いろいろと心配しながらも、一九四三年一月にはゾフィーがズザンネの兄ハンス・ヒルツェルに渡した「白バラ」のビラの配布を、自分も手伝うことになる。

ヴィリー・グラーフ

「大学へ。昼に点呼、夜、隊長のスピーチ、決まり文句だらけでひどい。ハンスのところで遅くまでみんなと過ごす。クリストゥルがこれから出発するからだ。組織作りについて話す。僕にとっては新しいアイデアもあった。」★44

ヴィリー・グラーフがゲシュタポに逮捕された夜、ゲシュタポから隠した小さな日記帳の、一九四二年十二月二日の記述である。のちにこの手帳を妹のアンネリーゼが発見した。

ロシアから帰還して数週間後、ヴィリー・グラーフは仲間たちの抵抗運動に加わって活動しようと決心する。もう長い間考え続けていたことで、決して簡単な決断ではなかったようだ。

ヴィリー・グラーフは一九一八年一月二日生まれで、二人の姉妹とともにザールブリュッケンで育った。彼の家は厳格なカトリック家庭で、特に母親は子どもたちの宗教教育を重要視していた。ヴィリーは教会へのつながりを内面化し、毎日曜日に礼拝に行き、ミサの侍者も務めた。ワンダーフォーゲル運動の伝統を受け継ぐ、カトリックの「新ドイツ学生同盟」に入ったが、一九三五年にザールラントがドイツ帝国に併合されると、この学生同盟も、他のキリスト教系の青年サークルと同様に、ナチによって解散させられた。これに対してヴィリー・グラーフは妥協しなかった。両親のすすめにも、教師や学友のさまざまな脅しにも従わず、ヒトラー・ユーゲントに加入することを拒否したのである。十五歳のヴィリーはこの時期、メモ帳に書いたかつての友人の名前をいくつも線で消し、その横には簡潔に「ＨＪに入っている」と書いている。

一九三八年、ヴィリー・グラーフは、十七人の仲間とともに逮捕拘束された。これはショル兄妹と同時期で、ヴィリーの場合も容疑は「同盟青年団的破壊活動」であった。

ヴィリー・グラーフ、ザールブリュッケンにて。1918年1月2日生まれ。医学生。
1943年10月12日処刑。

1936年、「灰色会」の仲間とモンテネグロへ旅行中。（ヴィリー・グラーフは右から3人目）

アビトゥーアのあと、ヴィリー・グラーフは医学を専攻することを決める。彼は神学的、宗教的テーマに強い関心を持っていたので、苦し紛れの選択だったと思われる。フランス、ユーゴスラヴィア、そして東部戦線へ出征したあと、一九四二年六月、ヴィリーはミュンヘンの学生中隊で、ハンスとアレックスに出会う。

六か月後の一九四二年十二月、ヴィリーは敬虔なキリスト教徒として、消極的な拒否の姿勢から積極的な抵抗活動へと移行することは、正しいのかという疑念をのりこえた。クリスマスの直前に、日記にこのように記している。

「日曜日。遅く起きてまた『メサイア』へ行く。立ち見席しかとれなかったが今回も演奏から強い感銘を受ける。特にアリア『私は知っている。私をあがなう方は生きておられ』先週の日曜日と同じ素晴らしい澄みきった天気。夜はバイエルン宮殿でのコンサート。

夜遅くハンスとアレックスのところへ。紅茶とコニャックを飲み、話し合い、計画を立てる。[★45]」

ヴィリー・グラーフは、この時期もいつものようにバッハ合唱団で歌い、コンサートを聞きに行き、大学の勉強もし、フェンシング練習場にも通った。また、非合法の同盟青年団サークル「灰色会」の、ミュンヘンに住む仲間たちと日曜礼拝の準備をし、当たり障りのないつきあいを続け、落ち着いた態度で過ごした。彼が次の「白バラ」のビラ活動の準備に参加しているとは、誰も気づかなかった。妹のアンネリーゼは、ヴィリーの希望で、一九四二年十一月からミュンヘンで大学に通うことになり、同じ家主のところに住んでいたが、その妹から見ても、兄はいつもと全く同じだった。

ヴィリーが紅茶とコニャックを飲みながらハンスとアレックスと話した内容は、重要な旅行の計画であった。ヴィリー・グラーフは、ザールブリュッケンでのクリスマス休暇を使って、同盟青年団の昔からの仲間のなかから「白バラ」の協力者を募った。これについても日記のなかに記載がある。

「一九四二年十二月二十七日朝、ボリンガー家を訪ねる。フライブルクの状況について話し、すぐにお互い理解しあい、意見が一致する。」

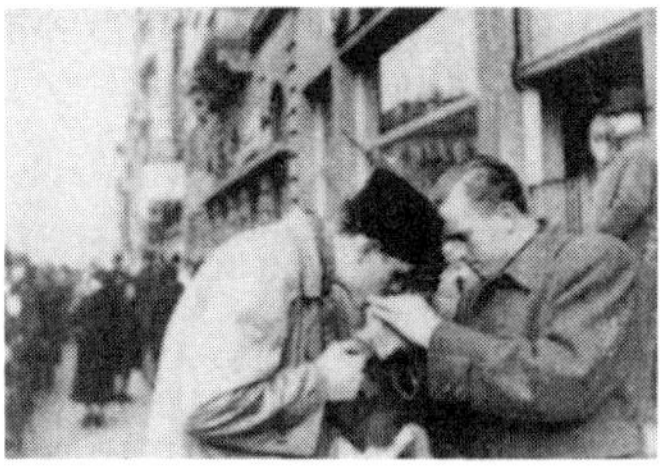
1938年、ボン大学時代。

ヴィリー・グラーフは、ハインツとヴィリー・ボリンガー兄弟と接触し、フライブルクでは、そこで哲学を学ぶハインツと会った。ヴィリーは旧知の友人だった彼に、すぐに自分が会いに来た理由を打ち明けた。「それから、彼は私にコンセプトを説明しました。つまり、連合軍が上陸したらことはどんどん進むだろう。一九四三年には戦争は終わる。でもその時にはまだナチがあちこちで敵を殺そうとするだろうし、あれやこれやを破壊するだろうと言うのです。実際、一九四五年にそうなりました。ヴィリーは、われわれはそれに備えなくてはいけないと言いました。一つ一つの町でそれぞれのグループが準備を整えられるよう、自分は組織化のために旅行をしているというのです。フライブルクにも、そのようなグループを作らねばというので、私は彼に言ったのです。その必要はない、もう去年からそういうグループがあるんだと。」[★46]

ヴィリー・グラーフが一九四三年十二月にボリンガー兄弟に語ったのは「白バラ」の発展した姿であった。わずか半年の間に計画が飛躍的に過激になり、メンバーは終末の予感が世間に蔓延しているのを感じ取ったと思い込んでいた。しかしそのような雰囲気は、実はミュンヘンの自分たちの仲間うち以外には存在していなかったのである。三番目のビラでは、アレクサンダー・シュモレルとハンス・ショルは、ナチを骨抜きにする唯一の有効な手段は消極的抵抗だと説いていた。一九四二年の冬になるとかの暴君の殺人計画も話に出ていたとハインツ・ボリンガーは証言している。それなしには抵抗運動が成功する見込みはないというのだ。「それ以外にも、私たちは次のようなことを話し合いました。ヒトラーを殺す以外に方法はないという点です。ヴィリー・グラーフによれば、ミュンヘンのグループの目標もそこにあるということでした。彼は司令官クラスのグループがあることも知っていて、それを聞いて私も彼の話に納得しました。彼はもうそことコンタクトがあるかのように話したのです。実際、ファルク・ハルナックを通して、もう少しで接触するところまで行っていました。彼らがヒトラーを抹殺するということでした。他の者は近寄ることもできませんから。でもわれわれもビラを配ったり壁に標語を書いて、市民に知らせ、啓蒙して備えさせることによって、抵抗運動を支援することができる、と。」[★47]

ヴィリー・グラーフは、一九四三年一月の、二度目の危険な旅行に輪転謄写機とこの時新しくできていた五番目のビラを何部かたずさえていき、謄写機とビラを一部、ヴィリー・ボリンガーに渡した。ボリンガーは、ビラを数百部印刷し、ザールブリュッケンで配布した。ヴィリー・ボリンガーは、野戦病院に搬送されてくる兵士たちが持っていた武器を集めて、保管してもいた。ゲシュタポは、グラーフが旅行した時に、他にもまだ発見されていない協力者を「白バラ」に勧誘したという疑いを持ち続けてはいたものの、ヴィリー・グラーフとヴィリー・ボリンガーがこれほど深い協力関係を築いていたことは、最後まで知ることはなかった。ヴィリー・グラーフは口が固く、尋問に際しても非常に慎重で、細心の注意をはらい、ヴィリー・ボリンガーだけではなく、たくさんの仲間の命を救った。グラーフは四月十九日にシュモレル、フーバーとともに、フライスラーから死刑判決を受けた。この二度目の裁判では、即決軍事裁判を思わせる公判当日の即日執行にはならず、死刑囚は、三名とも恩赦嘆願を出すことができた。それをヒトラーが拒否したあと、六月十三日にフーバーとシュモレルが断頭された。しかし、ヴィリー・グラーフの処刑は延長された。「白バラ」周辺について、より多くの情報を、グラーフから得ようとしたのである。八か月にわたる苦悩に満ちた待ち時間のあと、十月十二日にヴィリー・グラーフは処刑された。彼が妹アンネリーゼに宛てて書いた最後の手紙を、刑務所司祭が検閲を通さずにこっそりと持ち出している。その手紙からは、ヴィリー・グラーフが不屈の精神を保ったこと、そしてその力をどこから得ていたかを読み取ることができる。

「……孤独の時には特に君たちのことを思い、君たちのために祈った。そして、君たちが神と神のはかりしれないご意思のなかに、慰めと力を見出してくれることを信じ、望んでいる。僕は軽率な行動をしたのではなく、この深刻な状況を自覚し、深く憂慮したからこそ行動したのだということも、君はわかってくれているね。だから、その記憶が家族や友人たちのなかで生き続け、意識されるように、君から働きかけてほしい。僕たちにとって、死は終わりではなく、真の人生の始まりだ。そして、僕は神のご意思とご加護を信じて死んでゆく。［……］友人たちに対しても、僕の思い出と意思が生き続けるように、君に頼みたい。僕が彼らに合図を送れないことはわかってくれるね。みんなに、僕たちが始めたことを受け継いでもらいたい。[★48]」

クルト・フーバー

「ショルを訪問。フーバーと興味深い会話。そのあと遅くまでいっしょに過ごす。」[★49]

一九四二年十二月十七日、ここでもヴィリー・グラーフが、「白バラ」の歴史のなかでも重要な段階について、日記に言葉少なにメモしている。クルト・フーバー教授とハンス・ショル、そしてその仲間たちは、一九四二年の夏以来、すでに半年にわたって、私的な場での個人的な会話を通して、徐々に親しくなっていったが、学生たちが本当のことを明かしたのは、クリスマスの数日前だった。彼らは、自分たちがビラの作者であることを打ち明けた。フーバーはそのことを薄々察していたかもしれないが、確信してはいなかった。学生たちは彼をナチに激しく敵対する人物であると見ていて、ずっと以前から「白バラ」の協力者になってほしいと思っていたのだ。

ハンス、アレックス、ゾフィー、クリストフ、ヴィリーは、フーバーに対して敬意を持ちながらも、最初は距離をおいていた。フーバーの講義は、ミュンヘンの学生の間で密かに人気を呼んでいた。講義のテーマが、カントであろうと、音楽美学であろうと、ライプニッツであろうと、フーバーはいつも原稿なしで講議し、自由な哲学的思索の形をとっていた。これは、当時のミュンヘン大学では、もはや絶滅したと思われていたタイプの講義だった。フーバーの教え子、ヘルミーネ・マイアーはそれをこう記している。「当時は、スピノザやフッサールなどの思想家については、全く触れないか、否定的な評価をするか、さもなくば彼らのものとされている思想が、彼ら独自の考えではないのではないかと疑ってみせるのが普通だった。しかし、フーバー教授は、自分が危険な立場に追い込まれるかもしれないことをわかっていながらも無視し、それらの思想家にふさわしい、公正な評価と尊敬の念を常に表明した。時おり、教授は彼らの作品を引用しながら微笑み、こう言った。『彼はユダヤ人だ。

クルト・フーバー、ミュンヘンにて。1893年10月24日生まれ。心理学、哲学教授。1943年7月13日処刑。

汚染されないよう気をつけなさい』。[50]」

クルト・フーバーは、一八九三年十月二十四日にクーアでドイツ人の両親のもとに生まれ、シュトゥットガルトで育った。早くから音楽的な才能がはっきりと芽を出し、早くに父親を亡くしてからは、学問の世界でめきめきと頭角を現わした。彼は音楽学、心理学、哲学を学び、二十四歳で博士号を取得、二十七歳で教授資格試験に合格し、準教授となった。

フーバーは、特に民謡研究に取り組み、フィールド調査をした。一九二五年から調査旅行や山歩きでバイエルンの古い民謡を集め、のちにはバルカン、南フランス、スペインへも調査に赴いている。荷物には五線紙と、グラモフォンの録音機をたずさえていた。韓国人の教え子ミロク・リーは、自分が故郷アジアの文化圏について話すと、教授はいつも熱心に聞いてくれたと語る。

「教授は、自分の故郷、山々や川、農民や職人たち、芸術家や詩人たちを愛していたが、だからといって、民族の間に狭苦しい境界を設けることはなかった。教授の民謡や音楽の研究は、南太平洋の島々にまでいたる旧世界全体を含んでいて、他の民族や人種の大きな文化的価値について、よく情熱的に語っていた。教授は、遠い国の人々からも、相通じる精神を見出し、その人柄の大きさと心の温かさは、会うたびに私の心を大きな喜びで満たした。とくに外界が異質なものすべてに対する拒否と憎悪で満ちてからの数年には。[51]」

クルト・フーバーのナチに対する姿勢を理解する上で、ミロク・リーのこの描写は示唆に富んでいる。この愛国的なドイツ人教授は、生まれながらの抵抗運動家ではなかった。ナチが台頭してきた時、クルト・フーバーも他の多くの知識人同様にナチに共鳴し、ナチは、フーバーの言葉を借りれば、ドイツ人の「内なるボリシェヴィキ化」を食い止める防波堤であると見なしていた。ドイツ的なものを、これほどはっきりとその旗印にかかげた政治運動からは、民謡研究という自分の仕事にも支援を期待できると考えていた。しかし間もなく、ナチのドイツ的なもののなかには、彼の研究は含まれていないということを、身をもって知ることになる。フーバーの考えでは、さまざまな民族の民謡文化は等価値であった。しかし、この考え方は、ナチの民族概念には合致しなかった。ナチは、例によって、ドイツ文化が他よりも高尚であると証明されることを期待していたのだ。一九三七年に、フーバーはベルリンに新設された民謡保存館の運営を委ねられたが、「ローゼンベルク庁」と呼ばれる思想問題を担当する部署が、フーバーの館長任命を妨害した。フーバーは、「カトリック活動の精神的代表者★52」とみなされたからである。ナチ党ミュンヘン支部の冊子に書いた文章が、フーバーのつまずきの石となったと思われる。

フーバーは、ナチに失望させられた上に、個人的な屈辱にも見舞われた。ベルリンから帰ってくると、フーバ

1931年、ランズフートにて歌の大会

バイエルンの山中でハイキング

ーとその家族は、三〇〇マルクにも満たない薄給で生活することを強いられた。それは、フーバー夫人が、いやがる夫に黙って、夫のナチ入党申請を済ます一九四〇年の中ごろまで続いた。[★53] すると、数週間で給料は六〇〇マルクに上がった。フーバーは党員になる気は全くなかった。初めのうち、ナチに共感してはいたものの、距離も感じていたからだ。フーバー夫人クラーラは、戦争が始まると、その違和感はよりいっそう強くなったと述べている。

「一九三三年には、夫はヒトラーのことでしょっちゅう激怒していました。彼は知人たちから何が起こっているかを聞かされていたのです。私たちは、戦争から短期休暇をもらって帰郷していた学生から、残虐行為が行なわれていることを聞いていました。ユダヤ人に対する残虐行為です。学生たちは、ユダヤ人が次々に射殺されるのを見ました。親衛隊がしたことについて、夫は激しく憤慨していました。夫には、ユダヤ人の知り合いがたくさんいたのです。そういった知り合いと行き会うと、ユダヤ人たちはこう言いました。『先生、あちらへ行って下さい。私といっしょにいるところを見られてはいけません。』一九三八年のいわゆる水晶の夜の前から、夫は警告していました。『亡命なさい。外国へ行くのです。あの「わが闘争」という本をまだ読んでいないのですか。』するとユダヤ人たちはこう言うのです。『いや、あの男はただの上等兵でしょう。そんなことはしませんよ。』すると夫は言いました。『信じて下さい。あの男はきっとやります。あんなに事細かに書いているんだ。実行するに違いない。』でも、ユダヤ人たちは信じませんでした。[★54]」

ナチの人種政策や犯罪行為に対するフーバーの道徳的感情は、早くから鋭く、憤慨は年々強くなった。同時に、妻と二人の子どもたちを養う責任がある雇われ学者として、どこまで目立ったことをしてもいいのか、順応するべきなのかと迷っていた。フーバーは、哲学講義のなかに、自分なりのやりかたを見出した。講義のなかに、ナチ政権やナチの「世界観」に対して、批判的で皮肉っぽいが、法律的には文句のつけようがない当てこすりをちりばめたのである。フーバーの意図は伝わった。批判的な学生たちが、さまざまな学科から群をなしてフーバーの講義を聞きにやってきた。フーバーは気さくで、学生たちとの対話を求めていた。こうしてフーバーは、「白バラ」に加わる以前、「白バラ」の学生たちが、自分の講義に出席していることさえも知らないうちから、「白バラ」メンバーの精神的な指導者となっていた。一九四二年のクリスマス直前に、学生たちが正体を明かすと、フーバーは大きな衝撃を受けたに違いない。アドバイスを求められて、フーバーはその時は慎重に行動するようにと言い、ビラの宣伝活動には懐疑的だった。危険を顧みず、命をかけることになってもいいと彼自身が決断したのは、スターリングラードでの敗北が知らされたあと、二月六日から七日にかけての夜に、タイプライターの前に座り、最後のビラを起草した時だった。

「民族裁判所」が四月十九日にフーバー、シュモレル、グラーフとその他の十二人の法廷を開いた時、フライスラーは、とくにクルト・フーバー教授を侮辱的に扱った。ミュンヘン大学は即刻フーバーのすべての学位を剝奪した。フライスラーは、フーバー教授もフーバー博士も知らぬ、ただのフーバー被告だとどなりちらした。それでも、クルト・フーバーは自分の口頭弁論で法廷での立場をとりかえることに成功した。被告人が告発人になったのだ。

「私の目的は組織によって学生たちを目覚めさせることではなく、言葉のみによって目覚めさせること、暴力による何らかの活動によってではなく、政治生活のなかに深刻な障害が生じていることを道徳的に認識することによって目覚めさせることです。明確な道徳的な原則へ、法治国家へ、人と人との間の信頼関係へと立ち返ることは、不法行為ではなく、むしろ逆に遵法に立ち返ることであります。［……］

表面的な合法性には、それ以上踏み込めば真実ではなくなり、道徳性を失うぎりぎりの限界というものがあります。それは、法律が卑怯な行為の隠れみのになり、明白な違法行為とあえて対決しようとしなくなる時です。自由な言論を抑圧し、道徳的に正当な批判や改善への提案をすべて『反逆予備罪』と見なして最悪の刑罰に処するような国家は、不文の法を破るものであります。その法は、健全な国民感情になお生き続けていたものであり、これからも生き続けなければならないものであります。良心が眠ってしまっている時、これをあらゆる手段を使って揺り起こし、偏く妥当する不文の法秩序がねじ曲げられたことを自覚しようと努めることは、祖国に対する最高の義務であります。[★55]」

エルゼ・ゲーベル

「ゾフィー、今、目の前にあなたの写真があります。真剣な、何か問いかけるような顔つきで、お兄さんとクリストフ・プロープストといっしょに写っている。まるで、これからどんなつらい運命を背負わなくてはならないか、そして、あなたたち三人が死によって一つになる運命だということを予感しているかのように。[★56]」一九四六年十一月に書かれたエルゼ・ゲーベルの報告は、このような文で始まっている。エルゼ・ゲーベルは、ゲシュタポ官吏ローベルト・モーアを除いて、ゾフィー・ショルが最期の五日間を最も密接に過ごした人物である。それは、モーアとは全く違う種類の関係だった。エルゼ・ゲーベルは、ヴィッテルスバッハ宮殿のゲシュタポ留置場で、ゾフィー・ショルと同じ房に入っていたのだ。エルゼも、ある抵抗運動グループのメンバーで、未決拘留中だった。シュターデルハイムからヴィッテルスバッハ宮殿に移送され、そこで収監登録の仕事をさせられながら、裁判が開かれるのを待っていた。

1950年代

　エルゼ・ゲーベルの甥ヴァルターは、当時若い兵士で終戦後復員しており、この報告が書かれた時のことをこう回想している。「私の叔母とゾフィー・ショルの間には、とても深いつながりがあったことが感じられました。叔母は、ゾフィーを非常に崇拝していて、彼女の写真を飾っていました。当時、叔母はゾフィーとともに過ごした時間についての報告を書いていました。私たちの家で、タイプライターで書いたのを、今でもよく覚えています。書いている間、叔母はもう一度あらゆることを思い出し、話してもくれました。[57]」

エルゼ・ゲーベルは、一九〇五年七月五日にアウクスブルクに生まれた。ヴァルター・ゲーベルによれば、叔母のエルゼには、ヴァルターの父アルノと、叔父ヴィリーの二人の兄がいた。兄弟たちは、三人ともナチには距離を置いていた。アルノはフリーメーソンで、一九三四年に閉鎖されたミュンヘンのドルイド結社のメンバーだった。ヴィリーとエルゼはアルノよりもずっと批判的だった。二人は強い絆で結ばれていて、両親が早く亡くなってからは、エルゼはヴィリーのところに同居して、ヴィリーが一九三五年に結婚するまで、家事を受け持っていた。ヴィリーは保険社員として成功し、エルゼは秘書と経理の資格を取った。「叔父と叔母は、二人とも最初から抵抗運動に加わっていました。子どもだった私も、そのことは察していました」とヴァルター・ゲーベルは語る。「ヴィリーおじさんは、最初からヒトラーのことを言う時は『ブラウナウの男』としか呼びませんでした。三〇年代の初めには、もうヒトラーにはっきりと反対していました。叔母もずっと反ヒトラーでした。叔母が家へ来ると、私の両親はいつも『そんなに大声を出すんじゃない。さもないとダッハウに行く羽目になるよ』と言っていました。[58]」エルゼ・ゲーベルは、のちに帝国のあちこちに広がっていた共産主義抵抗運動を支援したとして、ナチ司法当局によって有罪判決を下されるのだが、ヴァルター・ゲーベルがこの叔母の人生や関心や性格について語ったことを総合すると、特定のイデオロギーにはおさまりきれない人物である。エルゼは陽気で、ボーイフレンドも何人かいたが、特定の相手と交際することはなかった。カール・ファレンティン流のアナーキーなユーモアを好み、非常に敬虔なプロテスタントだった。彼女がナチをきっぱりと否定した理由は、一九三八年十一月九日のユダヤ人に対するポグロム〔迫害〕の夜のあとの体験に見出すことができるだろう。ゲシュタポ官吏のローベルト・モーアが十四歳の息子ヴィリーに、酔っ払いのグループの破壊行為に過ぎず、たいしたことはないと言ったこの事件を、エルゼはミュンヘンでまのあたりにしたのである。エルゼは、ユダヤ人の百貨店経営者マックス・ウールフェルダーの秘書だった。ハインリヒ・ウールフェルダー百貨店は、大手の百貨店で、ミュンヘン市街地に二店舗を持ち、四五〇名の従業員を抱えていたが、ミュンヘンのポグロムの夜には、ここがナチの破壊行為の第一の標的となった。百貨店はひどく荒らされ、徹底的に略奪された。マックス・ウールフェルダーはこのポグロムの夜に、ヒトラー・ユーゲントの大隊指導者ウルリヒの率いる三人組に、五〇〇〇ライヒスマルクの小切手を恐喝され、のちに逮捕されて、ダッハウ強制収容所に送られた。★59

エルゼ・ゲーベルは職を失い、崇拝していた社長マックス・ウールフェルダーが、その後、侮辱され、財産を奪われ、その会社が破壊されたことを知った。★60 エルゼは、その後ディアマルトという会社に就職し、一九四二年二月に逮捕されるまで、そこで働いた。

戦後

三〇年代半ばから、エルゼ・ゲーベルはミュンヘンで一人暮らしをしていた。兄のヴィリーは、仕事の都合で家族とともにまずハノーファーに、それからライプツィヒに引っ越していた。エルゼ・ゲーベルのナチに対する反感は、彼女の強烈な体験から来ている。しかし、一九四四年三月二十四日、ヴィリー・ゲーベルに「反逆予備罪を含む敵方幇助により死刑、および市民権の永久剥奪」の判決を下した民族裁判所第二部の裁判官にとっては、エルゼは兄の下で働いていた助手でしかなかった。ミュンヘン州高等裁判所第二刑事部の裁判官も同様に見ており、エルゼ・ゲーベルは、一九四四年六月二十日に、一年四か月の禁固刑判決を受け、そこから未決勾留期間が差し引かれた。具体的には、二つの共産系組織の間の通信係だったことが証明された。ベルリンのローベルト・ウーリヒのグループと、ミュンヘンにあったヴィルヘルム・オルシェフスキとハンス・ハルトヴィマーの周辺のグループである。ハルトヴィマーはエルゼ・ゲーベルの友人で、エルゼに地下で流布していた文書を渡した。そのなかには、「慎重な口調ではあるが、現在の戦争が敗北に終わることは避けられないということが書かれていた。」[61]検察側は、ハルトヴィマーの指示に従ってルートヴィヒ・トーマの文章『愛国』からの引用のコラージュをタイプして、反国家的ビラを作成したという重大な罪状を主張したが、裁判官はこの点については無罪とした。

しかし、一九四三年二月十八日の昼過ぎ、ゾフィー・ショルがゲシュタポ本部に引き渡されて出会った時には、エルゼ・ゲーベルは、一九四四年に兄の運命と自分自身の裁判の結末がどうなるかはまだ知らなかった。エルゼはこの新入りの囚人仲間の身体検査を命じられ、その機会に証拠になるようなものがあったら始末すると申し出た。また、尋問の時、何が重要かも心得ていた。「むこうが証拠を握っていないことは、絶対に認めてはだめよ、と私はあなたに忠告した。」[62]ゾフィーが尋問に呼び出される前の、エルゼの忠告である。エルゼ・ゲーベルがゾフィーにふたたび会ったのは、ゾフィーが一晩中尋問されたあとの、二月十九日の朝になってからである。ショル兄妹は、二人とも自供していた。

この時、この二人は自分たちの状況に共通点があることに気づいた。どちらも兄のことを心配していて、どちらも兄と同じ活動に巻き込まれていた。エルゼ・ゲーベルと兄のヴィリーはまだ希望が持てた。一九四三年二月ということは、すでに一年以上にわたって、兄の件も自分の件も公判にはいたっていなかったので、エルゼは初めはこの経験からゾフィーを勇気づけることができた。そしてエルゼはゾフィーに、ローベルト・モーアは「まれに見る感じのいい専門係官」だと教えた。★63

エルゼ・ゲーベルは、「白バラ」の件が、予想に反して容赦ない早さで進められた様子について克明に書きとめている。日曜日の午後三時ごろにはすでにゾフィーに起訴状が手渡され、公判はその翌日に予定されたのである。

エルゼは、ゾフィー・ショルが何とか死刑を免れるために、兄に影響を受けて従属していただけだという戦略を取ることを拒否したことの証人になった。ゾフィーと同じように兄とともに起訴されていたエルゼ・ゲーベルほど、このことに感銘を受けた者はいないだろう。エルゼの場合にも、自分の行動にどれほどの自分自身の政治的責任がかかっているかによって、その後の刑罰が決定されるだろうからだ。

ゲーベルは、ゾフィー・ショルに、死刑判決のあと刑の執行までに九十九日の期間が与えられるという、古くからの法的慣習があることを伝えた。当時三十八歳だったエルゼ・ゲーベルは、十六歳年下のゾフィーを、非常に優しく気遣った。のちにアンネリーゼ・クノープ＝グラーフは、未決拘留中にエルゼ・ゲーベルと同じ房に入っていたが、ゲーベルは母性的で遠慮のない態度だったと語っている。アンネリーゼもまた、兄のことを心配する囚人仲間であった。その兄は、自分の兄と同じヴィリーという名、つまりヴィリー・グラーフである。囚人仲間に希望を与えようと、エルゼ・ゲーベルは、ゾフィーの最後の夢に変更を加えた。報告のなかでは、エルゼ・ゲーベルはこの夢を次のように書き残している。

「あなたはすぐ元気になって、ベッドに座ったまま、見た夢の話を私にしてくれる。ある晴れた日、あなたは白くて長いドレスを着た子どもを抱いて、洗礼に連れて行く。教会への道は、険しい登りの山道だけれど、あなたはその子どもを固くしっかりと抱いている。ところが、かろうじて子どもを安全な向こう側に寝かせることができたが、あなたは深みに落ちてしまう。あなたはこの夢をこう解釈する。白いドレスの子どもは私たちの理念で、どんな困難があってもつらぬかれる。私たちは道を切りひらいて行く役目を負ったが、その理念のために、先に死ぬことになってしまったのだ。★64」

エルゼ・ゲーベルは、意気消沈しているアンネリーゼ・グラーフにゾフィーの最後の夢を語ったが、その話をこう変えた。安全な向こう側にたどり着けたのは、ヴィリー・グラーフだと。

エルゼの兄、ヴィリー・ゲーベルは一九四四年三月二十四日に死刑判決を受け、四月に処刑された。エルゼ・ゲーベルは、一九六四年にミュンヘンで亡くなった。

ローベルト・モーア

脚本家フレート・ブライナースドルファーと監督マルク・ローテムントが、映画『ゾフィー』〔邦題『白バラの祈り――ゾフィー・ショル、最期の日々』〕で、ゾフィー・ショルの二月十七日の夜から、処刑にいたる最期の日々に焦点をしぼろうと決めたことから、主人公のゾフィー・ショルの他に、ある人物が特に重要になってきた。ミュンヘン・ゲシュタポ本部の検察事務官、ローベルト・モーアである。これまでに抵抗運動グループ「白バラ」について発表されたもののなかでは、モーアはほんの脇役だった。

ゾフィー・ショルの最期の日々を、拡大鏡で見るように、詳細に検討すると、まずはっきりすることは、ゾフィーが、人生の最期の数日間に、このゲシュタポ事務官ローベルト・モーアほど長い時間をともに過ごし、多くの言葉を交わし、張り合うことになった人物は他にはいないということだ。

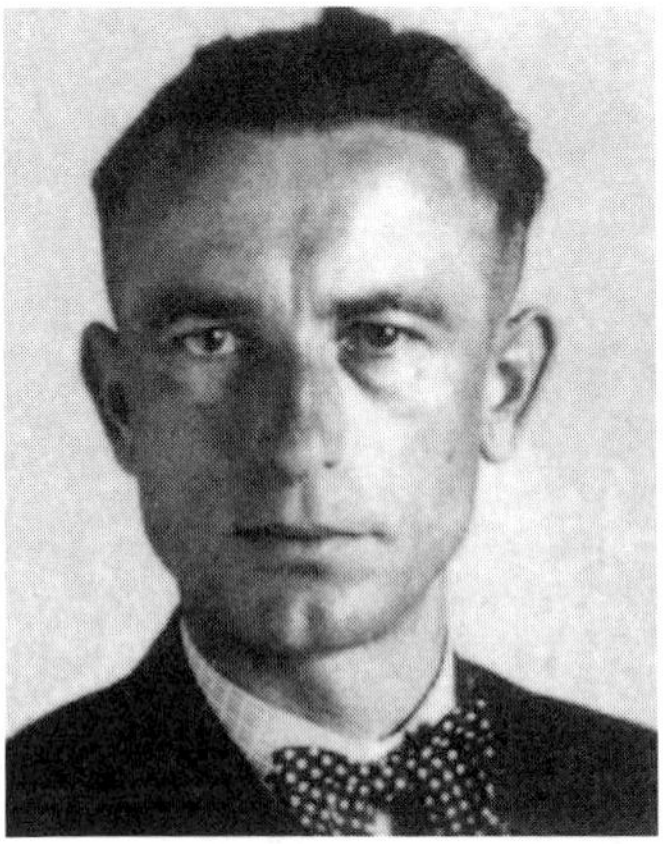

1933年ごろの国民社会主義ドイツ労働者党員カードの写真。

モーアは、一九四三年の始めから、出所不明のビラによるたび重なる宣伝活動を解明すべく、ミュンヘンに設置された特別捜査班のリーダーであった。彼がゾフィー・ショルに初めて会ったのは、一九四三年二月十八日、十一時に、ゲシュタポが大学の学長執務室から呼び出された直後だった。「そのしばらくあと、学長秘書室に通されると、そこにも小机の上に、見たことのある種類だが〔……〕ビラが積み重ねられていた。それは吹き抜けホールで集められたものだった。同じ部屋に、年若い娘さんと若い青年がいて、ビラをばら撒いた者であると思われると伝えられた。［……］二人とも、特に娘さんの方は全く落ち着いた様子で、やがて、二人はゾフィーとハンス・ショルで兄妹だということを、学生証を提示して証明した。[★65]」モーアがゾフィー・ショルに最後に会ったのは、二月二十二日の午後三時ごろ、シュターデルハイムの刑務所で、ゾフィーが処刑される二時間前のことだった。「ゾフィー・ショルに会った時、彼女は看守房にいた。両親と面会したあとにそこに連れて来られたのだ。彼女が泣いているのを見たのは、出会ってからこの時が初めてだった。ゾフィーはこう言って涙について釈明した。『たった今、両親にお別れを言ったのです。わかって下さるでしょう[★66]』。」

この二つのできごとの間に、ローベルト・モーアはゾフィー・ショルに対して取り調べを行なった。木曜日の昼過ぎから金曜日の朝まで。引き続き土曜日にも尋問が行なわれた。この尋問が、モーアがゾフィーに最後に会う直前の午後一時三十分に、「民族裁判所長官」ローラント・フライスラーが下した死刑判決の前提になったのである。この事実を前にすれば、ローベルト・モーアの行動を語るにはできるだけ正確でなければならず、その言葉の一つ一つが重要な意味を持ってくる。また、この事実を前にした時、ゾフィー・ショルとの別れを描写した部分の続きを語ったローベルト・モーアの次のような言葉は受け入れがたい。「私自身がこの時どのような心境だったかは、状況から察せられるだろう。慰めの言葉を二言三言述べてから、私はゾフィー・ショルと別れた。何度でも言うが、とにかくこの少女は、兄と同様に、しんの強さ、深い兄妹愛、まれに見る深い信仰心がなければ考えられない、落ち着いた態度を貫いた[★67]。」

ここに、モーアの多面性が現われている。客観的に見れば、モーアはゾフィー・ショルを断頭台へと送ることになったが、主観的には、モーア自身は彼女の死を惜しんでいる。ゾフィー・ショルの最期の日々に、その運命

ローベルト・モーアの軍人証

にこれほど重要な役割をになう人物を映画に登場させるとなると、疑問がわいてくる。ローベルト・モーアとは、いったいどのような人物だったのだろうか？

「白バラ」についての文献は、これまでにかなりの数があるが、驚くべきことに、そのどれを見ても、この点については全く触れられていない。これまでの文献のなかには、ローベルト・モーアに関する史料はわずかに二点あるのみで、どちらも同じ証人によるものだ。ローベルト・モーア自身である。モーアについて客観的に書かれたものは、これまで全くなく、写真や映像も皆無だった。

第一の史料は、四十年間にわたって唯一の史料とされていた。それはモーア自身による「記録」で、尋問のちょうど八年後の一九五一年二月十九日に書かれた。インゲ・ショルが『白バラ』〔邦訳『白バラは散らず』未來社〕を書いた時には、この記録はすでに存在していたことになる。『白バラ』は、この抵抗運動に関する最初の出版物であった。モーアは、報告書を「在ウルムの元市長ローベルト・ショル氏の依頼により」書いた。ローベルト・ショルは、モーアの記述を受け入れたと思われる。そうでなければ、ショルがこの報告書の使用を許可することはなかっただろうからだ。ローベルト・ショルがそうした理由ははっきりしている。処刑の前に、ハンスとゾフィーは父親に、自分たちはゲシュタポにまともに扱われ、拷問されたことはなかったと言っている。ローベルト・ショルが、モーアをまともな人間だと考えたのには、もう一つ理由がある。ショルは、子どもたちが処刑されたあと、親族連座で自分もウルムでモーアの取り調べを受けていた。このことも、モーアは報告書のなかで述べている。この尋問で、ローベルト・ショルは、実は捨て身の反国家的な発言をしたが、モーアは、ショルを守るためにその発言を調書にとらなかった。このモーアによる救済物語が架空のものならば、ローベルト・ショルはそんな記述を許しはしなかっただろう。

ローベルト・モーアに関する第二の史料は、やはり彼自身が書いたゾフィー・ショルの尋問調書[68]である。このなかで、モーアはゾフィーの答だけでなく、質問も書きとめていることから、取り調べの経過が記録されており、そのことによって、モーアは自分自身の人格や、尋問の戦略、目的についても明らかにしている。この調書は、一九八八年まで紛失したとされていたが、一九九〇年になって旧ドイツ民主共和国〔東ドイツ〕の公文書館で発見され、研究に供された。調書は、モーアの記憶による報告書のなかで、最も中心的な主張を裏づけている。「ゾフィー・ショルに関する限り、命だけは助けられる方法を考え出したと思った。〔……〕私は、言葉をつくして、次のように証言するようショル嬢を説得しようとした。つまり、自分の思想が兄の思想と一致していたわけではなく、自分がやっていることがどんな結果になるかについては自覚がなく、兄が言うことだから、自分がしていることは正しいのだと信じていただけだという主旨の証言だった。ゾフィー・ショルは私が何を意図しているかをすぐにさとったが、そのような証言をすることをきっぱりと拒否した。[69]」調書を読むと、モーアは二回試み、

1942年、息子ヴィリー、妻マルタと

ゾフィー・ショルは二回ともその助け舟に乗ることを拒絶した。「もし、自分が正しいことをしたとまだ思っているのかと聞かれたならば、私はもちろんはいと答えます」と尋問の中ほどでゾフィーは告げ、続けてこのように断言している。「〔……〕私は、国民のために今自分にできる最善のことをしたと思っていますし、その考えは変わりません。ですから、私は自分がしたことを後悔していませんし、自分の行動から生じた結果を受け入れるつもりです。[★70]」

モーアは、自分で書いているように、ゾフィー・ショルの命、国防軍攪乱と国家反逆罪の犯人の命を助けることができなかったことに本当に「大変がっかりした」のだろうか。

ローベルト・モーアの印象は、まず党の書類から得られる。一枚目の写真もそこにある。ローベルト・モーアに関する書類は、ナチの党文書庫から旧「ベルリン・ドキュメントセンター」に保存され、今は連邦文書館に移されている。ローベルト・モーアは、一九三三年五月一日には早くもナチ党員となり、党員番号は三二七一九三六であった。また、モーアはナチ自動車運転手団のリーダー格で、ナチ福祉協会、ドイツ帝国公務員連盟、帝国防空連盟、植民地連盟の会員でもあった。★71 全体的に、モーアは早くからナチに傾倒した筋金入りのナチだったという印象を受ける。この印象は、のちにいっそう深まる。

党の書類には、ローベルト・モーアの写真が二枚含まれている。モーアの顔は、ほっそりとした面長で、あごにかけて細くなっている。ほお骨がくっきりとして、エネルギッシュでまじめそうな口もと、横から見ると特に力強い鼻、少し耳が立っていて、額は広く、目はじっと値踏みするようにカメラの方を見つめている。この凝視するような目は、モーアの家族のアルバムのなかのどの写真のなかにも見られる。

ローベルト・モーアは、一八九七年四月五日に、あまり豊かではない家庭に生まれた。父親は石工の親方だったが、六男三女と子どもが九人いたので、ローベルトは国民学校と養成学校を終えると、すぐに手に職をつけなくてはならなかった。ローベルトは仕立て職人の修行をしたが、背に腹は変えられなかったからである。のちには、二度とこの職業に戻ることはなかった。二級鉄十字章を授与され、無傷で戦争から復員してからは、自分の天職と思える職につくことができたからだ。それは警察であった。親衛隊の採用手続きの書類の一部として残っている手書きの履歴書は、ローベルト・モーアの初めの半生を語っており、モーアという人物に関する新史料の可能性もある。

「一九一九年五月十一日に国防軍を除隊したあと、民間契約によりハンメルブルク捕虜収容所第三捕虜中隊の軍曹付き事務官を数か月間務める。一九一九年十月一日バイエルン州警察に召集され、訓練のあと、フランケンタールでプファルツ警察支局に正式に初任する。そこで、一九二三年六月二十七日ビースターシート出身の農民の娘、マルタ・クラインと結婚。現在十八歳の息子がいる。」

息子の名前は、党の書類のなかでは全く触れられていない。そのため、ヴィリー・モーアが見つかるまでには、かなり大がかりな調査が必要だった。ヴィリー・モーアは一九二四年生まれである。このことはローベルト・モーアに関するさらなる新事実であり、少なからざる意味を持っている。このゲシュタポ官吏は、一九四三年にヴィッテルスバッハ宮殿で尋問して有罪を立証しようとしていた「白バラ」メンバーのうち、一番若い者たちと同じ年に生まれた息子の父親だったのである。★72

ヴィリー・モーアは、父の警察での職歴について具体的なデータを提供してくれた。ミュンヘンのアルキス通りにあったバイエルン州警察学校、その後、経済的に悲惨な状況にあった新しいヴァイマル民主主義体制下で、バイエルン・プファルツのフランケンタールに、警察官として勤務した。ローベルト・モーアは、警察学校で警官として政治的に中立を保つように叩き込まれた。しかし、彼は共産党員に対して反感を持つようになっていた。共産党員は、彼にとってはごたこたの元であり、不法な集会を繰り返し行ない、警官であるモーアは、それを警棒を使って解散させなくてはならなかった。共産党員への反感に加えて、モーアはフランス人も「宿敵」と見なして嫌っていた。フランス人はプファルツを占領し、行政を管理下に置こうとして、ドイツ人の公務員を大量に国外追放にした。警官ローベルト・モーアもそのなかの一人で、息子のヴィリーは、一九二四年にバイエルンでの「亡命」中に、ドナウヴェルトで生まれた。この八か月に及ぶ追放によって、父は情熱的なナショナリストになったとヴィリー・モーアは述べている。ドイツ社会民主党や中央党などの、比較的中庸な政治勢力に失望していたという。それらの勢力は、当時の社会問題を解決することも、貧困を減らすことも、フランス人に対抗することもできなかったと。モーアのナショナリズムは、一九二四年五月に故郷のプファルツに戻ると、いっそう強くなった。ヒトラーが権力を掌握して、ナチが自党以外のすべての政党を禁止し、公務員がナチ党員になることを許可すると、ローベルト・モーアはすぐに入党し、ヒトラーを熱狂的に支持した。この時から、ローベルト・モーアは出世しはじめる。まずフランケンタールの警察署長になり、一九三八年にある党員の検察官がローベルト・モーアをミュンヘンのゲシュタポに転勤になるよう斡旋した。

ローベルト・モーアは、仕事のことは家族に全くと言っていいほど話さなかった。彼は、政府の決めたこと全てに賛同しなくてはならないという心理的な重圧下にいた。息子のヴィリーが動揺して学校から帰宅し、なぜ一九三八年の十一月九日以来、あんなにたくさんの市内のユダヤ人商店のショーウインドウが割られ、店が荒らされたのかと聞いた時も、父親は酔っ払いが倒れてぶつかったのだろうとごまかした。戦況が厳しくなってきて、ドイツはほとんど全世界を敵に回したというのに、どうやって戦争に勝つつもりなのだろうと言おうとした時は、息子は父親の手が届かない、打たれない距離に逃げた。ふだんは静かなこの男は、家では息子にほとんど前触れもなく突然に凶暴になることがあった。モーアがゲシュタポの仕事で、国防軍攪乱、敵方幇助、敗北主義、反逆予備などの罪名で捜査していた、まさにその内容と同じ疑惑を、自分の家のなかで息子の口から聞かされた時には、決まってそうなった。モーアは物静かで慎重な人物とされているが、その彼が内心どんなに神経を張り詰めていたかは、「白バラ」の捜査が初めて行なわれた一九四二年に明らかになる。

モーアは胃を患っていて、胃潰瘍があった。一九四二年のある日、モーアはゲシュタポで仕事中に倒れた。胃からの大量出血と診断され、緊急に輸血する必要があった。ダッハウの親衛隊衛兵所に連絡が行き、モーアと同じ血液型の親衛隊員の有志が献血し、モーアは助かった。

ヴィリー・モーアは、父親がゲシュタポで政治的抵抗運動の解明にあたっていることは知っていたが、「白バラ」の壊滅に取り組んでいたことを父親自身から聞いたわけではなかった。インゲ・ショルの本と、そのなかに出てくる父親の報告書を偶然見つけて知ったのである。「私の父がフライスラーの部下だったと知って、背筋が寒くなりました」とヴィリー・モーアは述べている。

ローベルト・モーアは、仕事熱心で有能な部下だった。彼が尋問したのは、ゾフィー・ショルだけではなく、ヴィリー・グラーフ、ズザンネ・ヒルツェル、アンネリーゼ・グラーフ、そしてローベルト・ショルの取調官でもあった。

「モーアは父親のような態度を装って、たばこをすすめたりしました。途方にくれた女性に対して、救ってくれる男性であるかのような雰囲気を持っていたのです。私はそれに怒りを感じました。そんな助けは欲しくなかったのです。彼は私たちにとって、権力の犬どもの一匹だったのですから。」[★73]とアンネリーゼ・クノープ＝グラーフは回想し、ローベルト・モーアはさまざまな面を持っていたと言う。それは、尋問に際してうまく機能し、容疑者にとっては時には危険であり、時には救いになった。アンネリーゼ・グラーフは、同じ房に入れられていたアンゲリカ・プロープストと、モーアを親切だと考えていいものかどうかについてよく議論した。そうかと思うと、また、悪質に他人にずかずかと干渉してきた。アンネリーゼ・グラーフの姉は一九四三年の春、臨月を迎えていた。「モーアは、手紙の検閲で、間もなく子どもが生まれることを知っていました。ある日の朝、モーアは電報を振り回しながら房にやってきて、跡継ぎが生まれたぞ、と大声で言いました。」それは、いつもきちんとした服装で、党のバッジを襟元につけ、親切でだいたい冷静に尋問を行ない、被疑者の供述から矛盾や不確かな点を引き出そうと、同じ質問を何度も繰り返す、ローベルト・モーアその人である。アンネリーゼ・グラーフの房に、グラーフ家に新しく命が生まれたニュースを浮かれて届けたそのモーアが、ヴィリー・グラーフの長い尋問では、客観的かつ熱心にパズルの一片一片を集め、ヴィリー・グラーフはフライスラーから死刑を言い渡されたのである。

ローベルト・モーアのミュンヘンのゲシュタポ本部での仕事は、「白バラ」とその周辺の壊滅で終わった。モーアはベルリンの高等警察学校で研修を受け、ゲシュタポか刑事警察の長官としてアルザスのミュールハウゼン(ミュールーズ)へ派遣された。戦争が終わる前に、モーアはまずフライブルク、その後プファルツの故郷ビースターシートに逃げた。一九四七年ごろに、フランス人がモーアをミュールーズでの警官としての行状の責任をとらせるために、一時期抑留した。息子ヴィリーの記憶によれば、父親はおよそ二年後に帰ってきた。ヴィリー・モーアの報告では、父親は抑留のあと、そのあとに続く非ナチ化裁判に向けて、自分に有利になる証言を集めていた。ちょうどこの時期に、ローベルト・モーアはローベルト・ショルと接触し、今後も永遠に「白バラ」の中心部の最期の日々の唯一の史料であり続けるかもしれない、例の報告書を書いている。ローベルト・モーアの非ナチ化裁判は、今はまだ知られていない証言や記録を含んでいるかもしれないが、どこの公文書館でも見つかっていない。戦後、モーアはバート・デュルクハイムの温泉管理部に勤務し、一九七七年二月五日にルートヴィヒスハーフェンで死んだ。

モーアの同僚で、ハンス・ショルを尋問したアントン・マーラーは、法廷に立った。囚人虐待の罪に問われたが、虐待は「白バラ」のメンバーに対する捜査のずっとあとになってから行なわれたものだった。アントン・マーラーの裁判記録や判決文には、「白バラ」捜査でマーラーが果たした役割については特筆すべきことはなく、ショル兄妹の尋問に際して、ローベルト・モーアと協力したことについても、特に記載はない。マーラーは、一九四九年十二月二十二日にミュンヘン州立裁判所第三刑事法廷で、公務中の常習傷害罪と自白強要で禁錮四年の判決を受けた。刑の執行を法廷逃亡で逃れたマーラーは、地下に潜伏し、アメリカ諜報部CICで一時期働いた。[★74]CICにはその時期、リヨンの元ゲシュタポ長官であったクラウス・バルビーも勤務していた。マーラーはバルビーの部下として、ゲシュタポ時代からおなじみの任務についていた。共産党員の破壊活動の根絶である。マーラーの消息は、今のところ一九五三年で消えている。ミュンヘンのゲシュタポ司令部の書類は部分的にしか残されておらず、そのほとんどが終戦時に破棄され、「白バラ」捜査についての記録は残されていない。一九四四年の空爆で破壊されたゲシュタポ本部の廃墟は、一九六四年に取り壊された。

ローラント・フライスラー

「わが総統閣下！　閣下に御報告することをお許しいただきたく存じます。閣下にお任せいただいた職務に着任いたし、仕事に慣れて参りました。〔……〕民族裁判所は、閣下ご自身がお決めになるだろうと考えた通りに判決を下すことに努めて止みません。わが総統閣下、万歳！　忠誠をこめて。閣下の政治的戦士、ローラント・フライスラー」★75

フライスラーは、ヒトラーに民族裁判所長官に任命されてから数週間後の一九四二年十月十五日に、この献身的感謝のメッセージを書き送った。法律家として、政治権力からの司法の独立を放棄することを、これ以上はっきりと表明することはできないだろう。

ローラント・フライスラーは、一八九三年十月三十日にツェレで生まれた。第一次世界大戦で一九一五年にロシアの戦争捕虜となり、シベリアに何年かにわたって抑留された。フライスラーはそこでロシア語を学んで、流暢に話し、収容所警部の地位にのぼりつめたと言われている。それについては、フライスラーも否定はしていないが、ボリシェヴィズムに接近し、共産党員になったということに関しては否定している。フライスラーの履歴のこのエピソードは、今日にいたるまで完全には明らかになっていない。★76　一九二〇年になって、フライスラーはようやくドイツに帰国し、博士号をとって、一九二三年に法律家国家試験に合格した。この裁判官の資格を持つ法律家は、一九二五年には早くもナチ党員となり、まず、法律に違反して起訴された党の同志の弁護士となって、党に貢献した。やがて一九三五年からは法務省の政務次官となり、ナチ国家とヒトラーの目的に合わせた司法全体の変革に取り組んだ。

民族裁判所は、一九三四年四月二十四日にすでに設立されていた。ナチ政府は、帝国議会放火事件の裁判で、帝国裁判所が四人の共産党員の被告人に無罪判決を下したことを不満とし、民族裁判所を設立して、国家反逆罪と大逆罪関連をその管轄とした。この「裁判所」を確実にナチ指導部の思惑に沿ったものとするために、各部にそれぞれ配置される二人の職業裁判官と三人の名誉裁判官は、政治的な条件によって選抜された。特に名誉裁判官はナチ党、突撃隊、親衛隊、あるいは国防軍の出身だった。[★77] 通常の法廷での審理の手順は、民族裁判所では大幅に割愛された。裁判所による予備捜査は行なわれず、被告が有利になるような証拠の提出申請は、無視しても構わなかった。

フライスラーは、「白バラ」関係者の被告に対する二度の公判をそのように行なった。民族裁判所の長官に就任してから半年後のこの裁判は、彼にとって初めてのセンセーショナルな裁判だった。ローベルト・モーアが書

1942年から1945年まで民族裁判所長官

民族裁判所の審議中

いているように、このビラ活動は「党の最上部まで動揺」させたからである。フライスラーは、この公判を「ふさわしい威厳ある法廷」で開廷したいと伝え、この審理のために、わざわざ民族裁判所のあるベルリンからミュンヘンに赴いた。ミュンヘンの大管区長官パウル・ギースラーの「断罪」要求に応えるためである。

起訴状を読み上げたあと、フライスラーは被告人を好き勝手に尋問した。彼以外に法廷に参加している人々、とりわけ、弁護士やフライスラーの裁判官席に同席している陪席裁判官などの人々は、介入しなかった。ところが、二番目の「白バラ」の被告に対する法廷では、思いがけず介入があった。ハンス・ヒルツェルは、その状況を特にはっきりと記憶している。「彼はこの法廷の威信と意義について、ある種の『個人講義』で開廷した。彼はこの法廷がどんな法にも審理規則にも縛られないと宣言した。これはもちろん重要な点だ。そして彼はこう言った。『見たまえ！　ここには刑法典すら置いていない！』この時、陪審の一人が、この方針に反して持っていた刑法典を彼の方に差し出した。するとフライスラーはその法典をつかんで法廷内に放り投げ、法典は床を滑った。そして彼はこうわめいた。『法などわれわれには必要ない！　われわれに反逆する者は根絶されるのだ！[★78]』。」

「白バラ」関係者のうち六人に、フライスラーは死刑判決を下した。一九四三年二月二十二日の最初の裁判の三人の被告全員、つまりハンス・ショル、ゾフィー・ショル、クリストフ・プロープスト、一九四三年四月十九日の二番目の裁判ではアレクサンダー・シュモレル、ヴィリー・グラーフ、そしてクルト・フーバー教授である。フライスラーが裁判長を務めた民族裁判所の第一法廷では、一九四二年からフライスラーの死までに、二二九五名が死刑の判決を受けた。フライスラーは、一九四五年二月三日に死亡したその日も、同じことをしている最中だった。公判の休憩中に、ベルリンの激しい空爆で爆弾の破片に当り、フライスラーは死んだ。

第4章 「白バラ」メンバーの尋問調書

ゲルト・R・ユーバーシェア

ゲシュタポの一次史料について

現代史の一次史料のなかには、歴史研究や記述のために分析する際、特に注意深く慎重に扱わなくてはならないものがある。第三帝国時代の一九三三年から四五年までの間に、国家秘密警察（ゲシュタポ）や親衛隊保安部〔SD、のちにゲシュタポなどとともに国家保安本部の一機関となる〕は、ヒトラーとその政権に対するドイツ抵抗運動の逮捕者や容疑者の取り調べの尋問調書を作成したが、それもそのような一次史料にあたる。[★1] とりわけ尋問調書を、ナチ政権に対する抵抗勢力の行動を述べ、記録した「本物の記録文書」として扱う場合、この文書の特殊な性格を考慮することが必要になる。これらの文書が、特定の歴史上のできごとについて、情報やヒントを与えてくれることもあるには違いない。しかし、このような記録だけでは、歴史の真実を表わしているとはとうてい言えない。これらは、証言した者や、取り調べられた本人が書いたものではなく、尋問し、調書をとった検察事務官やその部下たち、または保安部の人間が書いたものであるからだ。

普通、被疑者には、自分が重要だと考えている声明や事実を書き加えたり、別に追記したりするよう求める機会は与えられない。むしろ尋問調書には、追及する側のゲシュタポの人間、つまりナチ政権の言葉で書かれ、その際それ相応の解釈が加えられている。ほとんどの場合、尋問を担当する検察事務官やゲシュタポ事務官が、すでに被疑者に対して行なった問答のメモから、尋問の調書を口述筆記させている。すでに結果が出ているものを記録しているわけである。調書を筆記する尋問官の部下は、尋問の最後になってから初めて同席し、口述される文章をタイプライターで筆記する。終わりにまた質問と回答があって、記録に直接書かれることもある。尋問調書には、何よりも検察側の立場から、その後の裁判において、国家反逆罪、敵方帮助、国防軍攪乱の動かぬ証拠を明確に記録することが求められていた。そのため、尋問調書の場合は、その文書がどういう経過で作成されたものであるかを見定め、慎重かつ厳密に分析して初めて、実際の状況とできごとの顚末に迫ることができる。

その際、特に注意しなくてはならないのは、「被疑者は尋問に際して、罪から逃れ、他の人を巻き込むまいとする、しごく当然な戦略的な態度をとる」[★2]という点だ。被疑者が、ゲシュタポの尋問方法によって、心理的なプレッシャーや苦痛を与えられたり、拷問されていた可能性も軽視できない。そういったことが被疑者の尋問中の供述や、調書の内容に影響を与えている。このことから、どのような条件のもとで、どのように「極端な圧力のかかった状況」[★3]のなかで、尋問の記録がとられたかを検証する必要がある。

被疑者たちが戦略的な行動をとったことは間違いない。彼らは、尋問中の自分を、実際に抵抗運動で活動していたときの自分とは違うように見せかけようとした。自分や、少なくとも他の同志がゲシュタポの追及から逃れられるよう、また、同志が見つからないようにするためだ。特に、尋問が始まる時には、取り調べ官が、抵抗運動の活動の範囲をどこまで知っているかが予測できなかったため、この戦略が取られた。

この他に、尋問したゲシュタポや保安部の係官が、特定の証言を前面に押し出し、他の発言を記録しなかったということもありうる。そうすれば、ナチ体制に対する抵抗運動を暴き出したという、自分の功績を前面に押し出すことができた。尋問官のこのような意図を考慮しないと、抵抗運動の活動露見の前後の経過を再構成する際に、事実を歪曲してしまうおそれがある。このため、ゲシュタポの尋問調書の内容は、それ自体だけでは、反ヒトラー抵抗運動の闘いの経過や政治的な目的を表わした史料として単独で使ったり、確実なものとみなすことはできない。調書の実証性は、他の史料を使った補足的な研究によって、検証され、「抽出され」なければならない。[★4]このような尋問調書の根本的な特殊性を考慮に入れれば、これはナチ政権に対する抵抗運動を鏡のように正確に映した実像でも、唯一の姿でもないことがわかる。他方、尋問調書は「批判的に慎重に読む」[5]ことによって、ヒトラーに対するドイツでの抵抗運動に関わるできごとを再構成するための史料となりうる。

このような史料に関する一般的な問題は、一九四三年二月十八日、ミュンヘンで記録された尋問調書にもつきまとっている。この調書は、反ナチビラ配布活動の最中に逮捕されたショル兄妹と、それに続いて逮捕された、「白バラ」抵抗運動グループのその他のメンバーの尋問調書である。そのなかには、クリストフ・プロープスト、アレクサンダー・シュモレル、ヴィリー・グラーフ、クルト・フーバー教授も含まれている。彼らは、ナチ支配に抵抗したミュンヘンの若者や学生のグループとして、今ではすっかり有名になった「白バラ」のメンバーであった。[6]彼らの尋問は、逮捕の当日、すぐに開始された。ゲシュタポがこの時、法廷での審議を見越して作成した尋問の記録は、「慎重かつ詳細に」読めば、「まさに情報と事実の宝庫」ともなりうる。[7]だが、「白バラ」メンバーの尋問調書は、「白バラ」の背景や動機や目的を研究し、記述するための史料として、また、この抵抗運動グループのメンバー一人一人の考え、行動などを解明する史料としては、長らく西ドイツや世界の歴史記述に用いることができなかった。この記録は、東ドイツが崩壊するまで、ドイツ社会主義統一党のマルクス・レーニン研究所の党中央文書館に、後にはダールヴィッツ・ホッペガルテンの国家保安省にあり、東ドイツ国家が崩壊した一九八九年から九〇年にかけて、ようやくドイツ連邦文書館の所蔵文献として公開されたのである。

東ベルリンの社会主義統一党首脳部は、「白バラ」の歴史について、十分な研究がなされ、目立つ出版物が出ないように、この文献を公開しなかったという可能性もある。そうしなければ、共産党員の抵抗運動という賞賛されるべき特別な「偉業」が、比類なきものとは言えなくなってしまうからだ。党の文書館では、この調書は、長年ほんの数人の東ドイツ歴史研究者にしか閲覧が許されず、[8]西ドイツのジャーナリストや、アンネリーゼ・クノープ＝グラーフなどの「白バラ」研究者は、党の関係者による口利きと、当時の東ドイツ国家評議会議長であったエーリヒ・ホーネッカーの特別許可がなければ、閲覧できなかった。[9] このため、西ドイツで出版された「白バラ」関係の主要な史料集には掲載することができなかった。[10]

抵抗運動の歴史記述にあたって、西側では、ゲシュタポの官吏として尋問にあたった検察事務官、ローベルト・モーアによる一九五一年の証言が史料として使われた。[11] モーアは、ショル兄妹が尋問中、立派な態度を貫いたことを証言し、最初のうちは抵抗運動を否認したが、そのあとすぐに自分たちの抵抗運動とその方法を全面的に認めた様子を述べている。[12] モーアはその文章のなかで、尋問中にゾフィー・ショルが、「白バラ」での自分の役割を取るに足りないものだったとすることを拒否し、それによってモーアが尋問のなかで差し伸べた「助け舟に乗ることを拒んだ」ことも書いている。これを受け入れていれば、後の結審の際に、軽い判決で済んでいたかもしれない。

ヒトラー独裁に対する「白バラ」の目的と行動については、これまで数多くの研究や資料によって十分に証明されている。一九九〇年からは尋問調書も分析されてきた。[13] このグループの活動は、一九四二年にはナチ当局を悩ませていた。一九四二年十一月からドイツ第六軍がヴォルガ河畔の大都市スターリングラードで包囲され、降伏を目前にしているという軍事的危機状況の中、一九四三年一月、学生たちはビラ撒き活動をさらに活発に行ない、新しいビラを作成して、ミュンヘンだけではなく、リンツ、ウィーン、ザルツブルクでも郵便ポストに投函していた。一月末には、『すべてのドイツ人に呼びかける！』と題したビラ約五〇〇〇部を、ミュンヘンの市街地に配布し、アウクスブルク、ザルツブルク、フランクフルト、シュトゥットガルト、リンツ、ウィーン、ミュンヘンに郵送した。二月初めと中旬には、ミュンヘン市街地の三十か所と、大学の建物に、塗料で「打倒ヒトラー」、「大量殺人者ヒトラー」、「自由」といったスローガンと、上から線を引いて消したハーケンクロイツを書いた。[14]

六番目のビラの文案は、主にクルト・フーバー教授によるもので、全部で三〇〇〇部が刷られた。そのビラが配布された二月十八日、ハンス・ショルとゾフィー・ショルは、ミュンヘン大学の用務員に目撃され、逮捕された。国家警察が呼ばれ、家宅捜索が行なわれたあと、取り調べと尋問でショル兄妹がこの事件に関わっていたことが証明され、抵抗グループの核であることがゲシュタポにも明らかになった。ショル兄妹は、始めのうちは大学でばら撒かれたビラとの関わりを否定したが、その後の尋問の過程で自白するにいたった。二人は、ビラの作成と配布に責任があるのは自分たちだけだと証言し、他の「白バラ」メンバーに嫌疑がかからないよう努めた。その後の尋問でも、グループの仲間の名前は明かさなかった。しかし、ハンス・ショルが逮捕された時にクリストフ・プロープストの書いたビラの草稿を所持していたので、プロープストも二月十九日、インスブルックで逮捕された。プロープストは、ミュンヘンに移送され、ショル兄妹とともに尋問され、起訴された。ヴィリー・グラーフは、ミュンヘンのショル兄妹の住居を訪れた時に逮捕された。

ベルリンのナチ首脳部はこの頃、ミュンヘンでの反ナチ的なビラや壁のスローガンに警戒を強め、危機感を募らせており、逮捕についてすぐに報告を受けた。[15] この反ヒトラー派の意見表明が、よりにもよって「ナチ運動の首都」ミュンヘンで行なわれたからである。ナチ指導部は、スターリングラードでの深刻な軍事的敗北と時期を同じくするこのできごとを、非常に危機的なものと受け止めていた。帝国法務大臣オットー・ティーラックが任命したグループが、この学生運動の全貌をすみやかに明らかにすべく動いていた。数週間に及ぶ反ヒトラーの壁のスローガンや、四三年一月中旬にドイツ博物館で行なわれた大学創立四七〇年記念祭での、ナチ党大管区長官パウル・ギースラーに対する学生たちの反抗的言動との関連についても調査していた。

総統官房とヒトラー自身も連絡を受けた。「総統」は、ナチ党全国指導者マルティン・ボルマンと大管区長官ギースラーが提言したように、逮捕されたショル兄妹とクリストフ・プロープストに対し、「民族裁判所」が反逆罪、売国的敵方幇助、国防軍攪乱準備の廉《かど》で早急に有罪判決を下すよう決定した。[16] 最初に嫌疑がかかったハンス・ショルとクリストフ・プロープストは、衛生隊の軍曹として、軍事法廷の管轄下にあったにも関わらずである。ナチ首脳部は、事態が長引けば「南ドイツの一般市民が不安を募らせる」[17]のではと恐れた。このような、ナチ体制に対する根本的な反抗は、いわゆる最終勝利に求められる忍耐力を大いに揺るがすことに気づいていたのだ。そこで、この事件の可及的速やかな解明と捜査・尋問の迅速な遂行が求められた。国防軍統合司令部長官ヴィルヘルム・カイテル元帥は、この「ミュンヘン事件」を一般法廷で扱うことを歓迎した。それによって、この事件を国防軍から遠ざけることができたからである。

いずれにしてもナチ政権指導部はすばやく対応する必要があった。このため、ミュンヘンのゲシュタポ本部のあるヴィッテルスバッハ宮殿での尋問は、大きな時間的なプレッシャーの下で行なわれることになった。ミュンヘンでは昼夜を問わずゲシュタポの取り調べが行なわれ、ゾフィー・ショルを尋問したゲシュタポ事務官の証言によれば、被疑者も尋問官も「この数日間、落ち着く暇がなかった」[18]。そして、まだ取り調べが続いていた二月二十日の土曜には、すでに帝国検事が訴状を作成し、逮捕命令を出した。[19] 一九四三年二月二十一日、「民族裁判所」長官ローラント・フライスラーが、州裁判所長官シュティーアとともにベルリンからミュンヘンにやってきた。二月二十二日月曜午前十時、ショル兄妹とクリストフ・プロープストに対する公判が開始された。約三時間半後に公判は終わり、売国的敵方幇助、反逆準備、国防軍攪乱の罪で死刑が宣告され[20]、十七時に刑が執行された。

ミュンヘン・シュターデルスハイム監獄において、二十五歳のハンス・ショル、その妹で二十二歳のゾフィー、そして三人の子供の父親であったクリストフ・プローブストは、ギロチンで斬首されたのである。

尋問調書が示す通り、ハンスとゾフィーは尋問のなかで、ビラは自分たち二人だけで原稿を書き、印刷したと証言している。しかし、ゲシュタポは、このグループのその他の仲間や協力者を洗い出すことに成功した。彼らは、第二回と第三回の裁判で告発され、判決を受けた。アレクサンダー・シュモレルは二月二十四日に逮捕され、一連の尋問を受けたが、この時には反ナチ闘争のかつての同志はすでに死亡していた。クルト・フーバー、アレクサンダー・シュモレル、ヴィリー・グラーフを含む「白バラ」のメンバー十四人に対する第二回の裁判は、法務省事務次官クルト・ローテンベルガーが二月二十七日に指示した通り、ベルリンで行なわれることになっていたが、ナチ党大管区長官ギースラーの画策で、この公判も四月十九日に「民族裁判所」で、第三回の特別法廷での公判も、七月十三日にミュンヘンにおいて行なわれた。こうして、バイエルン州都での、ナチ党の権力を誇示しようとしたのである。

その後の尋問によって、第二回の裁判の後もまだ生きながらえていたシュモレル、グラーフ、フーバーの三人は、五十名を越す容疑者に関する重要証人であり、この三人から証言を得られる可能性のあることが判明した。ナチ当局は、しだいに明らかになった「白バラ」の規模の大きさに動揺していた。ゲシュタポは、さらなる取り調べで三人に協力させ、他の反ヒトラー運動のメンバーの存在とその名前を聞き出そうとした。しかし三人は口を割らず、仲間や協力者の名前を要求するゲシュタポに屈することはなかった。[★21] ギースラーは「総統官房」とともに、死刑判決を受けた被告を直ちに処刑するよう迫った。この事件の死刑執行には、特別な「寛大な処置」や執行の引き延しは避けられるべきとされた。こうしてクルト・フーバーとアレクサンダー・シュモレルは一九四

三年七月十三日、ヴィリー・グラーフは同年十月十二日、断頭刑に処された。[★22]

尋問調書からは、被疑者たちはまず「仲間を守り、容疑がかからないように」[★23]しようとしていたことがわかる。不可解なことに、尋問の記録には、ヴィリー・グラーフとハンス・ショルに対して一九三七年末から三八年初めにかけて行なわれたゲシュタポの捜査とマンハイムの特別法廷での審理について、尋問官の側からの言及が全くない。この事件は、二人がカトリック同盟の「灰色会」の会員で、「同盟青年運動の策謀」に加担したとの容疑だったが、一九三八年三月のオーストリア併合を記念してヒトラーが出した恩赦によって取り下げられ、ショルとグラーフは無罪放免となっていた。おそらくミュンヘンのゲシュタポは取り調べを急いでおり、このことについて情報を得ていなかったようだ。しかし、ゾフィー・ショルは、ナチと関わりたくないと考えるようになった理由に、この捜査の件をあげている。

ハンス・ショルとクリストフ・プロープストは、尋問のなかで、自分たちの政治的な目標と抵抗運動を粘り強く弁護した。[★24]二人は、最後のビラでも、ユダヤ人殺害やヴォルガ河畔での震撼すべき軍事的惨事を前に、ドイツ国民にヒトラー打倒と「ナチのテロを打破すること」を訴えていた。その内容は「ドイツの若者が今こそ立ち上がり、復讐すると同時に罪をつぐない、おのれをしいたげる者を打ち砕き、新しい精神のヨーロッパを立ち上げなければ、ドイツの名は未来永劫恥ずべきものとされ続けるだろう」[★25]というものだった。二人は、政治的変革と戦争の早期終結をもたらすことができるのは新政府だけだという確信を、尋問中も揺るぎなく持ち続けた。二人はまた、無意味なユダヤ人虐殺を糾弾した。ゾフィー・ショル、ハンス・ショル、クリストフ・プロープスト、そしてアレクサンダー・シュモレルの尋問調書は、彼らの勇気ある態度を証明している。彼らは、ゲシュタポ尋問官に対しても、自分たちの抵抗運動の最も重要な目標として、正義と自由を求めることとドイツの政治的状況の根本的な変革をかかげ、これを主張し通したのである。

一九四三年二月十七日から十八日にかけてゲシュタポが委託し、ミュンヘンのリヒャルト・ハルダー教授が作成したビラの言語学的鑑定は、この原稿の筆者の知的水準は「きわめて高い」と評価している。対象と要求、つまりヒトラー独裁下の一人一人に対する「自由と尊厳」への要求は、「目標を見定め、とことん」考え抜かれたもので、キリスト教の強い影響が見られる。だが、このビラが「兵士や労働者から幅広い」反響を得ることについては、疑念が表明されている。[★26]

この抵抗運動グループの男性メンバーは、医学の勉強中に、「臨床実習」の一環として、西部戦線や東部戦線各地の野戦病院で衛生中隊の士官として兵役についたが、その従軍体験に特別な意味があることは、これまでにもさまざまな研究――近年ではデトレフ・バルトの研究――で指摘されてきた。尋問調書はこれを裏づけている。[★27]なかでもハンス・ショル、ヴィリー・グラーフ、アレクサンダー・シュモレル、フーベルト・フルトヴェンクラー、ユルゲン・ヴィッテンシュタインが、一九四二年七月から十一月にかけて東部戦線の衛生中隊に従軍した時の体験は重要である。これがその後の抵抗運動につながるきっかけとして特別な意味をもつという見方や評価については、最近、研究者の間で論争となった。[★28]アレクサンダー・シュモレルが尋問のなかで供述しているように、従軍体験は彼らにとって「最も厳格な教師」となり、ヒトラー支配に対する抵抗の姿勢を確固たるものにするのに大いに役立った。一九四二年の東部戦線の体験は、「白バラ」中心メンバーにとって、「根本的な転換点」となった。[★29]そこで彼らは残虐な犯罪と戦争の悲惨さをまのあたりにしたからである。とくに、一九一七年ロシアのオーレンブルクに生まれ、ロシア人の母をもち、「ロシアへの愛」を抱くアレクサンダー・シュモレルは、ドイツ占領下のソ連におけるナチの犯罪行為は自分にとって深刻な衝撃だったと尋問で繰り返し述べている。シュモレルは「ロシア民族への愛」から、独ソ戦が早く終結し、戦後ロシアが国土を失うことがないよう願っていた。[★30] シュモレルは何よりもこの「考え」をビラを通してドイツ国民にわかってもらおうとしたのだと何度も強調している。ヒトラーは、絶滅戦争はドイツの「東方生存圏」のためであると主張していたが、これに反発するシュモレルはナチに抵抗し自由を要求するに至った。[★31] そして、ハンス・ショル、ゾフィー・ショル、クリストフ・プロープスト、ヴィリー・グラーフと同じく、シュモレルもそれに命を捧げることになったのである。

ゾフィー・ショルの取り調べ

ゾフィー・ショル（この調書のなかではゾフィア・ショルとも呼ばれている）は、一九四三年二月十八日午前十一時頃、大学で兄とともに逮捕されてから、ミュンヘンの国家警察本部で尋問された。

4．住居または最後の滞在場所	ミュンヘン23、フランツ＝ヨーゼフ通り 13／0シュミット方（離れ家） 行政管区 州 通り 広場 番地 電話 35227
5．国籍 帝国市民？	ドイツ帝国 はい
6．a）宗教（過去のものも） 1）宗教団体または世界観団体の所属 2）信教がある 3）無神論者 b）1．父母 2．祖父母 ドイツ血統か	a）プロテスタント 1）はい－どの団体か いいえ 2）はい－いいえ 3）はい－いいえ b）1．はい 2．はい
7．a）配偶関係 （独身－既婚－死別－離婚－別居） b）配偶者の氏名 （女性の場合、旧姓も） c）配偶者の住所 （住居が別な場合） d）配偶者の父母－祖父母－はドイツ血統か	a）独身 b）./. c） d）
8．子供	嫡出子：a）数： b）年齢 歳 庶　子：a）数： b）年齢 歳
9．a）父の 姓名 職業、住所 b）母の 姓名 職業、住所 （父母が死亡している場合も）	a）ロベルト・ショル 税理士、ウルム、ミュンスタープラッツ 33 b）マクダレーナ・ショル、旧姓ミュラー 上に同じ
10．後見人または保護者の 氏名 職業、住所	./.

国家秘密警察
国家警察本部ミュンヘン

指紋採取済み *)
指紋採取不要 *)
身元－未－確認 *)
日付
名前
役職
所属

（取調官の所属）　　　　　　　　　ミュンヘン，　1943年２月18日

~~出頭命令により~~－~~連行され~~ *)－出頭

~~ゾフィア~~・マクダレーナ・ショル

真実を述べるよう警告され、以下に述べる

Ⅰ．身元

１．a）氏、その他の姓（女性の場合、旧姓、前夫の姓など） b）名（呼び名に下線）	a）ショル b）~~ゾフィア~~　マクダレーナ
２．a）職業 職業については以下を記載のこと —営業主、手工業親方、経営者、あるいは店員、職人、徒弟、工場労働者、手工業見習い、店員など —既婚女性の場合、夫の職業 —未就業の未成年の場合、親の職業 —官僚および国家公務員の場合、所属部署の詳細な所在 —大学生の場合、大学の所在と専攻科目 —学位（工学ディプローム、博士など）所持者の場合、いつどの大学で授与されたか b）収入状況 c）失業？	a）自然科学と哲学専攻の大学生 b）両親より月額150ライヒスマルクの援助 c）はい、./. から いいえ
３．生年月日	1921年５月９日、フォルヒテンベルク にて 行政管区 エーリンゲン 州裁判所管区 ~~ヴュルテンベルク~~ シュトゥットガルト 州 ヴュルテンベルク

*）該当しないものは線を引いて消す

15. 帝国勤労奉仕 いつ、どこで徴用されたか。 決定 勤労奉仕所属	1941年３月　ウルム 1941年４月 から 1942年３月 まで 部署 13/122？ 場所 ズイクマリンゲン ブルームベルタ
16. 国防軍徴兵関係 a）どの部隊に徴兵検査されたか、または志願兵として採用されたか b）兵役不適合として不合格になったか。いつ、どのような理由で。 c）兵役に服した 部隊 場所 除隊とその理由	a）./. b）./. c）　から　まで
17. 勲章および功労賞 （個別に列記）	./.
18. 前科 （被告を簡単に記載。この記載事項にはできる限り公文書を添付）	./.

11. a）パスポートの発行	a）ウルム警察署……より、1939年6月 番号……
b）自動車－自動二輪車－の運転許可証の発行	b）……./.……より、…… 番号……
c）巡回営業許可証の発行	c）……./.……より、…… 番号……
d）営業法第44条a項による資格認定書の発行	d）……./.……より、…… 番号……
e）狩猟免許証の発行	e）……./.……より、…… 番号……
f）船員または水先案内人免許の発行	f）……./.……より、…… 番号……
g）配給証（非軍事役務通達証）の発行 年金通知？ 支給年金局？	g）……./.……より、…… 番号…… …… ……
h）その他の証明書	h）……./.……
12. a）参審員または陪審員として現在または次期任期に選出または抽選されているか。どの委員会か。（裁判所構成法第40条）	a）……./.…… …… ……
b）商取引法判事、労働法判事、社会的名誉判事の資格所持者か。	b）……./.…… ……
c）後見または保護をしているか。 対象者は。 どの後見裁判所によるか。	c）……./.…… …… ……./.……
13. 帝国文化議会に属す議院に所属するか。（正確な名称）	……./.…… ……
14. 党員資格 a）国民社会主義ドイツ労働者党	 a）……./.……から 最後に所属した地方支部……
b）所属組織	b）……./.……から 最後に所属した隊…… またはそれに類するもの……

ゾフィー・ショルの最初の取り調べでは、身元、家族、収入、学業、友人、知人について尋問され、調書がとられた。この女子学生は尋問のなかで、かなり早い時点で、「ナチとは関わり合いたくない」と述べている。また、大学で発見されたビラとは「いっさい」関係ないし、ビラを置きも配りもしなかったと主張している。このビラを偶然目にして、「通りかかった時に、三階の手すりにのせてあったビラの束を手で押して、ビラが吹き抜けに舞い落ちた」のだと述べた。このことについては、「ばかなこと」をしたと認めている。逮捕された時に所持していた空のトランクは、ウルムの両親のところへ行く予定だったので、洗濯物を入れるために持っていたと述べた。兄と同様に、ゾフィー・ショルも、ビラを郵送する時のために大量の切手を購入したことを否認している。最初のうち、ゲシュタポはゾフィーの説明と供述を信じたように思われる。短い休憩のあと取り調べが再開され、ゲシュタポ官吏のモーアが、兄が自供したことを告げると、ゾフィー・ショルは自供する覚悟ができたと言った。

［……］

国家秘密警察
ミュンヘン国家警察本部
被疑者ゾフィー・ショルの取り調べ続行

兄ハンス・ショルが真実を語ること、私たちがしたことの動機を始めとして、全き真実を述べることを決意したと明かされた今、私もまたこれ以上自制せず、この件について私が知っていることのすべてを記録に供したいと思います。真実を語るよう再度強く警告され、以下のように自供します。

「ドイツは戦争に敗れたこと、そしてこのすでに敗れた戦争のために失われる人命は、一つ残らず無駄な死であることを、私たちは確信していました。とくにスターリングラードで払われた犠牲が、このような私たちから見て無意味な流血に対して何かしなくてはいけないと私たちを突き動かしました。

この問題について最初に話したのは一九四二年の夏のことで、兄と私の間で話し合いました。この事態の進行を食い止めるには、取りあえずは、まともな話ができる知人と、私たちの心を深く動かしているこの問題について話し合うことしかないと思われましたが、兄と私は、この方法では、戦争をたった一日でも早く終わらせるために役立つことを、何ひとつしていないのと同じことだとすぐに気づきました。兄と話し合って、昨年七月に、私たちの目的のために、大衆に影響を与える手段と方法を探ることにしました。その時、ビラを書き、印刷して配布するというアイデアも出ましたが、その計画を実行することは、まだ具体的に考えていませんでした。ビラを作るという考えが、兄から出たのか、私からだったかはもう覚えていません。一九四二年の六月ごろ、アレクサンダー・シュモレルに打ち明けました。シュモレルとは長い間親しくしていて、私たちの考え方を受け入れてくれそうだったからです。ここで述べておきたいのですが、シュモレルの父親はドイツ系ロシア人で、母親はロシア人です（母親はすでに死亡）。対ソ開戦前は、シュモレルは政治に全く関心をもっていませんでした。のちに、ロシアに対する敵対的な行為が始まって初めて、戦争の経過、特に軍事的な出来事に関心をもつようになりました。彼の両親はロシアから逃げなくてはならず、ドイツに亡命し、ドイツ国籍を取得しました。息子のシュモレルも今はドイツ国籍です。それでもシュモレルはロシアを非常に愛しています。ボリシェヴィズムには真っ向から反対していますが、祖国には特別な感情を抱いているので、政治思想的な面ではっきりした意見をもっていません。シュモレルと初めて話し合った時、私たちの計画にいろいろと理由をつけて反対し、何もしなくても自然に解決すると言いました。私たちの計画の実行に協力するつもりになったのは、政治的なことについてあまり冷静に考えることができず、すぐ夢中になってしまうたちだからです。

この計画については、兄と私とで繰り返し時間をかけて話し合い、一九四二年十二月、ビラを書き大量に印刷して配布することを決断しました。シュモレルはこのころ、私たちが決めた計画について知ってはいましたが、活動に参加することはなく、最初は聞き役にまわっていました。

『ドイツ抵抗運動のビラ――すべてのドイツ人に呼びかける!』と題し、「抵抗運動を支援し、ビラを広めよ!」という文で締めくくっている最初のビラは、兄が私といっしょに一九四三年の新年早々に書いたものです。タイプライターで草稿として書いたビラの原稿を「アレックス」に見せましたが、彼はとくに補足も変更も提案せず、内容をそのまま受け入れました。そのうちにことが進み、印刷用紙や封筒や印刷用原紙が必要になり、その調達が次の課題となりました。兄と私はこの町の紙製品の店数軒をまわって、印刷用紙を全部で約一万枚、封筒を全部で約二〇〇〇枚買いました。また、兄はこの町の専門店で新品の印刷機（メーカー不明）を二〇〇ライヒスマルクで購入しました。印刷用原紙も、二十枚ほど兄が買いました。

兄がビラの印刷原紙をタイプライターで作った時、私もその場にいました。そのタイプライターは、「アレックス」が提供してくれたものです。印刷は、二人で印刷機を使って行ないました。住所を書いたのは兄と私の二人だけで、他の誰も関与していません。私は、たいていはシュミット夫人のタイプライターを使い、宛名と住所を上から下までそろえて書くのではなく、右に少しずつずらして書きました。兄は「アレックス」が貸してくれたタイプライターを使い、封筒に宛名と住所をきっちりそろえて書きました。ウィーン、ザルツブルク、リンツ、アウクスブルク、シュトゥットガルト、フランクフルトの住所は、主に兄と私が、ドイツ博物館で閲覧できる各都市の住所録の、一九三九―四一年版から書き写しました。「アレックス」も一度、住所を書き写しました。ミュンヘン以外の町で配布したビラが入った封書は、十四日間ほどかけて郵送する準備を整えてから、各都市で投函しました。一九四三年一月二十五日午後三時に、私はアウクスブルク行きの急行列車に乗り、一時間後に到着しました。私は、アウクスブルクに住んでいる人々に宛てた二五〇通ほどの封書を入れた書類かばんを持っていました。その封書のうち、一〇〇通ほどはまだ切手を貼っていなかったので、アウクスブルクの駅のなかにある郵便局で八ペニヒ切手を一〇〇枚買い、まだ切手を貼っていなかった封書に貼って、駅の郵便ポストに投函しました。半分ほどは、窓口のところの投函口に入れ、あとの半分は郵便局の建物の前にあるポストに入れました。そのあと、その日の夜の二十時十五分アウクスブルク発の急行列車でミュンヘンへ戻り、二十一時六分に到着しました。翌日（一九四三年一月二十六日）の朝六時ごろ、シュモレルは急行列車でザルツブルク、リンツ経由でウィーンへ行き、経由地のザルツブルクとリンツでそこの住所に宛てた封書を投函し、ウィーンとフランクフルト宛の封書はウィーンで投函しました。ザルツブルク宛には二〇〇通、リンツ宛には二〇〇通、ウィーン宛には一〇〇〇通、フランクフルト宛には三〇〇通作りました。フランクフルト宛の封書はまだ切手が貼ってありませんでした。最初は、切手代を節約するために、フランクフルト宛の分はフランクフルトで出すつもりでした。でも、計算してみると、切手代を節約して浮かせた分よりも、誰かがフランクルトまで行った場合のフランクフルトまでの運賃の方が高かったので、その計画は変更しました。この理由から、フランクフルト宛の封書は規定額の切手を貼って、「アレックス」がウィーンで投函しました。

シュトゥットガルト宛の封書は、六〇〇から七〇〇通ほどで、私がシュトゥットガルトまで運んで投函しました。一九四三年一月二十七日水曜、十六時三十分発の急行でミュンヘンを発ち、十九時五十五分にシュトゥットガルト中央駅に着きました。封書は全部市内郵便として切手が貼ってあり、小さなトランクに入れて持って行きました。一九四三年一月二十七日の夜、到着して間もなく、半分弱を駅とシュトゥットガルト南の郵便ポストに投函しました。残りは一九四三年一月二十八日の日中、シュトゥットガルト郊外で何か所かの郵便ポストに投函しました。二十七日から二十八日にかけての夜は、二等か三等の待合室で明かし、宿泊はしませんでした。ミュンヘンへは、一九四三年一月二十八日二十三時二十五分発の列車で戻り、一九四三年一月二十九日午前三時五分に到着しました。この時間には、まだ路面電車が動いていませんでしたから、自宅まで歩いて帰りました。

初めに話した時に、ミュンヘンでのビラ配布活動で、二十八日から二十九日にかけての夜、兄といっしょに二〇〇〇枚ほどのビラを撒いたと私が言っていたとしたら、それは間違っていたと認めなければなりません。なぜなら、二十八日から二十九日にかけての夜に、ここミュンヘンでビラが配布されていた時、私はシュトゥットガルトからミュンヘンに帰る途中だったからです。ミュンヘンでビラを配布し、ばら撒いたのは兄とシュモレルです。二人は、一九四三年一月二十八日の夜十一時に配りはじめ、四時ちょっと前までに二〇〇〇枚ほどのビラを撒いたと聞きました。兄は駅から北の方向にビラを配り、シュモレルは南の方に配ったということです。

三十歳から三十五歳ぐらいで、身長約一メートル七〇、やせ形で、一九四三年二月四日の七時から八時の間に、ミュンヘン中央郵便局の玄関ホールで、そこに置いてある電話帳に、ドイツ抵抗運動のビラをはさんでいたという男について聞かれましたが、それについては、兄でないとしたら誰だかわからないとしか言いようがありません。しかし、兄は身長が一メートル七〇以上あり、広い襟のついたゴム引きのコートは持っていませんし、口ひげも生やしていたことはありません。他にも、この人物描写に少しでも当てはまる知人は一人もいません。

私は、一九四三年一月三十日から二月六日にかけて、市内で買い物の途中に、四回か六回「抵抗運動」のビラを電話ボックスや駐車中の車の上に置いたことを認めます。それがどこだったかは、もういちいち覚えていません。とにかく、町に出る時には、お話しした目的のためにバッグのなかに何枚かビラを入れて持ち歩き、チャンスがあればビラを配ることができるようにしていました。

ミュンヘン、マンデル通り一番地在住の学生のヴィリー・グラーフは、ビラの作成や配布には全く関わっていません。グラーフは私たちのビラ活動について知っていただろうとは思いますが、私は彼にはそのことについて教えていません。会話のなかで時どきしていたコメントから、グラーフは知っているに違いないと思いました。私たちがビラの印刷や配布に関わっていたことを状況から感づいているようでした。具体的に、どんなコメントだったかはもう覚えていません。

ミュンヘンでは、新たに『女子学友諸君、男子学友諸君！』と題した一二〇〇通のビラを、二月六日から十五日にかけて印刷し、封筒に住所を書いて、発送の準備をしました。この作業の時は、兄と私の他に、封筒の糊付けだけシュモレルがいっしょにしました。シュモレルは投函物の封をするための茶色いテープを持っていて、それで封をしました。

今日の午前中、大学で起こったことについても、真実をお話しします。ビラは、私が逮捕された時に押収されたトランクに入れて、兄と私が大学に運び、そこでばら撒いたことを認めます。私の推測では、『女子学友諸君、男子学友諸君！』と題したビラは、およそ一五〇〇から一八〇〇枚、『すべてのドイツ人に呼びかける！』と題したものは、約五〇部あったと思います。ビラの大部分は先ほど触れたトランクに入れて運びましたが、兄の書類かばんにもビラがぎっしり詰まっていました。大学の建物のなかでは、トランクは兄が持ち、私はビラをさまざまな場所に置いたり、ばら撒いたりしました。図に乗っていたのか、愚かさからか、私は八〇枚から一〇〇枚ほどのビラを大学の三階から吹き抜けホールに投げ落とすという過ちを犯し、それによって、兄と私は見つかってしまいました。

私たちの行動が、現在の国家形態を除去することを目標とし、国民の広い層に対する適切なプロパガンダによってこの目標に到達することを意図しているということは、もちろんはっきり自覚していました。また、私たちの意図は適切な方法で運動を進めることでした。少なくとも当面は、他の人に打ち明けて積極的な活動に加わってもらおうという意図はありませんでした。そうするのは危険すぎると思われましたから。この点については、しばらく前に兄と話し合い、プラス面とマイナス面を考慮した結果、危険すぎるという結論に達していました。

もし、今でも自分が正しいことをしたと思っているのかと聞かれたならば、私はもちろんはいと答えます。その理由は、最初に申し上げた通りです。私たちがしたことについて、第三者から兄とともにそうするように促されたとか、要求されたとか、金銭的な援助を受けたということはいっさいありません。兄と私は、ただ自分の信念から行動しました。そのために生じた経費は、約八〇〇から一〇〇〇ライヒスマルクほどになると思いますが、自分たちで出しました。シュモレルは、ビラ活動を行なうために、一五〇から二〇〇ライヒスマルク貸してくれましたが、これから何か月かかけて返済するつもりでした。

兄がビラを印刷する目的で購入した謄写機は、二週間か三週間前に、レオポルト通り三十八番地の画家のアイケマイアーのアトリエに置きました。アイケマイアーは現在建築家としてクラカウ〔クラクフ〕にいて、しばらく前からアトリエをウルム、ズュルリン通り番地不明の画家のヴィルヘルム・ガイアーに貸しています。ガイアーは、このアトリエの鍵を私たちに渡しました。ガイアーがアトリエのなかに展示している何枚かの絵を、私たちの知人や友人に見せることができるように、そうしていたのです。ガイアーは、私たちが謄写機をこのアトリエの地下に置いたことを全く知りませんでした。それに、ガイアーが仕事のためにミュンヘンにいるのは週に数日だけで、それ以外はウルムで仕事をしていました。

最後に、私たちの大家であるシュミット夫人が、国民社会主義を支持しており、私たちのしていることについては、何も知らないことを申し上げておきます。もし、このことをシュミット夫人と娘さんに知らせる必要があるならば、ショックを与えないようにしてくださるようお願いします。とくに、娘さんはおめでたで、出産を間近に控えた身です。ですから、シュミットさんたちの気を高ぶらせるようなことは、何であれ避けたいのです。

読了し、署名
ゾフィー・ショル

作成：
モーア
刑事高等事務官

立会人
［署名なし］
事務職員

IIA／特／モ　　一九四三年二月二十日、ミュンヘン
ゾフィー・ショルの取り調べの続き

問：衛生軍曹ヴィリー・グラーフのことはいつから知っていて、どのような関係にあり、グラーフはどのような形でビラ活動に参加していたのか。この問題については、これまでの取り調べで一度触れているが、この点について、理由はどうあれ、まだ本当のことをすべて語っていないのではないかという疑いが強くもたれる。

答：グラーフ軍曹と初めて会ったのは、兄のハンス・ショルが一九四二年の七月中旬、学生中隊でロシアに出兵した時で、その時にちょっと言葉をかわしたかもしれません。私は、兄を見送りに東駅へ行き、そこで兄にグラーフを紹介されました。その時に、グラーフと話したかどうかは、もう覚えていません。

それからグラーフに再会したのは、一九四二年十一月中旬、グラーフが他の学生中隊の兵士たちとともにロシアから戻り、ミュンヘンに滞在していた頃です。覚えている限りでは、二度目に会ったのは一九四二年十二月初め、コンサートの時だったと思いますが、どこだったかは覚えていません。

私は一九四二年七月末まで、ミュンヘンのマンデル通り一の一、ベルシェ方に住んでいました。私が使っていた部屋は私には狭すぎたので、引っ越しました。引っ越しすることになった理由はそれだけで、他にありません。あるとしたら、兄と同じ住居に住める機会をねらっていたということぐらいです。このことは、はっきり述べておきますが、この時期には、現在の国家に反対するプロパガンダについて、兄と話したことは全くありませんでした。先ほど話したマンデル通り一番地の私の前の下宿先のことに戻りますと、グラーフはロシアから帰ってきたあと部屋をさがしていて、兄が彼に、マンデル通り一番地の私が前に住んでいた部屋のことを話しました。家主はもう貸すつもりはなかったので、その部屋はまだ空いていました。グラーフはこの部屋を借りられることになり、最後までそこに住んでいました。グラーフの妹で学生のアンネリーゼ・グラーフも一月初めから、ベルシェ家に間借りしていました。

ヴィリー・グラーフは一九四二年十二月初めからこれまでに、十回から十二回ほど、フランツ・ヨーゼフ通り十三番地の兄と私のところを訪問しました。すぐ帰ったことも、長くいたこともありますが、たいていはちょっと寄っただけで、四、五回は夕方一時間以上いましたが、長くても二時間半でした。ここではっきりと申し上げておきますが、グラーフは、兄と私にシュモレルが加わって行なったプロパガンダ活動（ビラの起草、作成、配布）には、全く関与していませんでした。兄も私も、他の人にこのことを打ち明けないようにしていました。それは、自分たちの安全のためでもありましたが、それだけではなく、部外者、つまり、友人、知人を巻き込むのを避けるためです。あらためて言っておきますが、ヴィリー・グラーフと妹のアンネリーゼには、私からも、私が知っている限り私の兄からも、私たちが行なっていたプロパガンダ活動についてほのめかしもしませんでした。ただし、私たち（兄と私）は日常の話題や、政治的な状況や戦況についてはグラーフと率直に話し合っていました。グラーフは、戦争には勝ち目がないことや、敗戦によって現在の政治体制は崩壊し自ずから変わるにちがいない、また、変わるであろうということについて、私たちとほぼ同じ意見でした。私たちは、たいていは一般的なことについて話していましたが、時には政治、哲学、神学上の問題について話すこともありました。一度は、キリスト教的な世界観とナチの世界観は相容れるものかどうかという問題について、深く議論したことがあると記憶しています。しばらく議論した結果、キリスト教徒は国家よりも神に対して責任を負っているという意見で一致しました。また、別の機会には、私たち（兄とグラーフと私）の間で、最近の戦争の成り行きの話から、人間は、とりわけキリスト教徒は、神の教えに従わなくてはならないのかどうか、前線では兵士には人を殺すことが求められるが、それは許されるのかという話になり、議論しました。この問題については、次のような結論になりました。キリスト教徒であっても、敵との戦いにおいては人を殺すことが許される。なぜならば、戦闘員は個人として自分のしていることに責任を負うわけではないからだ。戦闘員は、自分たちを率いる権力に属して従う、全体の一部分として行動しているのだから。これに似たような話題について、よくグラーフと話し、だいたい意見が一致していると私には思われました。

ビラが比較的大量に広範囲に行き渡り、南ドイツ各地でほぼ同時に発見されたことから、事情を知らない人には、これはこのプロパガンダを計画的に行う、大がかりな組織の仕業だと思われたに違いありません。ウィーン、ザルツブルク、リンツ、アウクスブルク、シュトゥットガルトなどで、そこの住所に宛てた手紙を、現地の郵便局で発送したのは、送料を節約するためではなく、それらの都市にも組織があって、現在の国家に反対するプロパガンダを行なっているかのように見せるためでした。でも、この方法で、私たちの活動の拠点ミュンヘンから、注意をそらそうという考えは、全くありませんでした。

私は兄とこのことについて一度話をしました、いえ、何度も話題にのぼりました。つまり、ビラが出てきた時に、さまざまな場所で同時に、比較的大量に発見されたら、ゲシュタポは大きな組織が活動していると考えるだろうということについてです。兄と私は、そうやって惑わすことをおもしろがってさえいました。とくに二人で深夜、六〇〇〇部のビラを作った時などはそうでした。私たちが配ったビラはすべて、兄と私の二人だけで二晩で作ったものです。最初のケースは『ドイツ抵抗運動のパンフレット』と題したものと『すべてのドイツ人に呼びかける!』と題したもので、約六〇〇〇部あり、一九四三年一月二十一日から二十二日にかけてか、二十二日から二十三日にかけての夜に作りました。このビラの一部は、文章はすべて同じで、『すべてのドイツ人に呼びかける!』というタイトルだけが抜けています。これは印刷中に原紙の上の部分が破れて、その破れた部分を貼り合わせなくてはならなかったからです。貼り合わせてしまったので、タイトルが印刷物に写らなくなったのです。

このビラを作るのに、少なくとも原紙を三種類使っただろうと言われましたが、その通りです。印刷中に原紙が何度も破れてしまい、貼り合わせなくてはならず、しまいには使えなくなって、新しいのを作らなくてはならなかったからです。

二番目のビラは、全部で三〇〇〇部あまり刷りました。このビラは『女子学友諸君！　男子学友諸君！』と、『ドイツの女子学生よ！　ドイツの男子学生よ！』というタイトルです。このビラも、文章は全く同じですが、タイトルだけ一度変更しました。タイトルを変えたのは、だいたい半分ちょっと印刷したところで、原紙が使い物にならなくなったためです。兄はこれを書き直さなくてはならず、そのついでにタイトルを変えました。この時の印刷も、一九四三年二月四日から五日にかけての夜に、兄と私で行ないました。最初の時は夜八時ごろ始めて、朝の三時か四時に終わりました。二回目の時は、夜九時から深夜一時ごろまで印刷しました。

このことについて、こうして詳しくお話ししているのは、ビラを作るのに必要な作業は、用意した道具を使って、兄と私とだけで問題なくこなすことができたということを証明するためです。それ以外には、大量の封筒を調達し、それに住所を書くのに労力と時間を費やしました。投函物に封をするのだけは、シュモレルがこの前の日曜日（一九四三年二月十四日）に手伝ってくれました。シュモレルは、折り畳んで住所を書いたビラの裏側を茶色のテープでとめてくれました。シュモレル以外の人物はこの作業に加わっていません。とくにグラーフは全く関わっていません。

先ほども申しましたが、グラーフは、状況から私たちがビラを作って配布している張本人かもしれないと知っていたか、感づいていただろうと思います。しかし、このことはあくまでも私の憶測であり、この点について確信していうわけではありません。ただし、私からは、彼に対して私たちの活動について何一つそれらしいことを言ったことも、ほのめかしたこともないのは絶対に確かです。

問：ヴィリー・グラーフの妹アンネリーゼ・グラーフとはどのような関係にあったのか。また、あなた方のプロパガンダ活動に関して、アンネリーゼ・グラーフはどのような立場にあったのか。

答：アンネリーゼ・グラーフに初めて会ったのは一九四二年十二月（月の初めでした）に、私の元の家主であったベルシェさんのところへ、トランクを取りに行った時です。この時、アンネリーゼのお兄さんが、私を彼女に紹介してくれました。ちょっと話をしましたが、アンネリーゼの大学の勉強について聞いただけです。アンネリーゼ・グラーフとは、全部で八回から十回ぐらい接触しました。私たちの話の内容は、文学や音楽かその他の学問のことに限られていて、政治の話をしたことはありません。本当のところは判断しかねますが、グラーフは私が見たところでは全くのノンポリです。アンネリーゼ・グラーフは、私たちのプロパガンダ活動にも、ビラの作成にも、封筒の調達にも、住所を書くのにも、いっさい関わっていないということは、これまで申し上げた通りで、間違いありません。アンネリーゼは気づいてもいなかったと確信しています。

問：アイケマイアーのアトリエの室内と地下室を捜査したところ、「打倒ヒトラー！」というスローガンを書くための型が見つかった。そこには手袋が一組と塗料と刷毛などもあった。この型や道具をどのように手に入れ、何に使ったかは知っているか。

答：その型は今初めて見ました。今までそんなものがあったことは全く知りませんでした。この質問で今思い出したことがあります。三週間ぐらい前に、兄の机の上に、六ミリから八ミリほどの幅のブリキの板があるのを見ました。どこから持ってきたものか、その時は全くわかりませんでした。とくに何とも思わなかったので、兄にそのブリキの板をどこから持ってきたのか聞きませんでした。でも、この型を見ると、あのブリキの板は、この問題の型の文字を切り抜いたものだったのだと思います。その時のブリキの板も、見せられた型と同じような白色のブリキでした。

私たちは、プロパガンダ活動を進めるにつれて、とくに最近はビラで学生たちに訴えることを考えるようになりました。ほとんどの学生は革命的で、感受性が強く、何よりも、何か行動を起こす勇気があるはずだと思ったからです。革命的だと言いましたが、学生の間に現国家に対して革命を起こそうという気運があると言っているのではありません。もちろんそんなことは全くありません。とにかく、このことについて検討した時、大学や大学の周辺にペンキでスローガンを書いたらどうかと私から兄に提案しました。今日の国家に抵抗する勢力がまだ存在していることを知らせるようなスローガンを、です。私は兄に具体的な文言を提案したわけではありません。私の提案に対して、兄は、まずビラを配ってその効果を見極めた上で、その次にすることを考えようと言いました。その時、スローガンを書くなら、まずペンキを調達しなくてはならないが、今はペンキは手に入れにくくなっているから、どちらにしてもなかなか難しいとも言っていました。

一九四三年二月四日木曜午前十時ごろ、フーバー教授の講義を聴講するために大学へ行った時、大学の入口の右側に大きな字で二か所、「自由」と書いてあるのを見ました。また、ルートヴィヒ通りの家々のあちこちの壁に、白い紙が貼ってあるのも見ました。一か所では通行人がそういう紙を破りとったので、型を使って「打倒ヒトラー!」という文字と、上からバツ印をつけた鉤十字が書いてあるのを確認することができました。

講義のあと、家に帰ると、私は兄に見たものについて知らせました。兄は私の報告を聞いても驚かず、興味深いニュースだと言い、その文字はもう消されてしまったのかどうか、学生たちはその文字をどう受け止めていたかと私に聞きました。私は、清掃婦が大勢出て文字を消そうと洗い流していたが、なかなか消せないようだったと言いました。学生の反応については、何人かは文字を見て「恥知らず」と言っていたが、笑っている者もいたと話しました。

この事件の前の晩、兄は夕食時の七時（十九時）頃、あとで出産があるから産婦人科へ行かなくてはならないと言いました。夕食のあと、兄と、その時私たちのところにしばらく滞在していた姉のエリーザベトと私は、バイエルン宮殿へ行ってコンサートを聞きました。コンサートのあと、兄は私たちを家に送ってくれて、三十分ほどしてから、十一時（二十三時）頃に、いつもの服装で出かけて行きました。書類かばんか何か他の入れ物をもっていたかどうかはわかりません。その夜（一九四三年二月三日から四日にかけて）、何時に帰ってきたかもわかりません。その次に兄を見たのは、翌日の午前に起床した時です。その前日に男性の来客があったかどうかはよく覚えていませんが、なかったと思います。

問：あなたの部屋でメモ帳が見つかり、それには多数の住所やその他の記録が書いてあった。これについて言うことは。

答：この手帳の最初のページに書いてある記号や数字は、現金の支出で、自分のものや、ビラの印刷と配布に使った用紙や封筒や切手などを買うのに使った（金）額です。そのなかでも、赤で下線を引いてある数字や記号は、プロパガンダの目的に使った支出です。この支出リストの総額は、三八五ライヒスマルクです。とにかく私の出納表、つまり私がつけた分は全部でこの額でした。ここで申し上げておきますが、今言った金額は、私たちが政治的プロパガンダのために手に入れた金額のほんの一部です。私たちが使ったお金の総額は、鉄道の旅費も入れて、だいたい八〇〇から一〇〇〇ライヒスマルクに上っただろうと思われます。

このメモ帳には、この他に二七二人分のアウクスブルクの住所と、十四人分のミュンヘンの住所が書いてあります。これらの住所は、私が自分でドイツ博物館で閲覧できる住所録（何年版かはわかりません）から書き取ったものです。アウクスブルクの宛先には、十二件ほどを除いて、『ドイツ抵抗運動』のビラを郵送しました。宛名を書く時に、住所がよく読みとれなかった宛先は除外しました。だいたい十二件ぐらいあったと思います。ここにのっているミュンヘンの宛先には、何も送りませんでした。

問：あなたの部屋で、ミュンヘン大学の一九四一／四二年度冬学期の学生名簿が発見された。どうやってこの名簿を手に入れて、どのように使ったのか。

答：この名簿は、兄が先週の日曜（一九四三年二月十四日）に『女子学友諸君！　男子学友諸君！』または『ドイツの男子学生よ！　ドイツの女子学生よ！』というタイトルの郵送用のプロパガンダのビラを作っていた時に持ってきました。兄が以前からこの名簿を持っていたのかどうかは知りません。とにかく、私たちは、この名簿からおよそ一五〇〇人分の学生の住所を無作為に書き写し、そこへ先ほど話したビラを郵送しました。

問：あなた方のビラを受け取った者のなかには、学生中隊のメンバーもいる。彼らの住所もどうやって入手し、誰が書いたのか。

答：私が知っている限りでは、ベルクマン学校に配属されている何人かの学生中隊のメンバーが、私たちのプロパガンダのビラを郵送で受け取りました。住所はこの中隊に所属している兄が書きました。このような手紙が学生中隊のメンバーに何通発送されたのか、私は知りません。前線には、私が知っている限り、ビラの手紙は一通も送られていません。これは確実に言えます。

問：専門家の鑑定では、手紙を書くのに、つまり、宛名書きに二台以上のタイプライターが使われたと考えられる。また、このレミントン・タイプライターをどうやって入手したのか答えていただきたい。
答：繰り返して申しますが、この大量の手紙（三〇〇〇通から四〇〇〇通）の宛名書きには、二台のタイプライターしか使っていません。使ったのはシュミットさんのタイプライター（小型のエリカ）と、シュモレルが入手したものだけです。
シュモレルがレミントン・タイプライターをどこから持ってきたのかについては、すでに申し上げた通りです。一九四三年一月半ばのある日、私はその場にいませんでしたが、シュモレルがそのレミントン・タイプライターを持ってきました。私はシュモレルにタイプライターを手に入れてくれと頼んだことはありませんでしたから、兄が頼んだのだろうと思います。このタイプライターが誰のものかは知りません。たぶん友人か知人から借りたのだと思います。でも確実なことはわかりません。
問：「白バラ」というビラについてはいつ、誰から知ったのか。あなた自身はこの件とも関わっていたのか。
答：去年の夏、六月の中旬に、よく知っている医学生のトラウテ・ラフレンツ嬢（ミュンヘン在住、住所不明）が、大学で講義の休み時間に、私に「白バラ」のビラというタイトルのついたビラを読むようにと手渡しました。覚えている限りでは、このビラには上にⅣというローマ数字が書いてありました。ラフレンツは、私にこれを渡す時に、その日だったか、前日だったかに受け取ったと言っていたように記憶しています。この文書は封書として郵送されてきたということでした。私はこのビラを読んだ時、兄と、確かシュヴァルツヴァルト出身のフーベルト・フルトヴェンクラーという学生（有名な指揮者の甥）が私のわきに立っていて、私の肩ごしにいっしょに読んでいました。私の兄は、この文書と関係があるとは、つまり印刷や配布に関わっていたとは、表情にも、そぶりにも、口にも出しませんでした。私は読みながら回りに立っている人たちに、この「白バラ」というタイトルはどういう意味なんだろうと聞きました。覚えている限りでは、兄がこう答えました。確かフランス革命の時に追放された貴族が、白バラを自分たちの旗印として使ったんだ、と。数日後、また兄とこのビラについて話しました。その時に、私がこのビラの作者は誰なんだろうかと聞くと、兄は、書いた人が誰かは聞かない方がいいんだ、聞いたりするとその人を危険な目にあわせることになるから、と答えました。

他には「白バラ」のビラについては見たことも聞いたこともありません。この文書の作成や印刷や配布とは全く何の関わりもないということを、明言します。一九四二年の七月には、「白バラ」のビラを配布した者はつかまった、つまり、逮捕され、裁判にかけられて処刑されたという噂が学生の間に広まっていました。それを誰から聞いたかはもう忘れましたが。

問：状況から見て、あなた方がビラのプロパガンダを行なうにあたって生じた費用は、第三者からの資金援助によってまかなったと考えられるが。

答：そうではないということは、すでに一度申しました。必要な物資、謄写機、切手の調達、旅費などで生じた経費は、兄と私の二人だけですべてまかないました。ただ、私たちが使えるお金は、生活費、授業料、ビラ作成に必要な物資の調達などのためには足りませんでしたから、いろいろな友人や知人からお金を借りなくてはならなかったということについては、その通りです。それでシュモレルから、一九四二年のクリスマス直前に二〇〇ライヒスマルクを、それから四週間ほど前にも四五ライヒスマルクを借りました。シュモレルには、このお金がビラを作るのに必要なものだとは言いませんでしたが、シュモレルは状況からそうと察していたのではないかと思います。私は一年ほど前にシュモレルと知り合いました。兄は二年ほど前です。それ以前にシュモレルからお金を借りたことは一度もありません。

私は八、九年前に、現在二十六歳のウルム出身フリッツ・ハルトナーゲルと知り合いました。ハルトナーゲルは、空軍の現役士官（大尉）で、スターリングラードの第六軍にいて凍傷にかかり、そのために戦闘終結前に飛行機で搬送されて、今はレームベルクの野戦病院にいます。ハルトナーゲルと私は、一九三七年から恋愛関係にあり、いずれ結婚しようと考えていました。一九四二年五月、ハルトナーゲルは短期休暇中に私に二〇〇ライヒスマルクをくれました。その後、七月にもう一度一〇〇ライヒスマルクをもらいました。この全部で三〇〇ライヒスマルクのお金のうち、四十ライヒスマルクは、ハルトナーゲルのために本を購入するのに使いました。残りの二六〇ライヒスマルクは、私たちがビラ活動を始めてから使いました。

先ほどの証言を訂正して補足したいのですが、兄と私の授業料は父が払っています。

問：ガルミッシュ近郊レルモース出身の医学生クリストフ・プロープストとは、いつから知り合いか。また、プロープストとはどういう関係か。ビラ活動にはどのように関わっているのか。どんな役割か。

答：プロープストは、一九四二年五月のあるコンサートの時に、シュモレルか兄に紹介されました。その後、夏学期が終わるまでに、週二、三回、コンサートや、プロープストのところや、私たちのところでプロープストに会い、話しました。兄がいっしょのこともありましたが、いなかったこともよくあります。プロープストの政治的な考え方は、基本的には兄や私と同じでした。彼も、この戦争には勝てないだろうという意見でした。現体制に関する発言は、私たちの前では控えていました。たぶん、自分の大勢の家族のことを配慮したためでしょう。彼の妻は三人目の子どもを出産したばかりで、今もまだ産褥熱でふせっています。ビラの起草、印刷、配布には、私が知っている限り彼は全く関わっていません。

プロープストが新しいビラの原稿を書いているじゃないかとおっしゃるならば、それについては今まで全く知らなかったと、事実をそのまま申し上げるしかありません。

プロープストとその妻は私の親しい友人です。去年は四回ほど週末にプロープストの妻のところを訪問しました。プロープストは、私が見たところでは、人格的にも知的にも、平均以上にしっかりした、才能のある人物で、シュモレルよりも責任感が強いと思います。プロープストの妻は、家庭に身を捧げていて、子供たちの世話を献身的にしています。この女性は全くのノンポリだと思います。

問：よく知っている人物や親しい人の名前を順番にあげなさい。

答：すでにお話した友人や知人の他には、次の人たちを付け加えます。

ムート、カール、教授、ミュンヘン・ゾルン、ディットラー通り十番地在住、一年前にオットー・アイヒャーを通して知り合い、たまに様子を見に訪問する。敬虔な人で、政治に関することを話したことは今までない。七十七歳で体が非常に弱っている。

アイヒャー、オットー、国防軍属、現在病気のために傷病休暇中、所属部隊不明。アイヒャーはウルム出身で、両親がグロッケンガッセ十番地に住んでいる。姉インゲの恋人。実科学校の八年生を卒業したが、ヒトラー・ユーゲントに入っていなかったので、アビトゥーアは取得しなかった。アイヒャーは敬虔で、ナチ思想に傾倒していないが、全く違うこと（哲学や芸術）に関心があるので、政治的ではない。

ライフ、エリカ、ウルム、ヴァインシュタイゲ八番地。アビトゥーアを取り、一九四二年十二月からミュンヘン大学医学部の七学期目か八学期目に在学。一度コンサートで会ったが、それ以外にはつきあいはない。政治的にはナチに賛同している。

レムピス、リーザ、シュトゥットガルト近郊のレオンベルク、アドルフ・ヒトラー通り十六番地。幼なじみ、十九歳。シュトゥットガルトのフレーベル養成所の学生。よく手紙を交換しているが、個人的な内容。本人はノンポリ、婚約者は元士官（傷痍軍人）、現国家を肯定的に見ている。

その他の友人関係はありません。

問：取り調べの間に、マフラーを見せ、これはあなたのものか、あなたの兄のものか、それとも誰のものだか知っているかと尋ねたが。

答：このマフラーは、兄のものでも私のものでもなく、誰のものかも知りません。全く正直に申し上げて、この問題にこれ以上お答えできることはありません。

このマフラーにビラが包まれていて、私たちの逮捕の直後に大学の建物のなかで発見されたということでしたら、どうしてそういうことになったのか私には全く説明できません。

問：『ナチの十年』というタイトルのビラについて、知っていることは。

答：そういうタイトルのビラは、今まで全く知りませんでした。そのビラのオリジナルを見せられましたが、それを作ったのは兄でも私でもないことは確実です。誰が作ったかとか、配布したかについて、言えることは何もありません。

問：シュモレルはザルツブルク、リンツ、ウィーンにプロパガンダの郵便物を持って行ったが、それはいつで、いつ帰ってきたのか。また宿泊した場合、どこか。

答：シュモレルは、一九四三年一月二十六日（火曜）午前六時に、急行でミュンヘンからザルツブルク、リンツ、ウィーンへ行き、一九四三年一月二十八日午前四時に、ミュンヘンに戻ってきました。これらの町のどこかで宿泊したかどうかは知りませんが、していないだろうと思います。シュモレルはお金をほんの少ししか持っていなかったので、たぶん泊まりたくても泊まれなかったでしょう。
問：使用した謄写機はいくらだったかとすでに質問し、あなたは二〇〇ライヒスマルクと答えている。これは正しいか。
答：謄写機は兄が買ったので、私はいくらだったか正確には知りませんが、二〇〇ライヒスマルクぐらいだったと思います。もうすこし高かったかもしれません。
問：この詳細な取り調べの最後にあたり、質問する。あなたは、この件の解明に役立つことや、まだわかっていないことについて、自分から何か言おうと思っていることはあるか。
答：その質問にお答えして、補足します。一九四三年二月五日か六日、二月四日に大学で「自由」という文字を見たあと、二人だけの時に兄にこのように問いただしました。「あれはお兄さんが書いたのね。」私はあの「自由」という言葉のことを言ったのです。兄は私の質問に笑いながらそうだと答えました。私の質問に兄がただうなずいただけだったか、「うん」と言ったかはもう覚えていません。このことに関して、私は兄に、今度同じようなペンキ塗りの活動をする時は、私を連れて行った方がいいと言いました。想定外のことが起こった時の用心にです。そして、もし予想外のことが起こったら、腕を組んで立ち去ってしまえば、目立たないだろうからと言いました。私の提案に兄はなるほどと思ったようですが、そうしようとは言いませんでした。兄は、そういう活動は女の子には向かないという意見だったからです。
　また、もう一つの点でも本当のことをお話ししていませんので、尋問の最後に訂正したいと思います。私のところで見つかったメモ帳の一ページ目に書かれた金額は、すべて政治的プロパガンダ（ビラの作成）のために使いました。左のページの上にEという文字がありますが、それは収入で、右のページのAという文字は、支出のことです。収入総額は一一〇三ライヒスマルク五〇ペニヒで、支出総額は六九〇ライヒスマルク五〇ペニヒです。ここで強調しておきますが、私は全部の支出を記録したわけではありません。それに、収入欄には、いくつかの額を二重に書いていると思います。一つ一つの記入が、まとまった額として記入されたり、二重に記載されたりしたかもしれません。ここに書いてある他にはお金はなかったし、うちには四〇ライヒスマルクほどが残っているだけで、あとは使ってしまいましたから、収入と支出とは、ほぼ同額になるはずです。

最後に言っておきたいのですが、捜査の対象となったことについて、私が知っていることをすべて話しました。知っていることで言わなかったことはありませんし、真実ではないことを付け足しもしませんでした。もしこの件と関係のあることや、十分解明されなかったこと、話せなかったことなどをあとで思いついたら、自主的にまた尋問を申し出ます。

最終尋問：丸二日にわたる尋問全般において、触れる程度ではあったが、いろいろな政治的、世界観的な問題についても話が及んだ。この話し合いを通して、あなたが兄やその他の人物とともにとった振る舞いや、犯した行為について、特に現下の戦争期においては、共同体に対する犯罪だという見解に到達したのではないのか。とりわけ東部戦線の我が軍が苦戦し、奮闘しているこの状況では、きわめて厳しく断罪されるのが当然の罪であると。
答：私の立場からはその質問には否と答えざるをえません。私は、国民のために今自分にできる最善のことをしたと思っていますし、その考えは変わりません。ですから、私は自分がしたことを後悔していませんし、自分の行動から生じた結果を受け入れるつもりです。」

口述筆記されたが、もう一度読んで確認することは放棄した

作成：

ゾフィー・ショル

モーア

刑事高等事務官

立会人

〔判読不能な署名〕

事務職員

出典：*Bundesarchiv Berlin, ZC 13267 Bd. 3.*

ハンス・ショルの取り調べ

ハンス・ショルが一九四三年二月十八日午前十一時頃、大学で妹のゾフィー・ショルとともに拘束されてから間もなく、ミュンヘン国家警察署で最初の取り調べが行なわれた。

4．住居または最後の滞在場所	ミュンヘン 行政管区 ミュンヘン 州 バイエルン フランツ＝ヨーゼフ 通り 広場 13 番地 電話 シュミット博士方
5．国籍 帝国市民？	ドイツ帝国
6．a）宗教（過去のものも） 1）宗教団体または世界観団体の所属 2）信教がある 3）無神論者 b）1．父母 2．祖父母 ドイツ血統か	a）プロテスタント 1）はい－どの団体か いいえ 2）はい－いいえ 3）はい－いいえ b）1．はい 2．はい
7．a）配偶関係 （独身－既婚－死別－離婚－別居） b）配偶者の氏名 （女性の場合、旧姓も） c）配偶者の住所 （住居が別な場合） d）配偶者の父母－祖父母－はドイツ血統か	a）独身 b） c） d）
8．子供	嫡出子：a）数：－ b）年齢 歳 庶　子：a）数：－ b）年齢 歳
9．a）父の姓名 職業、住所 b）母の姓名 職業、住所 （父母が死亡している場合も）	a）ロベルト・ショル 税理士、ウルム、ミュンスター広場 33 b）マクダレーナ・ショル、旧姓ミュラー ウルム、ミュンスタープラッツ 33
10．後見人または保護者の 氏名 職業、住所	－

国家秘密警察

国家警察本部ミュンヘン

指紋採取済み *)
指紋採取不要 *)
身元－未－確認 *)
日付……
名前……
役職……
所属……

（取調官の所属）　ミュンヘン，　1943年２月18日
出頭命令により－連行され *)－出頭

ハンス・フリッツ・ショル

真実を述べるよう警告され、以下に述べる

Ｉ．身元

１．a）氏、その他の姓（女性の場合、旧姓、前夫の姓など） b）名（呼び名に下線）	a）ショル b）ハンス　フリッツ
２．a）職業 職業については以下を記載のこと ―営業主、手工業親方、経営者、あるいは店員、職人、徒弟、工場労働者、手工業見習い、店員など ―既婚女性の場合、夫の職業 ―未就業の未成年の場合、親の職業 ―官僚および国家公務員の場合、所属部署の詳細な所在 ―大学生の場合、大学の所在と専攻科目 ―学位（工学ディプローム、博士など）所持者の場合、いつどの大学で授与されたか b）収入状況 c）失業？	a）ミュンヘン大学医学生 b） c）はい、……から いいえ
３．生年月日	1918年９月22日、インガースハイム にて 行政管区 クライルスハイム 州裁判所管区 シュトゥットガルト 州 ヴュルテンベルク

*）該当しないものは線を引いて消す

15. 帝国勤労奉仕 いつ、どこで徴用されたか。 決定 勤労奉仕所属	 1937年３月 から 1937年９月 まで 部署 3/265 場所 ゲッピンゲン
16. 国防軍徴兵関係 a）どの部隊に徴兵検査されたか、または志願兵として採用されたか b）兵役不適合として不合格になったか。いつ、どのような理由で。 c）兵役に服した 部隊 場所 除隊とその理由	a）騎兵隊にて、1937年11月1日、カンシュタット騎兵第18部隊に志願し入隊 b）いいえ ./. c）1937年11月 ~~1940年5月4日~~ から 1937年３月 ~~現在~~ まで 最後は野戦郵便隊33194 現在、軍曹、戦時衛生士官候補生
17. 勲章および功労賞 （個別に列記）	西方防塁章
18. 前科 （被告を簡単に記載。この記載事項にはできる限り公文書を添付）	自称前科なし

II．本件について

注：
ショルは1943年２月18日11時頃に、ミュンヘン大学で
『女子学友諸君！　男子学友諸君！』
というビラを撒いた容疑で身柄を拘束され、ミュンヘン国家警察本部内の留置場に収監された。

[自筆署名]
親衛隊大尉、警部

11. a）パスポートの発行	a）ウルム警察署 より、1936年8月4日 番号 723
b）自動車－自動二輪車－の運転許可証の発行	b）機動野戦病院615 より、1940年8月15日 番号 表1940／30
c）巡回営業許可証の発行	c）－ より、 番号
d）営業法第44条 a 項による資格認定書の発行	d）－ より、 番号
e）狩猟免許証の発行	e）－ より、 番号
f）船員または水先案内人免許の発行	f）－ より、 番号
g）配給証(非軍事役務通達証)の発行 年金通知？ 支給年金局？	g）－ より、 番号 －
h）その他の証明書	h）ドイツ・山岳協会会員証、ミュンヘン支部 20045 番
12. a）参審員または陪審員として現在または次期任期に選出または抽選されているか。どの委員会か。（裁判所構成法第40条）	a）－
b）商取引法判事、労働法判事、社会的名誉判事の資格所持者か。	b）いいえ
c）後見または保護をしているか。 対象者は。 どの後見裁判所によるか。	c）いいえ ./.
13. 帝国文化議会に属す議院に所属するか。（正確な名称）	
14. 党員資格 a）国民社会主義ドイツ労働者党	a）国民社会主義ドイツ労働者党員ではない から 最後に所属した地方支部
b）所属組織	b）1933年3月から1937年3月まで少年団員、から1935年ないし1936年から少年団中隊長。 最後に所属した隊 現在はナチ党組織には所属していない またはそれに類するもの

最初に、身元と家族、家計・収入、大学、戦争動員、軍の兵隊仲間や友人関係について質問され、記録された。ハンス・ショルはビラを作り、大学に置いたり、配布したことを否定し、置いてあるビラを偶然目にしたのだと述べた。身柄を拘束された際に所持してるところを発見され、素早く破った、クリストフ・プロープストの書いた「スターリングラード！　二十万のドイツ人の兄弟たちが、犠牲にされた」という原稿については、朝、家を出る時に郵便受けに入っていたと述べた。この間にゲシュタポが行なった家宅捜索の結果と、妹のゾフィーの供述を突きつけられて初めて、ショルはその後の尋問で自らの抵抗運動について告白した。

［……］

私の机の中から見つかった手紙などや、一四〇枚の八ペニヒ切手の入った封筒を見せられたことと、真実を話すようにとたびたび強く警告されたことから、これから真実をすべて話すことにします。私がこれまで述べたことは、部分的にしか本当のことではなく、これから私の活動について全体像を説明します。具体的には次のことを証言します。

「明言しておきますが、ギゼラ・シェルトリンク嬢はこれらすべてのことがらに全く関わっていません。東部戦線での敗北後の軍事的な状況や、イギリスとアメリカの軍事力が途方もない勢いで強化されたことから、我が国が勝利をもって終戦を迎えることができるとは思えなくなり、苦しみ抜いていろいろと考えた末、ヨーロッパの理想を持ち続けることができる道は、一つしかないと考えるにいたりました。それはつまり、戦争を早く終わらせることです。他方、われわれの占領下におかれた地域や民族への仕打ちは、私には堪えがたい残忍なものでした。このような支配方法によって、ヨーロッパの平和的な再建が可能であるとは思えませんでした。こうした考えから、私のなかにこの国家に対する猜疑心が芽生えました。そして私は国家の市民として、自分の国家の運命に無関心でいたくないと思い、自分の信念を頭のなかで思いめぐらせているだけでなく、行動に表わそうと決意しました。それで私はビラを書き、印刷することを思い立ったのです。

最初のビラは『すべてのドイツ人に呼びかける！』というタイトルのもので、二番目のビラは学生に呼びかけたものです。文章は私が書きました。文章は家の自分の部屋で一人で起草しました。下書きは手書きで、あとで処分しました。まず、アレクサンダー・シュモレルが調達してきたタイプライターを借りました。シュモレルがこのタイプライターを誰から借りたかは知りません。レミントン携帯タイプライターで、印字の部分を下げることができるタイプのものです。原紙はディーナー通りの文房具店カウト＆ブリンガーで買いました。確か十枚入りのを一箱丸ごと買いました。ゼントリンガー通りのバイエルレ社で謄写機を買いました。メーカーはわかりませんが、二四〇ライヒスマルクでした。この謄写機は、現在、私の友人の

アイケマイアー、マンフレート

のミュンヘン、レオポルト通り三十八番地にあるアトリエの建物の地下にあります。アイケマイアーは、一九四二年のクリスマス以降、総督府の建築家としてクラカウにいます。現在の住居の持ち主は、ウルム出身の画家

ヴィルヘルム・ガイアー

で、目下、ミュンヘンのマイアー社でステンドグラスを作っています。ガイアーはこのことについて全く知りません。ガイアーは毎週日曜から火曜まで自宅に戻り、その間、私に部屋と地下室の鍵を預けて行きます。謄写機は、五日ほど前にこの地下室に運びました。そこへ行けばあの機械は簡単に見つかります。複写作業は自分の部屋で一人でしました。複写に必要なものは全部、用紙も自分で調達しましたが、封筒だけは他の人に買ってきて

もらいました。妹のゾフィー、それからギゼラ、アレクサンダー・シュモレル、そしてヴィリー・グラーフが封筒を買ってきてくれました。印刷に必要なものは、使っている間だけ、部屋に置いておきました。他の部屋に分けて置いたりはしませんでした。印刷用紙は、いろいろな店で少しずつ購入しました。紙を買う時は、いつも何ら問題なく手に入りましたが、それは私がたいてい軍服を着ていたからかもしれません。たとえば、カウト&ブリンガーではまとめて二〇〇〇枚、バイエルレでは三〇〇〇枚ほど、オデオン広場のヘラーの向かいの店では一〇〇〇枚買いました。『すべてのドイツ人に呼びかける!』のビラは約五〇〇〇部作りました。『学友諸君』は二〇〇〇部です。今ちょっとはっきりと思い出せないのですが、一九四三年一月末のある晩、ミュンヘン中心部で『すべてのドイツ人に呼びかける!』のビラを五〇〇〇部配布しました。この時も誰にも手伝ってもらっていません。ビラは今日私が持っていたトランクや書類かばんに入れていました。ビラはシュヴァービングから置き始めました。通りの名前は言えませんが、二十三時ちょっと過ぎからです。シェリング通りとテレージエン通りへ回り道をして、マキシミリアン広場へ向かい、それからリッター・フォン・エップ広場、カウフィンガー通り、シュタフス、駅、それからカウフィンガー通りに戻り、マリーエン広場、ゼントリンガートア広場のあたり、ゼントリンガートア広場の脇道、そして、カナール通りまでずっと行って、またルートヴィヒ通り、カウルバッハ通りと、徐々にシュヴァービングに戻りました。妹は、この夜のビラ撒きのことは全く知りませんでした。私は、妹には産婦人科で夜勤があるふりをしていたからです。この時のビラの印刷と配布は、すべて私一人でしました。それが一番安全だと思われたからです。

二月十日ごろに、東部での我が軍の敗北が知らされ、その後、学生の間では雰囲気が非常に悪くなっていました。その時、この状況に何かしなくてはと思い、新しいビラを発行しようと考えました。私は『女子学生諸君!

男子学生諸君！』というタイトルの下書きを作り、二〇〇枚ほど印刷しました。これも部屋にあった同じ謄写機で作りました。妹はその週、旅行に出ていましたから、妹が知らないうちに仕上げることができました。

この最初の『女子学生諸君！　男子学生諸君！』というビラを二〇〇部印刷した時、原紙がちぎれてしまいました。私はビラの作成を続けるために、テキストを全部もう一度書き直すことにしました。タイトルに『女子学友諸君！　男子学友諸君！』を選んだ他は変えていません。この新しいテキストで二〇〇〇部印刷しました。この作業が終わってから、約八〇〇部のビラ（白い紙も、違う色の紙もありました）を封筒に入れ、一九四一／四二年冬学期の学生名簿から住所と宛名を書きました。それから、レオポルト通りのミュンヘン第二十三郵便局に行き、そこで八ペニヒ切手をまとめて一二〇〇枚買いました。党のバッジをつけ、口ひげを生やした郵便局員が売ってくれました。この切手を住所を書いたビラ入りの封書に貼り、郵便局に運びました。この封書はヴェトリネーア通りの郵便局、中央郵便局、カウフィンガー通りの郵便局、中央駅の電報局で投函しました。郵便を分けて投函したのは、一つの郵便局で出して目立ったり、郵送されないようなことにならないようにです。私がこのビラを作ったり発送したりした時に誰の助けも借りなかったということは、どんなことがあっても間違いありません。私はこの時も第三者に打ち明けないのが一番安全だと考えていました。二枚の原紙は、印刷が終わってから燃やしました。

発送を終えて、私の計画が成功しなかったことを確信してから（私は自分にも送りましたし、〔届いていれば〕少なくともシュモレルとグラーフから何か連絡が来たはずです）、残ったビラを学生の間に、つまり大学で自分で配ろうと考えました。一九四三年二月十四日の日曜に妹がミュンヘンに帰ってくると、私は妹に私が作ったビラを見せ、その内容に妹が共感していることがわかりました。それから、残りのビラを、一九四三年二月十八日の木曜まで、私の机の上に置いたままにしていました。この日の朝、大学でビラを配ることについて話し合い、トランクと書類かばんにビラを入れて、それを持って十時半頃にいっしょに大学へ行きました。大学に着くと、私は妹を下の入口で待たせておこうとしましたが、結局妹といっしょに大学の建物に入り、持ってきたビラを配った方が効率的だと考えました。私たちは右の通路を通り、階段を登って、二〇一講義室の前に八〇から一〇〇部ばら撒きました。それから通路をぐるっと回り、その時に、見られていないことを確認してから、同じくらいの量をばら撒きました。それから、アマーリエン通りの方の出口に向かいました。出口のドアの近くの階段に、かなりの量のビラを置きました。私は妹といっしょにそこから引き返して、また二階へ行き、ビラの束をあちこちに置きました。それからそこを離れて三階に行き（左側）、手すり越しに残りのビラをホールに投げ落としました。

落とすか落とさないかのうちに、用務員が三階に私たちを追ってきそうなのを見ました。実際、用務員が私たちの方に来て、逮捕すると言い、たった今ホールにビラを投げ落としただろうと頭ごなしに言った時、私と妹は、投げ落とした地点から数メートルしか離れていませんでした。

今朝、逮捕された時に私がちぎった紙切れは、インスブルック在住、空軍学生中隊所属の

クリストフ・プロープスト

が書いたものです。プロープストは数年来の友人です。ある時、私はプロープストに、最近の出来事について、考えていることを文章にして、私に見せてくれと提案しました。それは一九四三年の新年早々、プロープストがミュンヘンへ私を訪ねてきた際、このことについて私の部屋で話した時のことです。シュモレルと私とプロープストは長年の友人です。シュモレルはこの最後の会合にはいませんでした。彼はこのことについて何も知りませ

ん。プロープストは政治的なことでは私の影響を受けており、その影響がなかったら、このような決断にはいたらなかったに違いありません。私がこのことを自白するのを今まで延ばしたのは、プロープストの妻が現在、三人目の子どもの出産後、産褥熱でふせっているからです。このことは最後に会った時、プロープスト本人から聞きました。訂正しますが、プロープストに自分の考えを文章にして見せてくれと依頼したのはもっと前のことで、私が今日ちぎった紙切れは、最後に会った時（一九四三年一月初め）に彼から私に渡されたものです。このことははっきりさせておきますが、私はプロープストが書いた文章をビラの作成に使うとは彼には一言も言いませんでした。そのことについては彼とは話していません。ですから、プロープストは私がやっていたことについて、全く何も知らなかったはずです。プロープストは私より一歳若く、一九四二年まではミュンヘンで医学を学んでいました。ミュンヘンではカイザー広場二番地カミンスキー方に住んでいました。

もう一度言明しますが、問題のビラの作成や配布には誰の助けも借りませんでした。妹のゾフィーの供述を突きつけられた今も、妹は、一九四三年二月十八日、私が大学にビラを撒く様子を見ていただけだという主張に違いはありません。プロープスト以外の他の人々は、私の意見ではみな無実です。封筒を調達した人々は、その目的を知りませんでした。

また、私はビラをミュンヘンだけではなく、帝国内の他の都市にも配布したことを供述します。一九四三年一月末には、『ドイツ抵抗運動のビラ』約一五〇〇部に、事前に一通一通住所を書いておき、それを持ってミュンヘンからザルツブルクに行き、ザルツブルクの駅の郵便局で一〇〇から一五〇通をビラの入った封書で送りました。住所はミュンヘンのドイツ博物館で市外住所録から書き取りました。その時は無作為に選びました。このザルツブルク行きについて私が述べたことは、真実ではありません。虚偽の証言をしたのは、友人のシュモレルと妹のゾフィー・ショルをかばうためです。彼らがビラの配布に加わっていたことを突きつけられた今、本当のことを述べます。住所を書いたのは、私の他にはシュモレルです。ドイツ博物館で市外の住所を書き写す時は、シュモレルと妹が手伝ってくれました。シュモレルは、私の依頼で、一九四三年一月に『ドイツ抵抗運動のビラ』を一五〇〇部ほど持って、ザルツブルク、リンツ、ウィーンへ行き、各都市の駅付近で投函しました。リンツでは一〇〇人ほど、ザルツブルクでは一〇〇人から一五〇人ほど、ウィーンでは一〇〇〇人ほどに宛てていました。残りの二五〇通ほどの手紙は、すでにミュンヘンでフランクフルト・アム・マイン向けに準備して、シュモレルがウィーンで郵便局に出しました。ウィーンへの旅費も、送料、用紙、印刷機などに使った金も、みんなで出し合いました。質問に答えて断言しますが、他の人は資金提供はしていません。シュモレルがウィーンから帰ってきてからだったと思いますが、ミュンヘンで住所を書き、切手も貼った一〇〇〇部のビラを、妹のゾフィー・ショルが私に頼まれてアウクスブルクとシュトゥットガルトに持って行きました。アウクスブルクへは約二〇〇通、シュトゥットガルトへは約八〇〇通用意して、妹はそれらをこれらの都市で郵送しました。

私がビラを印刷し、配布しようと決意した時、そのような行動が、現在の国家に敵対する行為であることを自覚していました。私は、内面からわきおこるやむにやまれぬ気持ちでこうしなくてはならないと確信し、その内面的な責務は、兵士として宣誓した忠誠の誓いよりも重要なものだと考えていました。それによって、どのようなことを自分が被らなくてはならないかはわかっており、このことで自分の命を失うことも覚悟していました。」

読了し、署名
ハンス・ショル

作成：
アントン・マーラー

立会人
シュマウス
刑事事務官

一九四三年二月二十日、ミュンヘン

ⅡA／特／シュマ

取り調べの続き

留置場から連行されたハンス・ショルは、真実を述べるよう警告され、次のような証言をした。

「妹のゾフィー・ショル、ギゼラ・シェルトリンク、アレクサンダー・シュモレル、ヴィリー・グラーフをはじめとしたここにあげられた人々が、私が行なった犯罪行為にどの程度関わっていたのかという本日の質問に対して、以下のように答えます。

妹は封筒と便せんを調達してくれましたが、私がそれを使って何をするつもりだったかは知りませんでした。ビラに使った印刷用紙は私がいろいろな店で買いました。妹が買った紙はそれには使えませんでした。

ギゼラ・シェルトリンクに関しても同じで、一九四三年二月に封筒を十枚ほど調達してくれました。その封筒を反国家的なビラの送付に使うことは、私はシェルトリンクに一言も言いませんでした。このことについて、誰にも何も言わなかった理由は、最初の取り調べで述べました。シェルトリンクに封筒を買ってきてくれと頼んだ

刑事事務官

ことは否定しませんが、目的が何であるかは言いませんでした。ですから、シェルトリンクは私がその封筒を個人的な目的に使うものと思ったはずです。シェルトリンクとは親しくなって数週間しかたっていませんでしたから、私の計画を打ち明けるわけには行きませんでした。シェルトリンクは全く無実です。

ヴィリー・グラーフの協力についても、彼は私の犯行に関係していないと証言します。私は一九四二年十二月末か一九四三年一月、彼に封筒と紙を買ってきてくれるように頼みましたが、私の意図には全く言及しませんでした。すでに述べたように、危険を避けるために一人で行動しようと思っていたからです。グラーフは一九四三年一月、頼んであった封筒を五十枚ほど買ってくれました。彼が便せんもくれたかどうかはよく覚えていません。最近は、封筒はそれと同じ量の便せんといっしょでないと買えないと聞きましたから、グラーフも封筒と便せんをいっしょに買ったのだろうと思います。金は私が彼に全額払いました。グラーフは全く無実です。私は、自分一人で何もかもするつもりだったので、彼にも私がしていることについて何も言いませんでしたから。

最近、兄といっしょに私の部屋に何度か来たアンネリーゼ・グラーフについても同様です。要するに、この二人に関しては、無実だと証言します。

アレクサンダー・シュモレルについては、事情が違います。シュモレルは長年にわたる友人です。しかし、彼に私の計画を打ち明けたのは一九四三年一月末になってからです。はじめ、私は彼に金を貸してくれないかと頼みました。その時は、何のために必要なのかは言いませんでした。シュモレルは一九四三年一月末と二月前半に三回に分けて、全部で約五〇〇ライヒスマルクを貸してくれました。それについて領収書は書きませんでした。シュモレルに私のビラの作成を手伝ってもらうことは避けていました。

一九四三年一月末、私はシュモレルに私がビラを印刷したこと、そしてそのビラを帝国内のいくつかの都市で郵送したいということを話しました。そしてシュモレルに私のビラの内容をにおわせましたが、読ませはしませんでした。彼には、このことは自分だけの秘密にしておきたいのだと言いました。シュモレルはそれで納得しました。私たちはいっしょにドイツ博物館へ行き、そこでザルツブルク、リンツ、ウィーン、フランクフルト、アウクスブルク、シュトゥットガルトなどのミュンヘン以外の都市の住所を書き取りました。それから、これらの住所を封筒に書きました。これはすべて私の部屋で二人だけで行ないました。この作業を終えてから（一五〇〇通から二〇〇〇通）、シュモレルは、自分の費用でザルツブルクを経由してウィーンへ行き、途中の町とウィーンで、郵送できるように準備してあったビラ入りの封筒を郵便局に出しました。シュモレルはそれらをトランクに入れて運びました。

確かその一日あとに、妹のゾフィー・ショルが準備してあったビラを約二〇〇〇通持って、アウクスブルク経由でシュトゥットガルトへ行き、郵便局に出しました」

署名

ハンス・ショル

作成：

シュマウス

刑事事務官

一九四三年二月二十日の尋問では冒頭、ハンス・ショルはカール・ムート教授、ならびにクルト・フーバー教授の「白バラ」への関与や支援はなかったと述べた。そして、ショルとアレクサンダー・シュモレルが一九四三年二月三日、八日、十五日の夜間に、ミュンヘンの通りのあちこちの建物の壁に書いた反ヒトラー、反ナチのス

ローガンと、ビラの作成についてさらに証言した。

［……］

一九四三年一月二十八日から二十九日にかけての夜に、ミュンヘンで私とシュモレルが行なった最初のビラ撒き活動のあと、このビラには大した効果がなかったことがわかりました。どこからも反響が得られなかったのです。私はその時、プロパガンダの方法は他にどんなものがあるだろうかと考えました。それで、建物の壁にスローガンを書くことを思いついたのです。一九四三年二月初旬、私はシュモレルに、これからはスローガンを書いてプロパガンダ活動をしようと話し、彼に型を作るように頼みました。「打倒ヒトラー」という標語と、鉤十字を上からバツで消した形の型です。型はシュモレルが自分の部屋で作りました。私はその場にいませんでした。彼が私にそう言ったので知っているのです。また、シュモレルは塗料と刷毛を調達しました。彼がそれをどこの店で買ったかは知りません。そのことは聞きませんでした。問題の型は、職人が作ったものではないかと考えられているとしたら、それは間違いです。シュモレルは手先が非常に器用で、あの型は彼が自分で作ったものに間違いありません。はじめは似たような文句を書くための他の型を作るつもりはありませんでした。一九四三年二月三日の夜、シュモレルと私はあらかじめ約束した通り私の家で落ち会いました。その時、シュモレルは型と塗料と刷毛を持ってきました。夜中の十二時過ぎに、私たちは道具を持って家を出ました。ここがいいと思ったあらゆる場所に、型で標語を書くつもりでした。この夜は黒いタール塗料を使いました。どの道を通ったかは覚えていません。私たちはどの建物、どの場所に標語を書くかはっきり決めていませんでした。私たちはそのつど壁の表面を触ってみて、文字を書くのに適しているかどうか確かめました。スローガンを大学の建物に書くことも、初めから計画していたことではありません。帰り道になってからそのことを思いつきました。もう活動は終了したと思っていた時になってからです。そのあと、大学にたくさんの標語を書きました。私が先ほど述べた建物には、シュモレルと私がスローガンを書きましたが、「褐色の家」にも落書きをしたというのは誤りです。その家はナチ党最高指令部の建物で、通りの名前は覚えていませんが、私たちはカウフィンガー通りから左に曲がりました。「党最高指令部」の看板を見て、私たちはその看板にスローガンを書きました。全部で何回くらいこのスローガンを書いたかは覚えていません。翌日、ルートヴィヒ通りからタン通りへの曲り角に設けられた通行禁止のポールに、まだ文字があるのが見えました。ルートヴィヒ通りでも、書かれた標語の上から紙が貼られているのを見ました。標語を書くのには、〇時三十分から三時三十分までかかりました。この夜は月の出が三時三十分で、はじめのうちは雨が降っていました。この夜はとくに明るかったかどうかはわかりません。シュモレルはこの活動のあと私のところに泊りました。妹のゾフィー・ショルがこの活動に全く気づいていなかったことは確かです。私たちが部屋を出る時、妹はもう眠っていました。妹には私たちはマイ通りの産婦人科に出産の助手をしに行くと言ってありました。活動の間、私とシュモレルは平服でした。妹が型も、塗料も、刷毛も見ていないのは間違いありません。シュモレルはそれらのものを包んで持ってきたからです。この夜、私は大学の入口の左右に同じ黒いタール塗料で、型を使わず、「自由」と大きな文字で四回書きました。シュモレルは私のそばに立っていましたが、手助けはしませんでした。シュモレルと私が標語を書いている時、見張りを立てませんでした。全く必要ないと思っていたからです。あらかじめ述べておきますが、私は黒いタール塗料と緑色のラッカー塗料しか使っていません。白いチョークとか、他の色のものは使いませんでした。また使った文言も「自由」と「打倒ヒトラー」だけです。他の落書きがミュンヘンで最近見つかったとしても、それはシュモレルや私が書いたものではありません。そうであれば、今となっては、私は自分がやったと認めるでしょう。

一九四三年二月八日、私はシュモレルとともに二十三時三十分に家を出ました。私たちは、大学に新たな標語を書くつもりでした。私たちは緑色のラッカー塗料を使って、大学に何か所も文字を書きつけました。すでに使った型をここでも使いました。また、「自由」という言葉を壁と外の階段に五回書きました。この時も型は使いませんでした。シュモレルは書いている私を見ていました。この夜には他の場所では全く書いていません。妹のゾフィー・ショルは、この活動についても全く知りませんでした。このことについて、妹には打ち明けていなかったからです。私は妹を巻き込みたくなかったのです。先ほど見せられた「打倒ヒトラー」などと書かれた紙は試し書きで、一九四三年二月三日から四日にかけての夜にルートヴィヒ通りで書いたものです。一九四三年二月三日から四日にかけての夜に、ドレストナー銀行の建物に赤で書かれた「打倒ヒトラー」標語は、シュモレルと私が書いたものではありません。一九四三年二月八日に、ヘルツォーク・スピタール通りの邸宅で発見された「打倒ヒトラー」の標語は、シュモレルと私が書いたものですが、一九四三年二月三日から四日にかけての夜には、もう書かれていたことは確実です。私たちはその夜にはヘルツォーク・スピタール通りにいましたが、一九四三年二月七日から八日にかけての夜にはいなかったことをはっきりと覚えています。一九四三年二月七日から八日にかけての夜は月明かりでとても明るく、向かいの建物のところに歩哨が立っていれば、間違いなく私たちを目撃したことでしょう。

一九四三年二月十五日から十六日にかけての夜には、最後に残ったビラを電報局の郵送窓口に投函してから、その帰り道に、「打倒ヒトラー」の型を使っていくつか標語を書きました。黒いタール塗料を使いました。この塗料は最初の活動の時に使ったものと同じものです。この時は私が述べた通りや建物に（一九四三年二月十六日の記述参照）に書きました。フーゲンドゥーベル書店のところでは、二つのショーウィンドウの間に、型を使わないで「打倒ヒトラー」と「大量殺人者ヒトラー」という言葉を書きました。シュモレルは最初の言葉を、私は二番目の言葉を書きました。この夜も非常に明るい夜でした。この時も見張りは立てませんでした。妹はこの時も家にいて、ビラを郵便局に持って行くということしか知りませんでした。

スローガンを書く時とビラを配布する時は、シュモレルと私は、拳銃などの護身用の武器は携帯しませんでした。もし警察や他の人物に立ち止まれと言われた場合は、すぐに逃げると取り決めていました。その方が、銃撃戦を始めるよりもいいと思っていましたから。

一九四三年一月二十四日か、その一日、二日前だったと思いますが、第二十三郵便局で八ペニヒ切手を二〇〇〇枚、中央郵便局で八ペニヒ切手を二〇〇〇枚と十二ペニヒ切手を三〇〇枚買いました。この切手は、ザルツブルク、リンツ、ウィーン、アウクスブルク、シュトゥットガルト、フランクフルト・アム・マインに送るビラのためのものでした。フランクフルト・アム・マイン宛のビラをミュンヘンから郵送しなかったのは、警察を混乱させるためです。計算してみると、十二ペニヒ切手を貼った方が、私たちの誰か一人が鉄道でそこまで行くよりも安くつくとわかったので、シュモレルがウィーンでこのビラを郵便局から出しました。すでに述べたように、レオポルト通りにある第二十三郵便局で八ペニヒ切手を一二〇〇枚買い足し、一九四三年二月十六日に、『女子学友諸君！　男子学友諸君！』というビラを送るのに使いました。

ビラを書くのに使ったレミントン・タイプライターは、一九四三年一月初めにシュモレルから借りました。シュモレルにタイプライターを調達してくれと頼んであったのです。シュモレルがタイプライターを手に入れるのには一週間ぐらいしかかかりませんでした。タイプライターを誰から借りたのかシュモレルから聞いたかどうか覚えていませんし、そのことを彼に聞きませんでした。彼がタイプライターを所有していたとは思えません。思い出せる限りでは、一台手に入れることができると思うとシュモレルが言っていました。

「白バラ」のビラについてはゾルンの詩人、シュヴァルツ博士を通して初めて知りました。博士は匿名の郵便として受け取り、受け取ったあとは国家秘密警察に提出しました。ビラの内容の細かいことはもう覚えていません。ともかく、第一号のビラでした。もし、博士が第二号も受け取っていたらですが。博士が二通目も受け取ったということは今まで知りませんでした。現在、学生中隊ベルクマン学校配属の同僚イェルゲン・ヴィッテンシュタインから、このビラが広まっていることを聞きました。知っている限りでは、同じく現在、学生中隊ベルクマン学校配属の同僚フーベルト・フルトヴェンクラーからもこのビラについて聞きました。ミュンヘンのシュタインスドルフ通り七番地在住の学生トラウデ・ラフランス〔ママ〕から、そのビラを大学で見せられただろうと言われれば、そうかもしれませんが、今は思い出せません。そのビラを他の人たちといっしょに大学の廊下で読んだかもしれませんが、もう覚えていません。

「白バラ」のビラが、『すべてのドイツ人に呼びかける!』や『女子学友諸君! 男子学友諸君!』のビラと同じ筆者によるものだと考えられると言われました。一つには、どちらのビラも同じタイプライターで書かれたものであり、また、すべてのビラの政治的な考え方が一致しており、被疑者は「白バラ」のビラも書いたという結論を下さざるをえないとのことですが、被疑者はこの点について率直かつ詳細に供述します。

一九一八年から一九三三年までの期間、特に一九三三年に、ドイツにおいて政治的に過ちを犯したのは、ドイツ国民の大衆ではなく、国民を政治的に指導すべき階層、知識人階層だと思います。ドイツでは精神活動のあらゆる分野で、教養主義と優れた専門性が花を咲かせていますが、まさにこのような人々が、最も単純な政治的な問題に正しい答えを出せずにいるのです。そうでなければ、大衆運動の単純なスローガンによって、深い思索活動がすべて覆いつくされてしまうなどということは、説明がつきません。私は、この市民階層の国家政治における義務を、今こそ厳しく指し示さなくてはならない時だと思っています。外交の展開も、もっと平和的な道をたどっていたならば、私も国家反逆罪を犯すべきか否かなどという二者択一を迫られるようなことにはならなかったはずです。そうでなければ、この国家のなかで積極的な人々の力を結集し、やがて否定的なものをことごとく凌駕し、求めるに値する姿の国家へと移行できるように努めたことでしょう。

謄写機は最初のビラを発行する直前に、バイエルレ社で購入しました。この機械は手動のガリ版刷機で、三十二ライヒスマルクでした。紙と原紙は、覚えている限りではカウト&ブリンガー社で買いました。タイプライターはアレクサンダー・シュモレルが私に調達してくれましたが、私がやろうとしていることについては何も知りませんでした。彼がどこからこのタイプライターを手に入れたのかは知りません。この点についてはまた聞かれてもこれ以上言えることはありません。

ビラの原稿は、ビラの作成や郵送と同じく、私によるものです。私はこの作業をアテーナー広場四番地の当時の私の部屋で行ないました。その頃、私は一人で住んでいました。妹はまだミュンヘンで大学に通っていませんでした。私は、「白バラ」のビラは一号につき一〇〇部作成し、封筒に入れて、ミュンヘンの電話帳から選んだ決まった宛名に送りました。全部で四種類、Ⅰ〜Ⅳまでのローマ数字で番号をふった版があります。どのような基準で宛先を選んだかは、私の行動の動機からわかると思います。私は知識人階層に呼びかけようと思っていましたから、主に大学関係者に送りました。ミュンヘンの飲食店にも何軒かに送りましたが、そうして、このビラが知れ渡るようにしたかったからです。店主が客にビラの話をしてくれるだろうと思ったのです。使った電話帳は、この目的のために新しく入手し、引っ越しの時に破棄しました。ビラのなかにもそう書いてありますが、名前はメモしておかなかったので、定期的に送った全員が同じように全部受け取ったわけではありません。もともとはそうするつもりだったのですが。あとの方のビラを送付した時には、誰に送ったかはもうあまり覚えていませんでした。手紙を送った人々は、ほとんど知らない人です。なかには講義を聞いたことがある教授が数人います。個人的な知人も二人か三人います。知人のなかでは二人しか覚えていません。一人はテルッの飲食店主ヨーゼフ・ポシェンリーダーですが、この人は飲食店主としてしか知りません。もう一人は詩人のヘルマン・クラウディウスで、その娘のウルズラと私は長年の友人です。クラウディウスは、ナチ信奉者ですから、このビラで怒らせてやろうと思って送りました。以前、彼がミュンヘンの「歓喜力行団」の催しで自分の作品を朗読したことがあるようですが、学生の前でも自作を朗読するとは知りませんでした。とにかく、私が彼にそうしてくれと頼んだことはありません。クラウディウスの健康状態については聞いています。ブランネンブルク在住の詩人ベンノ・フォン・メヒョウとは、フランス進軍のあと、彼が書いた短篇小説について、一時期手紙のやりとりをしました。この小説はこのころフランクフルト新聞に掲載されました。タイトルはわかりません。今思い出しました。『シシリア短篇小説』です。テルッでは、駅前通り十二番地在住の獣医で、ちょっとした知り合いのヨーゼフ・シュナイダー博士にも、Ⅰ、Ⅱ、Ⅲ号のビラを送りました。ミュンヘン警察本部には送っていません。この郵便が書留で送られたと言われましたが、私にはそんな覚えはありません。私から郵便を送られた誰かが、そうやってこの文書を始末したものと思われます。アーヘンのフランツ・モーンハイムという名前を知ったのは、ある野戦病院で、彼の息子と知り合ったからです。ループポルディング近郊のツェルにも何回かビラを送りました。宛名はカフェや雑貨商の店主で、私がそこに滞在していた時に知り合った人びとです。

一九四二年七月二十日にロシアへ召集されると、続けてビラを発行することはできなくなりました。そうでなければ、こうした文書を作り続け、配布し続けたかどうかはわかりません。その頃もこれが正しい手段なのだろうかと迷っていましたから。

これらの文書を作るのに使った印刷機は、またバイエルレ社に売却しました。確か十五か二十ライヒスマルクもらいました。タイプライターはアレクサンダー・シュモレルに返しました。質問に答えて、もう一度はっきり言っておきますが、シュモレルはこれらの文書の作成にも、配布にも何ら関わっていませんし、何も知りませんでした。あとでシュモレルもこのビラについて知りましたが、私からではなく、他の学生からです。私は用心のために、私がビラを作成して配布した張本人であることを、他の学生に言わないようにしていましたし、ビラを他の学生や第三者に見せないようにしていました。姉や妹を含む家族全員が、私のこの活動について何も知りませんでした。

先ほど見せられた『どんな犠牲を払っても勝利する』という文書に私は何ら関係ありません。この文書の作成や配布について何も聞いたことがありません。もし私が作って広めたのだとしら、今となってはそれも認めたことでしょう。

同じく、見せられた『一九三三年一月三十日——ナチの十年——一九四三年一月三十日』という文書も、その存在すら知りませんでした。ミュンヘンのバイエルン自動車工場〔BMW〕とは全く関係ありません。その会社に行ったこともないし、そこの労働者も従業員も誰一人知りません。

私は誰かといつか話していた時に、ミュンスターの大司教フォン・ガーレン卿の説教が印刷され、配布されたことは聞きました。今はもう、どういう機会にどこで聞いたかは覚えていません。その文書を見たことはありません。

質問されたので明言しますが、今認めた落書きとプロパガンダ活動以外、私は何もしていません。ポスターなどに何か書き込みをしたことはありません。ミュンヘンで行なわれたという民衆プロパガンダのことは聞いたこともありませんし、何の関係もありません。

「白バラ」の文書について話を戻しますが、なぜビラにこのタイトルをつけたのかという問に対しては次のように説明します。「白バラ」という名は無作為に選んだものです。説得力あるプロパガンダには、何か決まった概念がなくてはならない。それ自体は何の意味ももたず、響きがよくて、しかもある基本計画がその背後にあるものでなくてはならないと思いました。ちょうどその時、ブレンターノの『ローサ・ブランカ〔白バラ〕』というスペインの物語詩に感銘を受けていたので、その名前を気分で選んだのかもしれません。イギリス史に出てくる「白バラ」とは全く関係ありません。かつてこの名称の少女組織があったことは全然知りませんでした。「白バラ」のビラと内容が一致している、タイプライターで書かれたビラは、私が作ったものではありません。

実行力ある組織を作ろうという考えは、早い時点で消えました。時期を逸していたからです。その手のことを一九四三年一月初めにふと考えましたが、誰とも話しませんでしたし、結局そのような組織を作ろうとしたことはありません。

一九四二年十二月にバイエルレ社で買い一九四三年一月から二月の活動に使った謄写機は、中古の「ロト・プレツィオーザ機」で、製造番号は一三一〇一です。二四〇ライヒスマルクでした。この謄写機を買う金は私とシュモレルで出しました。シュモレルは私に約五〇〇ライヒスマルク提供してくれました。この機械を買う時に私は軍服（軍曹）を着ていき、店の主人が何の目的で使うのかと聞いたので大学で使うのだと簡単に説明しました。

「打倒ヒトラー」の標語を書いた際、シュモレルと私は交互に書きました。シュモレルがしばらくの間塗料のバケツをもち、私が刷毛をもちました。そして交替しました。

前線にいる兵士に私が作った文書を送ったことはありません。根本的な考えから、それはしないことに決めていました。自分自身の経験から、前線の兵士の心理状態はわかっており、前線にはそのようなものを持ち込んではならないと確信しているからです。

私が書いた文学的な手紙は、『ともしび』という題の文集に収められ、回状としてかつてのウルムの友人グループに宛てて送りました。このグループは戦争によって今はバラバラになっており、この回状で精神的な絆を保とうとしたのです。これは政治的な内容ではなく、ビラとは何ら関係ありません。この回状は、私の姉のインゲ・ショルやオットー・アイヒャーや私の文章をのせた文集です。宛先は、今思い出せる限りでは、次のような人びとでした。

曹長、エルンスト・レーデン、戦死

大尉、フリッツ・ハルトナーゲル、(スターリングラード)

一等兵、ヴェルナー・ショル、(弟)

一等兵、ヴィルヘルム・ハーバーマン

この回状を送ったのは八名だけだったと思います。

この手紙は一九四二年の春にウルムで姉のインゲ・ショルが書きました。

ミュンヘンのドイツ博物館での学生集会の後、デモが起きました。私は、自分の隊(学生中隊)の命令に反して集会には参加しませんでした。大管区長官の演説には興味がありませんでしたから。私は今言ったデモにも参加しませんでした。デモがあったことは、翌日になって初めて何人かの学生から聞きました。中央郵便局にビラを置いたことはありません。そこで軍の人間と出くわしたこともありません。その描写に合うような人間も、誰も知りません。

私の住居にあった〇八口径のピストルを、夜の活動に持ち歩いたことはありません。これを入手したのはロシアです。

読了し、署名

ハンス・ショル

作成：

マーラー［?］

刑事事務官

二月二十一日のさらなる尋問で、ハンス・ショルは何人かの知人について聞かれた。カール・ムートとトラウテ・ラフレンスについてである。彼らが自分の活動に関わっていたことは否定した。取り調べが続けられ、ハンス・ショルはまたビラの作成と配布について尋問された。

国家秘密警察

国家警察署ミュンヘン

一九四三年二月二十二日、ミュンヘン

II特捜／マ

独身、医学生、ハンス・フリッツ・ショル、一九一八年九月二十二日インガースハイム生まれ、引き続き尋問を受け、以下の供述をした。

一九四二年六月三十日にミュンヘン、ゼントリンガー通り四十九番地のフランツ・バイアー社宛に三十六ライヒスマルクが払い込まれたことを証明する郵便配達証明書を示され、真実を話すように再び警告された今、私は、「白バラ」のビラの作成と配布についても本当のことをすべて述べたいと思います。

これまでの取り調べでは、これらのビラは私一人で作り、配布したと述べましたが、これは正しくありません。この時もシュモレルが手伝ってくれたのです。この件について、全体を順を追って話します。

原稿は共同作業で書きました。ビラを作るという最初の提案は、私からしました。シュモレルはすぐにいっしょにやろうと言いました。最初のビラは、私が起草しました。二番目のビラは、半分を私が書き、「ユダヤ人問題について書こうというのではない……」という後半の部分をシュモレルが書きました。三番目のビラは、「どんどん高く……」までの最初の部分を私が書き、残りはシュモレルが書きました。四番目のビラは、全部私が書きました。私たちは、文章を書くのに何の文献も使いませんでした。グライフ社製の謄写機はバイアー社で買いました。三十二ライヒスマルクではなく、三十六ライヒスマルクでした。この機械はシュモレルのところに搬入されましたが、二人でそこまで運んだかどうかは忘れました。最初に私の部屋に運んだ時、二人で運んだか私一人だったかも覚えていません。とにかく、「白バラ」のビラは、IからIVまで、シュモレルの部屋でいっしょに作りました。レミントン社製のタイプライターは、シュモレルが彼の知人から借りました。誰から借りたかもうよく覚えていませんが、シュモレルが一度、友人で彼の家のすぐ近くに住む化学者（名前はミヒル）の名前を挙げたと思います。

「ミヒル」については、シュモレルの学友だったということしか知りませんし、詳しくはわかりません。私はシュモレルのところで一度だけミヒルにちょっと会ったことがありますが、今会ってもわからないと思います。

全部で約四〇〇部のビラを作るのに必要な紙と封筒と切手は、シュモレルが調達しました。印刷はいっしょに行ないました。宛名書きも、例のレミントン・タイプライターで交替しながら行ないました。住所はシュモレル(父)の電話帳から抜き書きしました。覚えている限りでは、その電話帳は一九四二年版でした。シュモレルはきっと最新版を持っていたと思うので、一九四二年版だったと思います。ビラはそれぞれ異なる郵便局で投函しました。アレクサンダー・シュモレルの家族は、この活動に全く気づきませんでした。私たちが作業している部屋に、彼の家族が入ってきたことは一度もありません。

「オーバーザルツベルク総統秘密全権」が、一九四二年二月二十四日に発行した『根本的命令』(一九四〇年一月十一日付)という文書の作成および配布に、何らかの関係があるかという質問に対しては、次のように答えます。この件については何も知らないし、聞いたこともありません。誰が書いたものか全くわかりません。

記録：　　　　　　　　　　読了し、署名　　　　　　　　　　立会人

マーラー　　　　　　　　　ハンス・ショル　　　　　　　　　グリュンホーファー［?］

刑事事務官　　　　　　　　　　　　　　　　　　　　　　　　警察助手

出典：*Bundesarchiv Berlin, ZC 13267, Bd. 2.*

クリストフ・プロープストの取り調べ

クリストフ・プロープストは、本人が書き、ハンス・ショルが所持していて見つかったスターリングラード敗北後のビラの下書きゆえに逮捕された。プロープストは、空軍衛生軍曹として、インスブルックの空軍衛生第七部隊で逮捕され、ミュンヘンに連行されたのちに、二月二十日からミュンヘンの国家警察本部で尋問された。

4．住居または最後の滞在場所	インスブルック近郊アルドランス 行政管区 インスブルック 州 チロル ……通り／広場 ……番地 電話
5．国籍 帝国市民？	ドイツ帝国
6．a）宗教（過去のものも） 1）宗教団体または世界観団体の所属 2）信教がある 3）無神論者 b）1．父母 ⎫ドイツ血統か 2．祖父母 ⎭	a）信教あり 1）はい－どの団体か いいえ 2）はい－いいえ 3）はい－いいえ b）1．はい 2．はい
7．a）配偶関係 （独身－既婚－死別－離婚－別居） b）配偶者の氏名 （女性の場合、旧姓も） c）配偶者の住所 （住居が別な場合） d）配偶者の父母－祖父母－はドイツ血統か	a）既婚 b）ヘルタ・プロープスト、旧姓ドールン c）レーアモース、チロル、ウンターガルテン10 d）はい
8．子供	嫡出子：a）数：3 b）年齢 2歳6ヵ月、1歳3ヵ月、4週間 歳 庶　子：a）数： b）年齢 歳
9．a）父の 姓名 職業、住所 b）母の 姓名 職業、住所 （父母が死亡している場合も）	a）故ヘルマン・プロープスト博士 教授資格保持者、ルーポルディンク b）カリン・クレーブラット博士 テーゲルンゼー南 187番地1／4
10．後見人または保護者の 氏名 職業、住所	./.

国家秘密警察
国家警察本部ミュンヘン

指紋採取済み *)
指紋採取不要 *)
身元－未－確認 *)
日付 ミュンヘン、1943年２月20日
名前 ヘルマンスデルファー
役職 検察事務官
所属 ⅡＡ（特別指令部）

（取調官の所属）　ミュンヘン，　1943年２月20日

~~出頭命令により~~－連行され *)－出頭

下記

真実を述べるよう警告され、以下に述べる

Ⅰ．身元

１．a）氏、その他の姓（女性の場合、旧姓、前夫の姓など） b）名（呼び名に下線）	a）プロープスト b）クリストフ・ヘルマン
２．a）職業 職業については以下を記載のこと —営業主、手工業親方、経営者、あるいは店員、職人、徒弟、工場労働者、手工業見習い、店員など —既婚女性の場合、夫の職業 —未就業の未成年の場合、親の職業 —官僚および国家公務員の場合、所属部署の詳細な所在 —大学生の場合、大学の所在と専攻科目 —学位（工学ディプローム、博士など）所持者の場合、いつどの大学で授与されたか b）収入状況 c）失業？	a）医学生 現在、衛生軍曹、 インスブルック空軍所属 b）月額255ライヒスマルク 54ライヒスマルク　国防軍給与 c）はい、90ライヒスマルク　生活費　から いいえ
３．生年月日	1919年11月6日、ムルナウ　にて 行政管区 ヴァイルハイム 州裁判所管区 ミュンヘンⅡ 州 バイエルン

*）該当しないものは線を引いて消す

15. 帝国勤労奉仕 いつ、どこで徴用されたか。 決定 勤労奉仕所属	…… …… 1937年３月 から 1937年11月 まで 部署 アルビング 場所オスターホーフェン
16. 国防軍徴兵関係 a）どの部隊に徴兵検査されたか、または志願兵として採用されたか b）兵役不適合として不合格になったか。いつ、どのような理由で。 c）兵役に服した 部隊 場所 除隊とその理由	a）…… ミュンヘン・フライマン高射砲部隊に 1937年11月 b）…… …… c）1937年11月 から 現在 まで 現在、インスブルック、学生中隊３/７ 空軍管区衛生部隊７
17. 勲章および功労賞 （個別に列記）	…… いいえ
18. 前科 （被告を簡単に記載。この記載事項にはできる限り公文書を添付）	…… いいえ

II．本件について

11. a）パスポートの発行	a）いいえ　より、 番号
b）自動車－自動二輪車－の運転許可証の発行	b）　より、 番号
c）巡回営業許可証の発行	c）　より、 番号
d）営業法第44条 a 項による資格認定書の発行	d）　より、 番号
e）狩猟免許証の発行	e）　より、 番号
f）船員または水先案内人免許の発行	f）　より、 番号
g）配給証(非軍事役務通達証)の発行 年金通知？ 支給年金局？	g）./.　より、 番号
h）その他の証明書	h）./.
12. a）参審員または陪審員として現在または次期任期に選出または抽選されているか。どの委員会か。(裁判所構成法第40条)	a）./.
b）商取引法判事、労働法判事、社会的名誉判事の資格所持者か。	b）./.
c）後見または保護をしているか。 対象者は。 どの後見裁判所によるか。	c） ./.
13. 帝国文化議会に属す議院に所属するか。(正確な名称)	いいえ
14. 党員資格 a）国民社会主義ドイツ労働者党 b）所属組織	ヒトラーユーゲント所属 a）1934年12月から1937年3月まで　から 最後に所属した地方支部 アンマーゼー湖畔 ウンターショーンドルフ b）　から 最後に所属した隊 またはそれに類するもの

身辺について

私は国民学校へは行かず、十歳まで教員の資格をもつ母の授業を受けました。その後三年間ニュルンベルクの人文主義ギムナジウムに通いました。一九三二年から一九三六年までマルクヴァルトシュタインの田園学寮にいました。一九三六年のイースターから一九三七年までは、ウンターショーンドルフの田園学寮に行き、そこを卒業しました。学校を卒業すると、帝国勤労奉仕に志願しました。一九三七年の春から秋にかけて、私は帝国勤労奉仕でオースターホーフェン近郊アルビングのキャンプにいました。勤労奉仕義務を果たしたあと、国防軍の空軍に志願しました。一九三七年十一月、ミュンヘン・フライマンの高射砲部隊に召集されました。そこで一年間兵役につき、そのあと、衛生一等兵としてシュライスハイム空軍基地に配属されました。そこには一九三九年三月までいて、衛生兵の訓練が終わると除隊になりました。除隊のあと、ミュンヘン大学に入学し、医学を専攻しました。一九三九年十月には下士官として空軍大管区衛生班に召集され、兵役兼務で学業に従じるよう命令されました。学期休暇中はたびたび帝国内の部隊に配属されました。一九四一年から翌年の冬、シュトラスブルク大学で学ぶことになり、転属になりました。一九四二年の夏学期は当地の大学で学びました。その後、学期休暇中に四か月間部隊で勤務したあと、一九四二年十一月末にインスブルック学生中隊に転属になり、現在八学期目をそこで過ごしています。

一九四一年八月十九日、ルーポルディンクで事務員ヘルタ・ドールンと結婚しました。私たちの間にはこれまでに生後四週間から二歳半まで三人の子どもがいます。

政治的立場

一九三四年十二月に、私はマルクヴァルトシュタインでヒトラー・ユーゲントに入り、一九三七年まで所属していました。一九三七年にウンターショーンドルフで学校を卒業すると同時に、私のヒトラー・ユーゲントへの所属も終了しました。ヒトラー・ユーゲントでは、指導的な役割はしていませんでした。ヒトラー・ユーゲント以外のナチ党組織に入っていたことはありません。ナチ党や党組織のメンバーであったこともありません。余暇は学業と家庭のことで過ごしました。もともと政治には興味はありませんが、現在の統治形態が必要不可欠なものであることは認めます。

本件に関して

問：政治的には今までずっとナチ政権を支持してきたか、それとも反対してきたか、また、何らかの側からこういったことについて影響を受けたか。

答：私は内面的には家族のためだけに生きています。一時期、ドイツは戦争に負けるのではないか、そしてそれによって私の子どもたちが苦しむのではないかという不安にかられたことがあります。

問：この鬱状態は、あなたの政治的見解や意見にどのような影響を与えたか。

答：スターリングラードの戦況が、わが軍に不利な状況に陥った一時期、私は、ドイツ指導部に対する信頼を失いました。私の精神的なダメージは、当時私の妻が重い病気にかかったことで、いっそうひどくなりました。私は、自分の鬱状態について、友人たちに打ち明けて、自分から回りにもわかるよう働きかけました。でも、本当は、自分の状況が思わしくないことについては、友人のハンス・ショルにだけ話しました。一九四三年一月三十一日、テーゲルン湖からミュンヘンを経由してインスブルックに戻りました。ミュンヘンには、二十時頃に着きました。私はインスブルックに直接戻るつもりで、ちょっとだけ挨拶しようと、中央駅からハンス・ショルの家に電話しました。ショルはその夜に是非とも自分のところに来て、いっしょに私の娘の誕生を祝おうよと言いました。ショルに会いに行けば、ちょっと元気づけてもらえるかと思いました。私とショルは、一時間ほど二人だけで彼の部屋にいました。その時、ショルに自分の鬱のことを打ち明けました。私たちは主にスターリングラードの危機的な状況について話しました。ショルと腹を割って話し、この件では軍の作戦指導が絶対に正しいとは言えないのではないかと疑っているという意見を述べました。するとショルは、スターリングラードから航空郵便を受け取り、そこに絶望的な状況が赤裸々に描写されていたと言いました。その野戦郵便を私は見ませんでしたし、誰から来たのか知りません。それから、哲学やその他の当たり障りのないことを話しました。一時間ほどして、妹のゾフィー・ショルが、女友達といっしょにやってきました。その友達の名前は知りません。また、もう一人、ゾフィー・ショルの姉もいっしょでした。そのあとは、私の娘の誕生と妻の病気について話しました。女の子たちのいるところでは、政治的な話は全くしませんでした。その夜はショルのところに泊り、彼のベッドで寝て、翌日の四時にそこを出ました。四時五十分の列車でインスブルックに戻りました。

問：ショルの住居には何度ぐらい行ったのか。

答：フランツ・ヨーゼフ通りのショルの住居には、全部で三回ほど訪問しました。

問：それはいつも立ち寄る程度の訪問だったのか。

答：ショルを訪問した時は、いつも移動の途中でした。

問：ショルを訪問した際、誰に会ったか。

答：ショルの住居では、彼の妹のゾフィー、彼女の女友達、それから私の友人でもあるアレックス・シュモレルに会いました。他の人物については思い出せません。
問：とくにシュモレルがいた時に、政治的な話をしたか。
答：シュモレルがいた時は、だいたい他の話をしました。哲学とか、学問とか、芸術などについてです。政治的なことについては、その時の戦況について話しただけです。
問：あなたの親しい友人に数えられる人物は誰か。
答：親しい友人としては、アレックス・シュモレル、ハンス・ショル、ゾフィー・ショルがあげられます。他に親友はいません。
問：ショルとは手紙のやりとりもあるか。
答：ハンス・ショルには、ロシアに一通だけ手紙を出したことがあります。それ以降、ショルと文通したことは全くありません。
問：ショルから郵便を受け取ったことがあるか。何度あるか。
答：ショルがロシアにいた時に、手紙を一通もらいましたが、その後はレルモースでも、インスブルックでも、受けとったことはありません。
問と追及：ショルとの手紙のやりとりに関するあなたの供述は正しくない。あなたはつい最近手紙をショルに送ったばかりである。その手紙の内容は？
答：質問の意味は理解しましたが、最近ショルに送ったという手紙については、私は何も知りませんとしか答えられません。

問：ここで見せられた原稿は、あなた自身が書いたものだと認めるか。
答：オリジナルで見せられた原稿は、私が書いたものだと認めます。私自身の手書きです。
問：この原稿が書かれた経緯について、事実に即して、詳しく供述することができるか。
答：この原稿が書かれた経緯について、紛れもない事実を詳細に供述したいと思います。この原稿を書いたのは私です。これを書いた時は一人で、テーゲルン湖の母の住居で、絶望的な気持ちになっていたある夜に書きました。この原稿を書いたのは一九四三年一月二十八日か二十九日です。私は一月二十三日から三十一日まで、妻の病気のために特別休暇をとっていました。その休暇中はずっとテーゲルン湖で過ごしました。この時は、テーゲルン湖の母のところに泊っていました。いわゆる客間に泊っていました。この原稿を書いたのは私一人で、誰の手も借りなかったことは確かだと申し上げます。一九四二年十一月の中旬、ハンス・ショルがロシアから帰ってきた時、ショルは私に、プロパガンダ活動に使うために、何か書いてくれないかと言ってきました。私はこのことが不法なプロパガンダに違いないということはわかっていました。その時は他には誰もいっしょにいませんでした。その話し合いはショルの住居で行なわれました。ショルが書いてほしいと言った文章は、北米諸国と、イギリスに接近することによってのみ、敗戦を免れることができるのだということに、ドイツ国民の目を開かせるのに適した内容のものでした。ショルが現在の統治形態に反対していることは私にははっきりわかっていました。この原稿があとでどうなるのか、ショルがどう評価し、どう使われることになるかは、ショルは私に対して全く打ち明けませんでした。どのようにこの原稿を使うつもりなのかを、ショルは私に言わなかったのです。彼は私に、この原稿を何に使おうと、君にはもう関係ないことだと言いました。一九四三年一月三十一日にショルを訪問した時に、私はショルに彼の住居でこの原稿を渡しました。私の目の前でショルは原稿を読みました。ショルはだいたいこんなことを言いました。「様子を見よう。」原稿についてはショルはそれ以上何も言いませんでした。ショルにはこの時以来、会っていません。ショルがビラという形の扇動的な文書の執筆と作成に携っていたことは知りませんでした。私がショルのために書いたのは、この原稿一本だけです。ショルも、その他の人物も、政治的な傾向の原稿を書くように私に依頼していません。『すべてのドイツ人に呼びかける！』とか『女子学友諸君！　男子学友諸君！』というビラは全く知りません。今日までそのようなビラが存在することは、全く聞いたこともありませんでした。最初に供述した通り、私は政治に関心はなく、あのような原稿を書くにいたったのはいったいどういうわけか、自分でも理解できません。ビラ作成の技術的なことについて、ショルと話したことはありません。シュモレルは一九三五年から知っています。私の一番の親友です。シュモレルは、私が知っている限り、政治には全く関心がありません。ゾフィー・ショルについては、政治的な面では何も言えません。私はショルと彼の住居でゾフィー・ショルがいる時に政治について話したことがあると思いますが、ゾフィー・ショルは、その話に一度も加わりませんでした。基本的に私は、女の子がいる時には政治の話はしないようにしていました。ハンス・ショルも同じように考えていました。

レオポルト通りに、ショルの友人が住んでいることは知っています。でも、名前は知らないし、どこに住んでいるかもはっきり言えません。私はショルと妹のゾフィーといっしょに、この友人のところにお茶に招かれました。このお茶会には、招待してくれた人の友人や知人が他にもたくさん来ました。私はその人たちの一人の名前も知りません。このお茶会では芸術や文学、哲学の話しかしませんでした。招待してくれた人は私の記憶では画家で建築家で、お茶会は彼のアトリエで開かれました。

友人のシュモレルについて補足しますが、彼とは一九四三年一月三十一日にショルの住居でちょっと会ったのが最後です。この時以来、シュモレルからは何も聞いていません。シュモレルがミュンヘンの陸軍学生中隊に所属していることは知っています。ショル兄妹に資金援助をしたかどうか、どのくらいしたかと聞かれましたが、それについては、一度だけ、二人がその時必要としていた金を五から二十ライヒスマルク貸しただけだとしかお答えできません。覚えている限りでは、一九四三年一月初めでした。たぶん五ライヒスマルクぐらい、多くてもせいぜい十から十五ライヒスマルクぐらいハンス・ショルに渡したのではないかと思います。私はその金は生活費として貸したものだと確信しています。確か一九四三年一月三十一日に最後に会った時、ゾフィー・ショルが貸した金を返してくれました。ハンス・ショルからは何も返してもらっていないと記憶しています。そもそも、私自身が彼に何か貸したかどうかもはっきり覚えていないのですから、返せと言うわけにはいきません。私に判断できる限りで、この兄妹の経済的な状況は平均的だったと思います。他に生活費のために金を借りなくてはならなかったということはなかったと思います。とにかく、私がハンス・ショルの不法な活動のためのビラの作成の材料を購入したり、その他のプロパガンダ用の資材を入手するために資金援助をしたというのは、絶対に違うと断言します。ハンス・ショルが材料を買う金をどうやって手に入れたかは説明できません。それについては想像もできません。ショルはどこから金を調達できるというようなことを、私に一度も言いませんでした。シュモレルの両親は経済的に豊かでした。しかし、シュモレルは、両親に金を無心することをとても嫌がっていたことをよく知っています。ですから、シュモレルが不法なプロパガンダの材料を入手するための資金を提供した可能性はないと思います。私は、友達からプロパガンダのためのものを作成したり、送ったりするために必要な道具を調達するようにとか、何らかの方法で彼らの手に渡るようにしてくれと頼まれたことはいっさいありません。もしそのようなことを要求されたら、私はショルにそういうことは自分には頼まないでくれと言ったことでしょう。友人がやろうとしていることをやめさせるために、何をしたと思うかという問いに対しては、友人は自分が正しいと信じることをしなくてはならないと答えるでしょう。

ショルに関係のある人々のなかから、今思い出せるのは、ミュンヘン、レオポルト通りの建築家アイケマイアーと、ガイアーという画家、ヴィルヘルム・グラーフ、ギゼラという娘さんです。ハンス・ショルの話から、フォン・マルティンという教授と知り合いだと聞いています。私自身は、この人に会ったことはありません。このマルティン教授が人文主義というテーマについて研究していることにショルは興味を持っていました。政治的な面ではこの人のことは全く知りません。アイケマイアーの周辺では政治的、軍事的なニュースについて話し合われていたと思いますが、アイケマイアーやガイアーの政治的な考え方については何の情報も提供できません。アイケマイアーがショルの政治的な影響下にあるとは思いません。現在ガイアーが住んでいるアイケマイアーのアトリエに、機材が置いてあることはここで初めて聞きましたが、ガイアーが政治的な活動をしていたとは思えません。ガイアーと個人的な話をしたことはありません。グラーフ氏とは一九四二年の夏に知り合いましたが、大勢の集まりで会ったことしかありません。大勢の集まりという言葉は、すでにお話しした人々のことだという意味で述べました。

問：草稿を書き、ハンス・ショルに渡すにあたって、何を考えていたのか。

答：その草稿を書いた夜は、私は精神的にひどい鬱状態でした。その原因は東部戦線でのできごとにもありましたが、それ以上に妻の重い病気にありました。私の神経は非常に張りつめた状態にあって、その夜は何とかして発散させずにはいられないほどの状況でした。ですから、私はあまり深く考えずに自分の思いつきを書き記しました。私の内心は妻のことだけでいっぱいでしたから、あれは一般的な政治的な考えを書いたものではなく、私を襲った政治的、個人的な疑念が、その時の気分によってぶちまけられたものなのです。あの時、私はこんな稚拙な草稿を世間に発表しようなどとは思っていませんでした。その紙は、数日間、持っていることも忘れて持ち歩き、ショルと出会った時に、「これをちょっと見てくれ」と言ってショルに渡しました。ショルはそれに対して、当たり障りのない、ありきたりな返事をしました。私はその時も、ハンス・ショルにその文章をビラにしてもらう意図などありませんでした。そんな考えなどありえないということは、次のことからも明らかです。つまり、もし真剣にそのようなことを考えていたなら、あんなその時の気分で書きなぐったものを、友人に渡したりはしなかったでしょう。ハンス・ショルは非常に自立した思考をする人間ですから、あの草稿をビラに使うとは思えませんでした。ハンス・ショルがあの草稿をビラにしたいと言い出したら、私は絶対にやめるように言ったでしょう。それは、私が苦しんでいる状況の救いには全くなりませんから。

私は妻と政治的な動向について話すことができませんでした。妻の病状から、精神的に動揺させるわけにはいかなかったからです。ですから、私の書いたものは、私を苦しめていることを洗いざらい吐き出すという目的で書かれたものです。そして、私が自分の言いたいことを一番親しい友人に伝えようとしたのは、自然なことだと思います。友人のハンス・ショルにあの原稿を渡して、その内容をビラという形で世間に公表させようという意図は、私にはいっさいなかったことを、もう一度はっきり申します。ハンス・ショルがビラを作り、配布したということを私は今まで知りませんでしたし、そのビラを今まで全く見たこともありません。しかし、何かが行なわれているらしいことは気づいていました。十二月初旬、ハンス・ショルに一度私自身の考えを聞かせてくれないかと頼まれたことがあるからです。私は、先ほど述べた状況が重なり、あの文章を書かずにいられなくなるまでは、この依頼に応じませんでした。あれは自分では内容も文体も非常に稚拙だと思っていますが。ハンス・シヨルにあの文章を渡した時も、同じ気分でした。書いた時とほとんど同じ心理状態で、何も考えていなかったと言ってもいいと思います。

最後に申しますが、私のとった行動は、私の性質に相応しくないものでした。私は行動的な性格ではありません。ふだんは非政治的な人間で、それゆえ、開戦以来の戦争の展開に精神的に苦しんできました。

終了：　　　　　　　　　　音読され、署名

［署名なし］　　　　　　　［署名なし］

出典：*Bundesarchiv Berlin, ZC 13267, Bd. 4.*

このあとに続く尋問で、クリストフ・プロープストは「スターリングラード！　二十万のドイツ人の兄弟たちが、一人の軍事的いかさま師の威信のために犠牲にされた」という原稿の下書きを再構成した（Bundesarchiv Berlin, ZC 13267, Bd.5 参照）。この下書きはハンス・ショルがちぎったあと、ゲシュタポが部分的に貼り合わせていた。（この下書きを再構成したものは、Detlef Bald: Die >>Weiße Rose<<. Von der Front in den Widerstand. Berlin 2003, S. 152 f. にファクシミリで掲載されている）

アレクサンダー・シュモレルの取り調べ

アレクサンダー・シュモレルは、一九四三年二月十九日、ミュンヘンの両親の住居にあった部屋を家宅捜索され、一時潜伏していたが、二月二十四日二十三時三十分頃、ミュンヘンのシェーネラー広場付近で逮捕され、二月二十五日から国家警察本部でたびたび取り調べを受けた。ゲシュタポの二月十九日の『捜索報告書』によれば、家宅捜索で原紙数枚、いろいろな種類で枚数もさまざまなビラの印刷用紙、郵送用の大量の切手が押収された。

4．住居または最後の滞在場所	ミュンヘン 行政管区 州 ベネディクテンヴァント 通り／広場 12 番地 電話 492531
5．国籍 帝国市民？	ドイツ帝国 はい
6．a）宗教（過去のものも） 1）宗教団体または世界観団体の所属 2）信教がある 3）無神論者 b）1．父母 2．祖父母 ドイツ血統か	a）[…] 1）はい－どの団体か […] いいえ 2）はい－いいえ 3）はい－いいえ b）1．[…] 2．[…]
7．a）配偶関係 （独身－既婚－死別－離婚－別居） b）配偶者の氏名 （女性の場合、旧姓も） c）配偶者の住所 （住居が別な場合） d）配偶者の父母－祖父母－はドイツ血統か	a）独身 b）./. c）./. d）[...]
8．子供	嫡出子：a）数： b）年齢 歳 庶　子：a）数： b）年齢 歳
9．a）父の 姓名 職業、住所 b）母の 姓名 職業、住所 （父母が死亡している場合も）	a）フーゴ・シュモレル博士 ベネディクテンヴァント通り12 b）ナタリー、旧姓ヴェデンスカヤ
10．後見人または保護者の 氏名 職業、住所	./.

国家秘密警察
国家警察本部ミュンヘン

指紋採取済み *)
指紋採取不要 *)
身元－未－確認 *)
日付　1943年２月25日
名前　シュマウス
役職　検察事務官
所属

Ⅱ A-So.

ミュンヘン，　1943年２月25日

（取調官の所属）
~~出頭命令により~~－連行され *)－出頭

下記

真実を述べるよう警告され、以下に述べる

Ⅰ．身元

１．a）氏、その他の姓（女性の場合、旧姓、前夫の姓など） b）名（呼び名に下線）	a）シュモレル b）アレクサンダー
２．a）職業 職業については以下を記載のこと ―営業主、手工業親方、経営者、あるいは店員、職人、徒弟、工場労働者、手工業見習い、店員など ―既婚女性の場合、夫の職業 ―未就業の未成年の場合、親の職業 ―官僚および国家公務員の場合、所属部署の詳細な所在 ―大学生の場合、大学の所在と専攻科目 ―学位（工学ディプローム、博士など）所持者の場合、いつどの大学で授与されたか b）収入状況 c）失業？	a）医学生 b）約200ライヒスマルク c）はい、　　　から いいえ
３．生年月日	1917年９月16日、オーレンブルク　にて 行政管区　〃 州裁判所管区　〃 州　ロシア

*）該当しないものは線を引いて消す

15. 帝国勤労奉仕 いつ、どこで徴用されたか。 決定 勤労奉仕所属	 1937年春 から 1937年秋 まで 部署 – 場所 ヴァンゲン
16. 国防軍徴兵関係 a）どの部隊に徴兵検査されたか、または志願兵として採用されたか b）兵役不適合として不合格になったか。いつ、どのような理由で。 c）兵役に服した 部隊 場所 除隊とその理由	a） b） c）1937年秋 から まで 第2学生中隊 ミュンヘン 現在、衛生軍曹
17. 勲章および功労賞 （個別に列記）	なし
18. 前科 （被告を簡単に記載。この記載事項にはできる限り公文書を添付）	なし

II．本件について

注：

アレクサンダー・シュモレルは1943年２月24日23時30分頃、シェーネラー広場２番地の建物の地下室で、指名手配中に目撃され、逮捕され、管轄警察管区を経てミュンヘン国家警察本部へ連行された。

委託により

［署名］

親衛隊大尉、警部

11. a）パスポートの発行	a）…………より、………… 番号…………
b）自動車－自動二輪車－の運転許可証の発行	b）…………より、………… 番号…………
c）巡回営業許可証の発行	c）…………より、………… 番号…………
d）営業法第44条 a 項による資格認定書の発行	d）…………より、………… 番号…………
e）狩猟免許証の発行	e）…………より、………… 番号…………
f）船員または水先案内人免許の発行	f）…………より、………… 番号…………
g）配給証(非軍事役務通達証)の発行 年金通知？ 支給年金局？	g）…………より、………… 番号………… ………… …………
h）その他の証明書	h）…………
12. a）参審員または陪審員として現在または次期任期に選出または抽選されているか。どの委員会か。(裁判所構成法第40条) b）商取引法判事、労働法判事、社会的名誉判事の資格所持者か。 c）後見または保護をしているか。 対象者は。 どの後見裁判所によるか。	a）………… ………… ………… b）………… ………… c）………… ………… …………
13. 帝国文化議会に属す議院に所属するか。(正確な名称)	………… …………
14. 党員資格 a）国民社会主義ドイツ労働者党 b）所属組織	a）いいえ…………から 最後に所属した地方支部………… b）いいえ…………から 最後に所属した隊………… またはそれに類するもの…………

私は一九一七年九月十六日にロシアのオーレンブルクで生まれました。誕生日が一九一七年九月三日となっている場合もありますが、それはロシア暦によるとそうなるからです。父は私が生まれた時はロシアで医者をしていました。両親がいつ結婚したか知りません。私が二歳の時に母のナタリー、旧姓ヴェデンスカヤはチフスで亡くなりました。私に兄弟はいません。父は確か一九二〇年に、ビール醸造所の持ち主の娘、エリーザベト・ホフマン（ドイツ系）と再婚しました。これもオーレンブルクでのことです。二人の間には子どもが二人います。両親は一九二一年にミュンヘンへ移住したので、その子たちはドイツで生まれました。私の異母弟、エーリッヒ・シュモレルは、一九二一年にミュンヘンで生まれ、現在はフライブルクの医学生です。妹のナタリー・シュモレルは、一九二五年の生まれで、両親のところに住み、ヨゼフィーヌム病院で働いています。両親は、ミュンヘン、ベネディクテンヴァント通り十二番地の屋敷を所有し、父はヴァイン通り十一番地で診療所を開業しています。

一九二四年から一九二八年まで、私はミュンヘンでエンゲルスペルガー私立学校（ガイゼルガ通り）に通いました。一九二八年から一九三七年までは、ミュンヘンでギムナジウムに行きました。二年生の時、ラテン語の知識が足りず、落第しました。アビトゥーアは一九三七年にミュンヘンで取得しました。一九三七年春、私は勤労動員でヴァンゲンに行きました。志願して行ったのです。一九三七年十一月にミュンヘンの第七砲兵隊に入営しました。一年間、砲手としての訓練を受けたあと、半年間衛生兵養成所に行きました。医師になることを申請したので、一九三九年三月に下士官として除隊になりました。一九三九年のイースターにハンブルクで大学に入りました。そこで一学期間学んだあと、学業を続けるためにミュンヘンに戻りました。一九四〇年春にミュンヘン衛生部隊に召集され、フランスに駐屯しました。西部戦線では衛生下士官として兵役に服しました。一九四〇年秋、学業を継続するために、衛生部隊から休暇をもらいました。一九四二年の学期休暇中には三か月、衛生軍曹として東部戦線に行きました。一九四二年十一月にミュンヘンへ戻り、現在九学期目です。今年の夏学期には医学部を卒業することになっていました。

私は大学に行くために第二学生中隊に配属され、これまで月額一三五ライヒスマルクの戦時給与と、月額五四ライヒスマルクの国防軍給与、そして月額六四ライヒスマルクの生活費、合計二五三ライヒスマルクを支給されています。学費は父が払っています。私は今も父のところに住んでいます。

私は初めは医者になろうと真剣に努力していましたが、最近、彫刻に取り組もうという考えも持つようになりました。

学業に使う以外の時間は、小さな友人グループと過ごしています。そのなかではとくにハンス・ショルとクリストフ・プロープストがあげられます。この二人も医学生です。

私がどのような政治的傾向を有し、国民社会主義に対してどういう立場をとっているかと聞かれましたが、それには躊躇なく次のように答えます。私はロシアにより関心があるのですから、ナチを支持するはずがありません。ロシアに対する愛情を告白するのに躊躇はありません。けれども、ボリシェヴィズムに対しては否定的な立場をとっています。私の母はロシア人で、私自身ロシアで生まれましたから、この国に共感を覚えずにはいられません。私は君主制の信奉者であることを率直に表明します。この信念はドイツに関して言っているのではなく、ロシアについてそう考えるということです。私がロシアと言う時、それによってボリシェヴィズムを賛美するつもりはありませんし、そのシンパでもなく、私の眼中にはロシア民族とロシアそのものしかありません。この理由から、私にとってドイツとロシアの戦争は非常に大きな心痛となりました。ですから、私はこの戦いが何らかの方法でできるだけ早く終結に向かえばいいのにと思っています。ロシアがこの戦争によって国土を大きく失うようなことがあったら、残念に思うだろうことも包み隠さず言っておきます。この考え方は奇妙に思われるかもしれませんが、私の母がロシア人であり、私には母から受け継いだものがたくさんあるらしいということを考慮に入れていただきたいと思います。

一九三七年にドイツ陸軍に徴兵された時（志願して入営したのですが）、私は総統への忠誠を誓いました。率直に申しますが、その時すでに内心抵抗がありました。しかし、それは慣れない軍隊生活のせいだと考え、時間が経てば考え方も変わるだろうと期待していました。その期待は全くの見当違いで、ドイツ兵の軍服を着ていながら、ロシアに好意を抱いていることを思うと、まもなく良心の呵責にさいなまれるようになりました。当時、私はロシアと戦争になるとは思っていませんでした。良心の呵責に終止符を打つために、ドイツ兵になって四週間ほど経ったある時、私は部隊の司令官フォン・ランツェレ中佐のところへ行き、私の心を動揺させていることについて報告しました。この話し合いは第七砲兵隊兵舎内で行なわれ、砲兵中隊長のマイアー大尉、シェラー少尉、特務曹長（名前は忘れました）も同席しました。私は自分の政治的信条を述べ、陸軍を除隊にしてほしいと嘆願しましたが、聞き入れられませんでした。私の嘆願は、まだ成長期にあるからか、神経が参っているせいだとされました。状況を解明するために、当時の私の軍の上官は私の父にも問い合わせました。父が言うには、父はドイツ人として、私のロシアに対する考え方を腹にすえかねています。最近、そのことをはっきりと述べたので、私と父の間でちょっとした言い争いになったほどです。一九三七年に除隊嘆願が認められなかったので、それからは、言わばいやいやドイツ兵の軍服を着続けることになりました。しかし、戦友たちにロシアのプロパガンダはしませんでした。その間に、私はロシア文学をたくさん読み、それによってロシア人について本当にたくさんのことを学びました。私はこの民族に対して愛情を抱いていましたから、好ましく思わないはずがありません。ロシア民族への私のこの愛情は、一九四二年夏の東部出征によってよりいっそう深まりました。そこで、ロシア民族の性格の基本的なところは、ボリシェヴィズムによってそれほど変えられてしまってはいないということを、自分の目で確かめたからです。この状況のもとでは、ロシア民族とドイツ民族が交戦状態にあることが私にとって苦痛であり、ロシアがこの戦争であまり被害を受けずにすむように願う気持ちがわいてきたことも、理解してもらえると思います。この一九四二年夏の東部出征では、私のロシアに対する気持ちから、ドイツの利益に反した行動が生じるような事態にはいたりませんでした。私が兵士として武器を手にボリシェヴィキと戦わなければならなかったとしたら、その命令を遂行する前に、自分にはそれはできないと上官に言ったと思います。私は衛生軍曹の立場にありましたから、そのようなことを言わなくてはならない状況にならずにすみました。ロシアの下等人間がどうだこうだというドイツのプロパガンダを時どき耳にしましたが、私はそれにはどうしても納得できず、どこでもそうであるように、ロシアの兵士にも例外はいるだろうと思いました。「ブランケンホルン」という前線救援所で、あるロシア将校といろいろ話をしたのですが、彼は私にドイツの戦果のほとんどがロシア司令官の裏切りによるものだと言いました。この意見は捕虜になったボリシェヴィキから直接聞きました。私は前線に行ったことで、ロシアへの愛情が高まりましたが、ドイツに帰国してから、この戦争の継続や結果を左右するようなことを何かしようとは毛頭考えていませんでした。

東部戦線から帰還して、私は医学生としての学業を続けました。特別な友人関係は、二年ほど前からハンス・ショルと結んでいます。ショルはミュンヘン、フランツ・ヨーゼフ通り、番地不明に住んでいました。また、彼の妹のゾフィー・ショルも一年ほど前から知っています。ショルの住居には最近よく学生のクリストフ・プロープスト、ヴィリー・グラーフ、それにグラーフの妹も来ていました。クリストフ・プロープストはインスブルックに住んでいます。彼が最後にショルの住居にいたのは、二週間か三週間ぐらい前です。ショルから、プロープストはナチズムの敵対者であると聞いています。私の知っている限りでは、彼は前線から帰ってきてから、反ナチ行動を起こしています。私はこれに協力しました。私の他にはヴィリー・グラーフが技術的な面で協力しました。ゾフィー・ショルに関しては、たいして役に立つことはできなかったはずだとしか言えません。これから私たちの反国家的行為がどのようなものであったか、細かく説明します。

一九四二年の夏に、ハンス・ショルと私は反ナチ文書を発行することで初めて同意しました。私たちは二人ともそれぞれ下書きを書き始め、それをあとで比較して、この思索の産物として、「白バラ」のビラを発行するにいたりました。そのようなビラを作るのにタイプライターを持っていなかったので、ハルトハウザー通り一〇九番地在住の学友ミヒャエル・ペッツェルから一台借りました。強調しておきますが、ペッツェルには、大学の論文に必要なのだといつわって借りたのです。ペッツェルは私がこのタイプライターで本当は何をするつもりだったか知らなかったわけです。そのレミントン製のタイプライターは、このビラを書いたあとでペッツェルに返しました。その後、何度か同じタイプライターを借りました。二月十八日にショルの住居でそのタイプライターが押収されたということですが、それならペッツェルに返しそびれたのでしょう。「白バラ」のビラを大量に作成するために、私は一九四二年の夏に、ゼントリンガー通り（確かバイエルレ社）で謄写機を買いました。これは私の住居に置いておき、そこで私たち、つまりショルと私でいっしょに一〇〇部ほど作りました。電話帳や住所録からかなり無作為に住所を書き写し、作ったビラを郵便で送りました。ビラを大量に発送した郵便局がどこだったかは覚えていません。ビラには、賛成だと言う知人も、反対だと言う知人もいたように記憶しています。「白バラ」のビラの第二号、第三号を作り、配布した時も、同じやりかたでした。この二つのビラも、私とショルの知的所有物です。すべていっしょにやったことだからです。私は両親の住居の三階に自分の部屋を持っていたのですが、そこで私たちは両親に絶対に何も悟られないように作業しました。

ビラの作成にかかった費用は、二人で出し合いました。紙なども、とにかく買えるところがあればそこでいっしょに買いました。部数については、各号およそ一〇〇部作ったと記憶しています。補足しますが、三号ではなく、四号作りました。名簿は作らず、宛先を選ぶ時は、私たちのしていることに共鳴してくれそうだと思える人びとにビラを送るつもりでした。二号からあとは、記憶に残っていて、電話帳を見て第一号から思い出せる人に宛てました。このやりかたでほとんどの人に四号すべてが送られました。私たちは、知人たちにビラの発行人であると気づかれないようにとくに注意していました。ビラが郵便でちゃんと配達されるかを確かめるために、自分たちにも宛てて発送し、私たちのやりかたがうまく行っていることを確認しました。一号ごとの間隔は比較的短く、私の記憶では十四日間で四号発行したと思います。この時期、ショルと私が何を根拠に我が総統をとくに悪意に満ちた言葉でこき下ろしたか、今ではわかりません。このやりかたが、私たちの政治的な考え方に合致していたと言いたいだけです。私たちはこの頃、いわゆる消極的抵抗を試みており、戦争を早く終わらせることができる唯一の手段はサボタージュだと考えていました。

一九四二年末、私たち（ショルと私）はまたミュンヘンに戻り、しばしば会い、学問のことも話しましたが、政治についても話し合いました。一月の中旬、またビラを発行しようと考えるようになりました。そのために、まず二人でいわゆる下書きにとりかかり、協議した末、『すべてのドイツ人に呼びかける！』というビラを作りました。「白バラ」のビラと違って、この『すべてのドイツ人に呼びかける！』のビラはショルの住居で書き、印刷して、配布しました。このビラの起草も、私たちの政治的な体制転覆運動の延長であり、当然、総統に敵対するものでした。

ショルの住居では、先ほどのレミントン製のタイプライターで、『すべてのドイツ人に呼びかける！』のビラの原稿をいっしょに書きました。これを書いている時、私とショルの他には誰もいませんでした。ショルの部屋で、このビラを謄写機で大量に作りました。大量に作成するのに使ったのは、「白バラ」のビラで使った謄写機ではなく、ゼントリンガー通りの店で、新しい機械を二〇〇ライヒスマルクぐらいで買いました。前に使った謄写機がどこへ行ったのかは知りません。もしその機械がもうなかったのなら、ショルが売ったか、誰かにあげたのでしょう。『すべてのドイツ人に呼びかける！』のビラを印刷する時は、他には誰の手も借りませんでした。ミュンヘン市内の住所は、二人でミュンヘンの住所録からとりました。封筒の宛名はショルと私が書きました。このビラは数千（二〇〇〇から三〇〇〇）部作ったのではないかと思います。郵送に使った切手のほとんどはレオポルト通りの第二十三郵便局で買いました。紙などの費用は二人で出しました。私たちのうち、どちらの方が資金を多く出したか今言うことはできません。『すべてのドイツ人に呼びかける！』のビラで、市外にも活動を広げるため、ショルと私はドイツ博物館へ行き、そこで閲覧できる国外のザルツブルク、リンツ、ウィーンの各都市の住所録から、住所をその場で書き写しました。これら国外郵便に十二ペニヒ切手を貼らなくてすむように、私たちは手紙の形に折り、一部は封筒に入れてあったビラを、それぞれの町に運んでいって配布することにしました。この目的で、私は一月末（ザルツブルクでの発送は一九四三年一月二十六日）に数百通を持って、ミュンヘンからザルツブルクへ急行列車で行きました。ザルツブルクの駅に午前中に到着し、ホームの検問を通って、町の方へいき、ザルツブルク宛の郵便を、駅のすぐそばの二つの別々なポストに投函しました。一月二十六日にそのビラが五七通発送されたということですが、それをしたのは私だと認めます。

その日のうちに私は次の列車でリンツへ行き、そこで私たちのビラをほぼ同量、同じ手順で投函しました。

私はその日の夜遅く、急行列車でウィーンへ行き、そこで残りのビラを出しました。ウィーンでは、もう名前を覚えていませんが、あるホテルに泊り、翌日、いろいろなポストに手紙を投函しました。だいたい一〇〇から二〇〇通であったと思います。ウィーンでは、フランクフルト・アム・マイン宛に準備した五〇から一〇〇部の『すべてのドイツ人に呼びかける！』のビラが入った郵便もポストに入れました。覚えている限りでは、ショルもこのウィーンへの旅費の一部を負担しました。詳しいことは覚えていません。私たちが書いたビラの効果については私は何も聞いていません。誰かと話して、その人の評価を聞く機会はなかったからです。ビラを郵送するのに使った封筒は、ショルと私とヴィリー・グラーフが少しずつ買いました。ミュンヘンからウィーンへ行った時は、トランクを持って行きました。そのトランクにビラを入れていました。ショルが逮捕されたあと、私の両親の住居で発見され押収されたあのトランクです。ウィーンで宿泊した時、宿帳には自分の本名を書きました。そのホテルの名前を今は言うことができません。

スターリングラードでの出来事によって、ショルと私はビラを新たに発行しようと思うにいたりました。ショルはスターリングラードでの出来事のことで、非常に落ち込んでいましたが、ロシアに親近感をもつ私としては、ロシア人が成し遂げた戦況を心底喜んでいました。私たちは、『女子学生諸君！　男子学生諸君！』という新しいビラを作り、配布する作業に取りかかりました。私はショルの住居で、そこにあったレミントン・タイプライターで『女子学生諸君！　男子学生諸君！』のビラを書きました。文章はショルと私でいっしょに作成し、それぞれ書いた下書きを比較してまとめ、内容が私たちの目的にふさわしいと確認しました。このビラを五十部ほど刷ったところで、印刷中に技術的な問題が発生しました。原紙が、私たちが用意していた印刷用紙にはいくらか長すぎたのです。仕事をやりやすくするために、私は原紙をもう一度タイプし直し、その時に『女子学友諸君！　男子学友諸君！』というタイトルにしました。この変更には別に特別な意味はなく、ショルも私もその方がいいと思ったのです。このビラの印刷はショルとヴィリー・グラーフと私が行ないました。私たちは、ヴィリー・グラーフに協力を頼む前に、このビラの文章を読んでもらってから、印刷に協力してくれる気があるかと聞きました。はっきり言っておきますが、グラーフはこのビラの起草には全く関わっていません。それには何ら関与していないのです。グラーフにはとくにこの日に来てくれと連絡してあったわけではありません。私の知っている限り、彼はいつもと同じように、私たちと話をしようと、ショルのところに偶然やってきたのです。私たちが作ったビラを読んだ時に、グラーフが何か反対意見を言ったという記憶はありません。それどころか、ビラの印刷を手伝ってほしいという私たちの要請に応じてくれました。私たちはこのビラを約三〇〇〇部作成しました。それは確かだと思います。一九四三年二月十六日の数日前、午前中にはもう印刷を開始しました。作業は夜になって終わりました。私が印刷を受けもっている間、ショルの部屋には私の他にヴィリー・グラーフとショル本人がいました。その時にゾフィー・ショルが手伝っていたかどうかはわかりません。私は夜になって帰りましたから。ハンス・ショルとヴィリー・グラーフはその時点ではまだ作業をしていました。ゾフィー・ショルは、私が帰ってから、作業に加わったかもしれません。ヴィリー・グラーフの妹は、この日の午後にはショル兄妹の住居で見かけませんでした。私たちのビラの作成や配布には、女子学生のグラーフは全く関わっていないことは確かです。ショルの恋人ギゼラ・シェルトリンクも私たちの活動とは関係ありません。

その翌日か翌々日、ハンス・ショルと私は、私たちが作ったビラを送付するための作業に取りかかりました。送付するには古い学生名簿（ショルが持っていたものだと思います）を使い、ミュンヘンに住んでいる学生の宛先を、無作為に選んで書き写しました。封筒がある限りそれを使いました。封筒が足りなくなってからは、ビラを折り畳み、その外側に住所を直接書きました。ビラの宛名書きには、ショルの住居にあった二台のタイプライターを使いました。レミントン・タイプライターと、確かショルの大家の持ち物だった携帯用エリカ・タイプライターです。この大家のシュミット夫人は、私たちが彼女の家で反国家的なビラを作り、配布したことは全く知りません。シュミット夫人は、おそらくショルがタイプライターを使ったことすら知らないでしょう。ビラを折ったり、封をする作業では、ヴィリー・グラーフが私たちを手伝ってくれました。切手も一部はヴィリー・グラーフが貼りました。ハンス・ショルとヴィリー・グラーフと私は、作ったビラをいっしょにいろいろな郵便局に持っていき、そこで一九四三年二月十五日の夜遅くに出しました。だいたい二十二時ごろだったと思います。私たちは、ショルの住居を出て、まずヴェトリネーア通りの郵便局へ行き、そこで一人が持っていたビラをポストに投函しました。最初に投函したのが誰だったかは覚えていません。ヴェトリネーア通りからカウルバッハー通りを通って、レジデンツ通りの中央郵便局へ行き、そこで二人目が持っていた郵便をポストに投函しました。レジデンツ通りからマッファイス通りを通って、ノイハウザー郵便局へ行き、そこで三人目が持っていた郵便を投函しました。一人がまだ書類かばんのなかに残りを少し持っていました。これも出すために、中央駅の電報局に行き、そこでこの残りもポストに入れました。

このビラを送った時は、私たちは確認のために、自分たち（ハンス・ショルとグラーフと私）にも宛てて出しました。ハンス・ショルとヴィリー・グラーフが、自分に宛てたビラを受け取ったかどうか知りません。私は逃亡する前にこの郵便を受け取った覚えはありません。

郵便でビラを送ってからも、残部がまだありました。それが例の一五〇〇から一八〇〇部のビラだと思います。これも配布するために、ショルと私は、大学で講義が終わる直前に講義室のドアの前に置こうと打ち合わせました。これを思いついたのは、私かショルのどちらかでした。とにかく、その時は、私たちの意見はこの計画で一致していました。このことを話し合った時、ゾフィー・ショルもグラーフも同席していませんでした。ヴィリー・グラーフが、ハンス・ショルからこの計画について後で何か聞いたかどうかは知りません。

私たちが、ビラの印刷を終えてから、謄写機をレオポルト通り三十八番地のアトリエの建物の地下に運んだのは、身の安全のためで、他の理由はありません。運んだのは、私とハンス・ショルです。この時は、ビラの作成は一時中断し、ちょうどよい時が来たらまた再開することで同意していました。

この地下室には、他にもレミントン・タイプライターと塗料などを置いておきました。

一月末に、ハンス・ショルと私は、「打倒ヒトラー！」、「自由！」という標語を書くことによって、反国家的プロパガンダを強化することを思いつきました。この目的のために、私は「打倒ヒトラー！」という文字型を自分の部屋で作り、これをそのあとの晩に使うつもりでショルのところへ持って行きました。ホーフブロイハウスの近くの専門店（確かフィンスター＆マイスナー）で、タール塗料を一缶買いました。緑色のペンキは、アイケマイアーのアトリエから持って行きましたが、彼はこのことについて何も知りません。刷毛もこのアトリエから持って行きました。ある晩、二月中旬だったと思いますが、私たち（ハンス・ショルと私）はフランツ・ヨーゼフ通りから大学の建物の方へ向かい、いろいろな場所で、だいたい胸の高さに「打倒ヒトラー」のスローガンを私が書き、その間ハンス・ショルが見張り役をつとめました。そこから回り道をしながら市内中心部に行き、ヴィクトアーリエン市場まで来ました。道々、あちこちで無作為に落書きをしました。この時もハンス・ショルが見張りをしました。疲労困憊していたのと、だんだん明るくなってきたので、そこでペンキ塗り活動を止めて、ショルの住居に戻りました。途中で再び大学の建物のわきを通り、「自由」という言葉を（型なしで）付け加えずにはいられませんでした。

数日後、私はまたショルのところへ行きました。夜になって帰る時、ハンス・ショルは、今夜もまたペンキを塗りに行くと言いました。数日前に私たちが塗った文字は、もうこの時にはとっくに消されていました。この話の際、ハンス・ショルは友人のヴィリー・グラーフをこの夜は連れて行くと言いました。翌日には私にも、確かに前の晩にショルがヴィリー・グラーフと計画を実行に移したことがわかりましたし、ショル自身からも聞きました。この時は緑のペンキが使われていました。とくに強調しますが、この時は私は何もしませんでした。三回目は、ハンス・ショルとヴィリー・グラーフと私が、一九四三年二月十五日から十六日にかけての夜、電報局からハンス・ショルの部屋に戻る途上で、ペンキ塗りをしました。その時、フーゲンドゥーベル書店の建物に、「打倒ヒトラー！」と「大量殺人者ヒトラー！」のスローガンを書いたことをよく覚えています。この時はハンス・ショルと私が書き、その間、不意打ちをくらわないようにグラーフが見張っていきました。このペンキ塗り活動によって、私たちはプロパガンダを主に国民大衆に向けたつもりでした。それだけの大衆に向けてビラを配布することができなかったからです。

一九四三年一月二十七日から二十八日にかけての夜は、ハンス・ショル、グラーフ、私の三人は、市内で『すべてのドイツ人に呼びかける！』というビラを撒くために、ショルのところからあちこちの地区に行きました。私たちは全部で一五〇〇部ほどのビラを持っていて、それをまんべんなくばら撒きました。私はビラを入れたファイルを持って、カウルバッハ通り、タール、カナール通り、アマーリエン通りを抜け、道々ビラを置いて歩きました。カウルバッハ通りでは、時どき、ビラを置きに建物のなかにも入りました。その時は中央郵便局（レジデンツ通り）には私は行きませんでした。

私が知っている限りでは、ヴィリー・グラーフはゼントリンガー門広場とその周辺に行くことになっていて、ショルは中央駅にビラを置きに向かいました。このビラ撒き活動には、二十三時から一時の時間帯を使いました。一時半少し過ぎに、私たちはショルの家で落ち合いました。ヴィリー・グラーフは三十分ほど遅れて戻ってきました。それから、彼は自分の家に帰りましたが、私はショルのところに泊まりました。このビラ撒き活動は、この時もう封筒が手に入らなかったために、やむを得ず行なったプロパガンダ活動です。その後はもうビラを配布しませんでした。

私たちの反国家的なプロパガンダ活動に、ゾフィー・ショルが関与していたかという質問ですが、事実に即して答えれば、彼女は、私と同じ時に、『すべてのドイツ人に呼びかける！』のビラを配布しにアウクスブルクへ行きました。ゾフィーがアウクスブルクから他の都市にも行くことになっていたかどうかは知りません。私はビラに宛名を書く際その場にいたし、アウクスブルクの住民の宛名を見ています。アウクスブルクの住民宛の住所を誰が書いたかは知りません。この住所が書かれた時、私はその場にいませんでした。この範囲を超えて、他の都市、たとえばシュトゥットガルトなどに第三者の手で『すべてのドイツ人に呼びかける！』のビラが配布されたということなら、それは私が知らないところで、ショル兄妹がやったことだとしか思えません。

クリストフ・プロープストについては、次のことを供述します。プロープストはハンス・ショルと私と、もう長年友人付き合いをしています。私自身は、彼のことを学校時代から知っています。彼は三週間ほど前、旅の途中に、偶然ミュンヘンに寄り、ショル兄妹のところを訪問しました。この時には、私はプロープストとちょっと話しただけです。一九四二年のクリスマスのころ、私はプロープストとミュンヘンで会って話しました。プロープストも国民社会主義を否定する立場の人間だということを知っていましたし、親しい友人でしたから、私は彼にハンス・ショルと自分が「白バラ」のビラの作成者でありうると話しました。この時私は、プロープストがとっくにそのように憶測していたという印象を受けました。彼にとっては新しいニュースではなかったのです。プロープストは、私たちが「白バラ」のビラだけでは満足せず、二人（ハンス・ショルと私）でその後もさらにビラを作るだろうということもわかっていました。ハンス・ショルが最後のビラの作成時に、プロープストの協力を得ていたと見る根拠は、私にはありません。クリストフ・プロープストが協力を申し出て、ショルに何か書いたものを渡したことがあるということを、ショルから最近になって聞きました。この件に関しては、ハンス・ショルはそれ以上のことを私には話しませんでした。

ショル兄妹がしていたことについて、他にどのような人物が知っていたかという質問ですが、ミュンヘン大学で知り合ったフーバー教授をあげられると思います。四週間ほど前、フーバー教授はショル兄妹の住居を訪問しました。私たち（ハンス・ショルと私）は、フーバー教授もナチズムに敵対している人物だと思っていましたから、その時に教授に私たちの計画を打ち明けました。私たちはフーバー教授に、私たちが「白バラ」のビラと『すべてのドイツ人に呼びかける！』の作成者で、配布したのも私たちだと話しました。フーバー教授は、私たちに気をつけるようにと言い、私たちのやりかたの危険性を指摘しました。しかし、私たちのことを密告したりはしないと明言しました。今でもフーバー教授は私たちのことを密告していないと思っています。

ショルは最近、フルトマイアーという人物ともたびたび会っていました。この会合は学問的な目的のためで、フルトマイアーは読書家でしたから、ハンス・ショルはそのために特別彼に関心を持っていたのです。ハンス・ショルがフルトマイアーに私たちの計画を打ち明けていたということはありえません。

ハンブルク出身で、現在ミュンヘン大学の女子学生ラフレンツには、ハンブルク時代にちょっと知り合いました。私はラフレンツをショル兄妹に紹介しました。ラフレンツはショル兄妹のところによく行っていましたが、ショル兄妹から私たちの反国家的なプロパガンダについて何か聞かされたとは思えません。私はラフレンツのことをほとんど知りませんし、彼女にそのようなことを打ち明けるなどということは絶対にしないでしょう。

ビラを作り広めることで、ハンス・ショルと私は体制転覆をはかりました。私たちは自分たちのやっていることが現在の国家に反対するものであり、取り調べをうけるようなことになれば、極刑を覚悟しなくてはならないことをはっきりと自覚していました。それでも、私たち二人はこのような方法で今日の国家に抵抗することをやめようとはしませんでした。それによって、戦争の終結を早めることができると考えていたからです。

読了し、署名

シュモレル

作成：

シュマウス

刑事事務官

立会人

ブルッガー

事務職員

一九四三年二月二十六日、ミュンヘン

国家秘密警察
ミュンヘン国家警察本部
ⅡA／特捜

取り調べ継続

アレクサンダー・シュモレルは房から取り調べ室に移され、次のような供述をした。

「私が作成した印刷文書を複製し広めることによって、帝国の体制改変を暴力的に企図したとの嫌疑が私にかけられていることについて、以下のように供述します。

あらかじめ、再度強調しますが、私は自分の思考や感情において、ドイツ人である以上にロシア人であります。ですが、私はロシアをボリシェヴィズムの概念と同一とは見ていませんし、それどころか、私はボリシェヴィズムに公然と反対している者だということを考慮していただきたい。現在のロシアとの戦争によって、私は非常に複雑な状況に追い込まれています。私にとっては、ボリシェヴィズムの撲滅はいかにして可能か、またどうすればロシアの国土の喪失を防ぐことができるかという点こそ重要です。ドイツ軍がこれほど深くロシア領内に侵入して以降、私は、ロシアが非常に危険な状態にあると考えました。そこで、このロシアの危機に、自分がどう立ち向かうべきか考え始めたのです。私のなかにはドイツ人の血もまた流れています。現下の戦争で、大量に流されているドイツ人の血です。私が何かしなくてはならないと動かされたのは、この二つのことからです。つまり、ひとつには、ドイツ国民を、広範な領土征服と、さらなる対立がもたらす危険から守るため、今ひとつは、ロシアの大規模な国土の喪失を防ぐためです。私は後に作成したビラを通して、自分の思考、いやむしろ理想を、ドイツ国民の大衆にわかってもらおうとしました。ヒトラーに率いられている限り、ドイツ国民が皆、私の理想に共鳴してくれることはないと、その時もはっきりわかっていました。私がナチズムに敵対していることは、このことから説明できます。もはや無言でナチズムに反対するという態度に甘んじることはできず、両国の国民の運命を慮って、帝国の体制改変に貢献しなくてはならない義務があると思ったのです。私から見て、ショルは私の理想を完全に理解し共有する人物です。ですから、私たち二人は印刷物を作成し広めることで、ドイツ国民に戦争の早期終結の可能性を示唆しようとしたのです。ビラのなかでサボタージュを呼びかけたのは、それによって、ドイツ兵の退却が余儀なくされるだろうと考えたからです。それが双方（ドイツとロシア）にとって最もよい解決方法と考えたのであって、決して敵の勢力を後押しして、帝国の戦力に重大な損失を与えるなどとは思ってもいませんでした。とはいえ、反国家的な印刷物を作成することは、ナチ政府への敵対行為であり、取り調べを受けることになれば、極刑は免れないだろうことはわかっていました。自分がしたことは、無意識ではなく、取り調べがあれば命を失うことになるかもしれないとわかっていました。それらのことをあえて無視したのです。それは、ナチ国家に対して行動を起こすという内面の責務の方が私にとって重要だったからです。

一九四三年二月十八日のことに話を戻します。大学でハンス・ショルが反国家的なビラを配布した容疑で逮捕された日です。すでに述べたように、ショルと私はその一日か二日前に、残りのビラをたとえばミュンヘン大学に置くこともできるのではないかと話し合っていました。詳しいこと、とくにいつ、誰が決行するかといったことは、私たち二人の間では決めていませんでした。ですから、一九四三年二月十八日の昼十二時頃に路面電車で大学に行って、偶然会った医学生アイヒホルンから、たった今大学で、学生二人が反国家的印刷物を配布して逮捕されたと聞いた時、とても驚きました。捕まった学生の名前をアイヒホルンは知りませんでしたが、私はすぐにハンス・ショルを思い浮かべ、電話ボックスからショルと話そうとしました。しかし誰も電話を取りませんでした。その後もショルと連絡を取ろうとしましたが、できませんでした。十五時頃に再びショルのところに電話をすると、知らない男が出て、ショルはいないと言いました。これは私にとって、ショルの身に何か起こったに違いないという証拠のようなものでした。私にはミュンヘンを出る以外に道はありませんでした。」

〔……〕

二月二十六日、三月一日、十一日、十三日、十八日の尋問で、アレクサンダー・シュモレルは、警察に指名手配中の逃亡ルートについて供述した。それはタールキルヒェン、エーベンハウゼン、「ツヘル・アム・ゼー、ヴァルヒェン湖、クリューン、エルマウ、ミッテンヴァルト、そしてコッヘル経由で再びミュンヘンに戻るというものだった。さらにヒトラー・ユーゲント、突撃隊騎馬兵、国防軍予備訓練での経歴や、カール・ムート教授、クルト・フーバー教授、ファルク・ハルナック、そしてその他の学友たちについて供述した。ビラのさまざまな草稿や版の作成、配布、送付について、また、シュトウットガルトのオイゲン・グリミンガー博士から得た資金援助について供述した。尋問のなかで、アレクサンダー・シュモレルは「国家反逆罪」については認めたが、「売国的行為をした」ことは否定した。三月十三日の尋問では、自分の犯罪行為を知り得た「人物の名前をこれ以上あげることはできない」と述べ、両親も自分の犯罪行為に「全く気づいていなかった」と主張した。一九四三年三月八日のシュモレルによる手書きの「政治的信条」は、ゲシュタポによってタイプされた（取り調べ書類

のなかに両方の文書が残されている)。この文章はシュモレルの政治的な考え方、生まれ故郷ロシアへの愛情、ナチズムに対する姿勢を詳細に伝えている。

一九四三年三月八日、ミュンヘン

政治的信条
アレクサンダー・シュモレル記す

どのような国家形態を好むかと問われたならば、私は次のように答えざるをえません。どの国にもその国の特色に相応しい、それなりの形態があると。政府というものは、私の見解では国民の意思の代表にすぎません。そうであるべきなのです。そうであれば、その政府は当然、国民の信頼を獲得し、国民は政府を支持します。政府は国民の代表者であり、国民の考え方や意思の代表者、つまり国民自身なのですから。そのような政府に国民が反対することはありえません。しかし、政府はまた国民の指導者でなくてはなりません。なぜなら、普通の人はすべてを自分で理解し、自分で決断することができず、指導者や、自分よりもよくわかっている知識人層にゆだね、自分でやろうとはしないからです。しかし、この知識人階層は国民と緊密に結びついていなくてはなりません。国民と同じように考え、感じなくてはなりません。そうでなければ、政府は国民を理解できず、国民の声に注意を向けることなく、多数を占める国民の利益を追求することもなく、自分たちだけの政治を押し進めることになります。ですから、私は君主制の断固たる擁護者でも、民主主義や社会主義、あるいはその他どんな名称であれ特定の形態を擁護するものではありません。一つの国にとって素晴らしいこと、最善のことでも、他の国にとっては見当違いで、相応しくないかもしれません。統治形態というものは、所詮すべて表面的なことにすぎないのです。

私はよくロシア人だと自称してきましたが、ロシアの国家形態としては帝政ロシア《ツァーリズム》以外にはありえないと考えています。私が言いたいのは、一九一七年までロシアを支配していた国家形態が私の理想であるということではありません。それは違います。あの帝政ロシアにも欠陥がありました。しかも、それはかなり多かったかもしれません。それでも、根本的には正しかったのです。ロシアの専制君主はロシア民族の代表であり、国民に深く愛される父でした。それは当然のことでした。専制君主は国家元首としてではなく、むしろ国民の父親であり、庇護者であり、助言者であるととらえられていました。これもまた実に当然のことでした。君主と国民との関係はまさにそういうものだったからです。ロシアでだめだったのは、知識人階層です。彼らは国民との接触を完全に失ってしまい、再び見出すことができなかったのです。しかし、このように知識人たちが瀕死の状態にあっても、またそのような政府であっても、私は、帝政ロシアがロシアにとって唯一の正しい形態だと思います。

もちろん、私が想定する国家には野党も存在します。野党は常に存在し続けるでしょう。国民全体で一つの意見しかないということは、まずないからです。また、野党も容認され、尊重されなければなりません。なぜならば、野党こそが、現在の政府の過ちを――間違いを犯さぬ政府がありえましょうか？――明るみに出し、批判するからです。この過ちを正すために、誤りを指摘される、そのことに対して政府は率直に感謝すべきです。

なぜ私がナチの政治形態を支持しないのかと聞かれましたが、その理由は、この政府が私の理想と合わないと思われるからです。私の見方では、ナチ政府は掌中の権力のみに頼りすぎています。野党や批判を許容しないので、犯している間違いに気づかず、これを正すこともできない。また、私はこの政府が民族の意思の純粋な表現になっていないと思います。政府は、国民が自分の意見を述べることを不可能にしています。政府のことで何か国民が合意できないことがあっても、国民がそれを変えることを不可能にしているのです。この政府ができあったからには、批判したり、変えたりすることは何一つ許されない――そんなことは間違っていると思います。政府は国民の考え方とともに歩まねばなりません。柔軟でなければならず、命令を下すだけではだめです。私の見方からすると、国民が政府と何らかの点で合意できないことがわかった場合、第一に国民に意見を表明することを可能にし、第二にその過ちを正さなくてはなりません。そうでなければ、その政府は国民の意思に沿ったものにはなれず、国民の意思に反することを行なってしまうかもしれない。そして、そうなったら、政府は国民の代表ではなくなってしまうのです。私の見るところ、今では、市民は誰もが、政府や官庁を批判することに恐怖を感じています。そのようなことをすると、罰せられるからです。このようなことは避けねばなりません。私はほとんどの場合、民主的な国家形態よりも権威主義的な国家形態の方がよいとさえ思っています。なぜなら、民主主義が私たちをどこに導いたかは、皆がすでに知るところだからです。権威主義的な国家形態がより相応しいと思うのはロシアだけではなく、ドイツでもそうです。ただし、国民は国家元首を政治的な指導者と見るだけではなく、おのれの父であり、代表であり、庇護者であると思わなくてはなりません。そして、ナチ・ドイツではそうなっていないと思うのです。

戦争が始まった時、私はドイツ政府が領土を暴力で拡張しようとしていると感じました。それは、私の理想に全く相反することです。ある民族に、他のすべての民族の頂点に立ち、やがてすべての民族が兄弟となるよう導いて行く権利が与えられることもあるでしょう。しかし、断じて暴力によってではありません。その民族が、救いとなる言葉を知っており、それを発して、その言葉にすべての民族が真実を見出し、それを信じて、自由な意思で従う場合にのみ、その権利は与えられうるのです。私は確信しています。この道によってのみ、やがて全ヨーロッパが、そして世界が一つになるだろうと。友愛に結ばれ、自由な意思でついてゆくこの道によってのみ。私の故郷ロシアとの戦争が始まった時、私がとてもつらい思いをしたことは想像していただけるでしょう。もちろん、ロシアにはボリシェヴィズムが台頭しています。それでも、ロシアが私の故郷であることに変わりありません。ロシア人が私の兄弟であることに変わりはないのです。ボリシェヴィズムが消え失せることを私は何よりも望んでいますが、ドイツがこれまで征服した重要な地域を失うという代償をそのために払ってもいいとはもちろん思いません。そこにはロシアの中核的な国土の大半が含まれています。ドイツが東部でしたように、ロシアがドイツの領土を同じくらい広範囲に征服したとしたら、あなた方もドイツ人として同じように考えずにはいられないでしょう。それは、全く当然の感情です。もし、祖国に対して、そのような場合に他の気持ちを抱いたとしたら、それは犯罪であります。そんな人間は、故郷をもたぬ人間であり、国際的な浮き草のようなもので、自分に一番都合のよいのはどこかということしか考えない人間なのです。

アレクサンダー・シュモレル

出典：モスクワ・ロシア国立軍事文書館（RGVA）一三六一―一―八八〇八。また、ドイツ抵抗運動記念館、「白バラ」資料集、ミュンヘン「白バラ」基金。

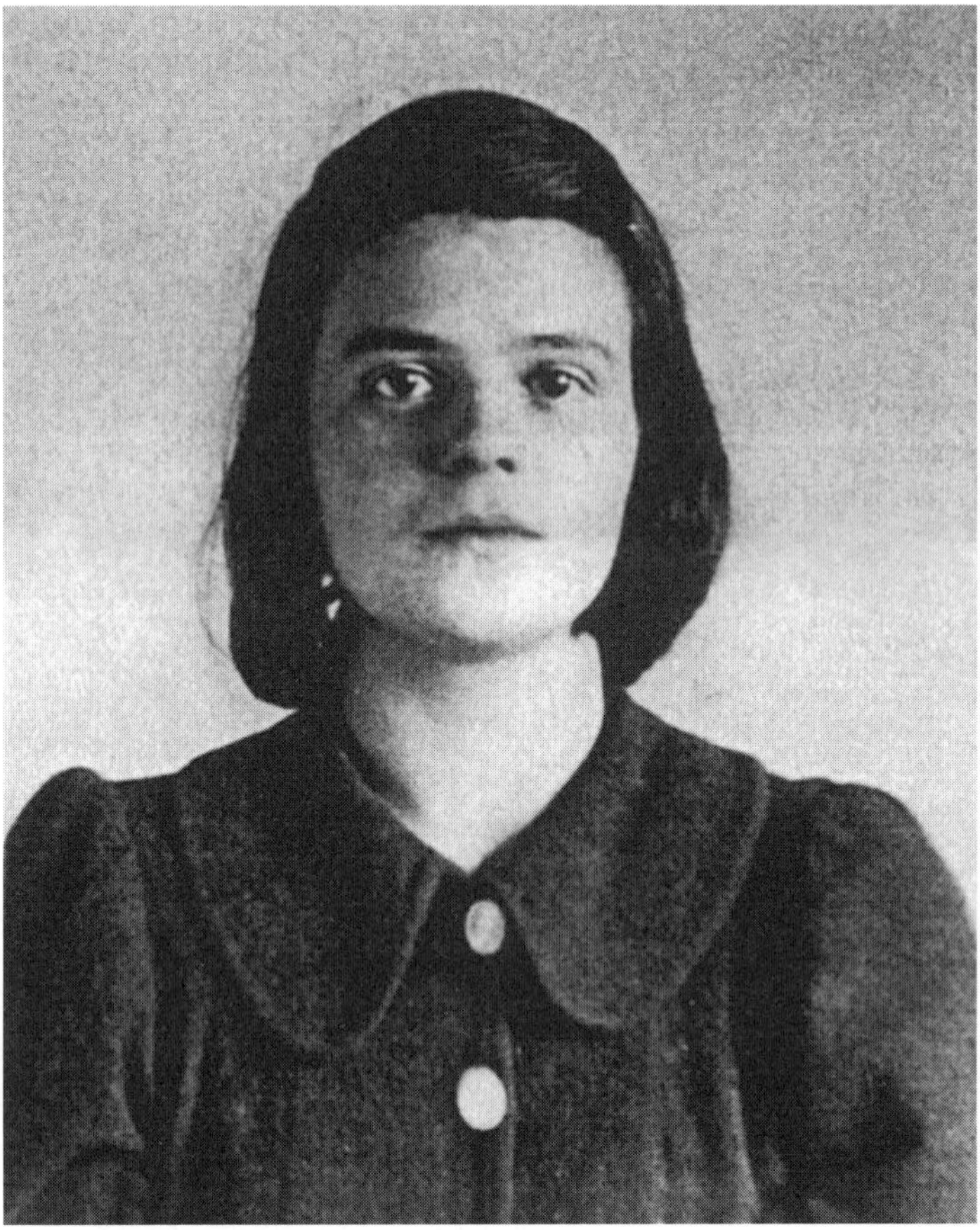

ミュンヘン・ゲシュタポ本部の鑑識用写真。1943年2月20日撮影。おそらくゾフィー・ショル最期の写真である。

ミュンヘン・ゲシュタポ本部の鑑識用写真。1943年2月20日撮影。おそらくハンス・ショル最期の写真である。

註

第2章

★1　一九四三年二月三日大ドイツラジオ放送ニュース。in: Wolfram Wette / Gerd R. Ueberschär (Hrsg.), Stalingrad. Mythos und Wirklichkeit einer Schlacht, Frankfurt 1992, S. 54.

★2　ゾフィー・ショルからフリッツ・ハルトナーゲルへの一九四三年一月三日付の手紙。in: Hans Scholl und Sophie Scholl, Briefe und Aufzeichnungen, Hrsg. Inge Jens, Frankfurt 1984, S. 231.〔邦訳『白バラの声　ショル兄妹の手紙』ハンス・ショル／ゾフィー・ショル著、インゲ・イェンス編、山下公子訳、新曜社、一九八五年、二六三頁〕

★3　Heinz Boberach (Hrsg.), Meldungen aus dem Reich. Die Geheimen Lageberichte des SD, Herrsching 1984, 21. 1. 1943, Bd. 12, S. 4707.

★4　ヨーゼフ・ゲッベルスの一九四三年一月二十三日付の日記より。in: Joseph Goebbels, Die Tagebücher, Bd. 2/7, hrsg. von Elke Fröhlich, München 1993.〔邦訳『ゲッベルスの日記　第三帝国の演出者』ゲッベルス著、西城信訳、番町書房、一九七四年〕

★5　Joseph Goebbels, a. a. O.〔註4参照〕

★6　アイケマイアー、ゼーンゲン、ガイアーに対する一九四四年七月十三日付のミュンヘン特別法廷の判決文。Staatsarchiv München Staatsanwaltschaften 12530.

★7　一九四三年一月十五日付ミュンヘン版〝Völkischer Beobachter〟、大管区長官の学生たちに対する演説「戦争は大学の門前でもとどまることはない」。Christian Petry, Studenten aufs Schafott. Die *Weiße Rose* und ihr Scheitern, München 1968, S. 170.〔邦訳『白バラ抵抗運動の記録　処刑される学生たち』C・ペトリ著、関楠生訳、未來社、一九七一年、二八五頁以降〕に掲載。

★8　ヴォルフ・イェーガー、ユルゲン・ヴィッテンシュタイン、アンネマリー・ファルカシュ、アルベルト・リースター、アンネリーゼ・クノープ゠グラーフ、フィロメナ・ザウアーマンの発言や記録がある。

★9 William L. Shirer, Aufstieg und Fall des Dritten Reiches, München-Zürich 1963, S. 1075.〔邦訳『第三帝国の興亡』ウィリアム・L・シャイラー著、井上勇訳、創元社、一九六一年〕、および Christian Petry, Studenten aufs Schafott. Die *Weiße Rose* und ihr Scheitern, München 1968, S. 99.〔邦訳『白バラ抵抗運動の記録　処刑される学生たち』前掲書、一六八—一六九頁〕、ハンス・ショル、アレクサンダー・シュモレル、ヴィリー・グラーフの友人で、彼らとともに学生中隊で医学を学んでいたヴォルフ・イェーガーの記録による。

★10 これに関しては証言が食い違っている。やはり医学生で衛生中隊のメンバーであったユルゲン・ヴィッテンシュタインだけは、ナチ学生同盟のリーダーが袋だたきにされて人質になり、それによって女子学生たちを釈放することができたと報告している。アンネマリー・ファルカシュとアルベルト・リースターの証言は一致しており、警察の介入があったにもかかわらず、出席者たちは家に帰らず、シュプレヒコールで女子学生たちの釈放を要求したと述べている。

★11 Annemarie Farkasch, Studenten gegen Hitler. Es lebe die Freiheit, Folge 1, in: Der Student, Wien 1948. ここでは、Institut für Zeitgeschichte, Bestand *Weiße Rose*, FA 215, Band 3 より引用。

★12 Farkasch a. a. O.〔註11参照〕

★13 二〇〇四年九月のフィロメナ・ザウアーマンの著者への手紙より。

★14 フィロメナ・ザウアーマン〔註13参照〕。

★15 Willy Graf, Briefe und Aufzeichnungen. Hrsg. von Anneliese Knoop-Graf und Inge Jens, Frankfurt 1988, S. 99.

★16 アレクサンダー・シュモレルは一九四三年三月一日のゲシュタポの尋問で、これについて次のように述べている。「今でもはっきり思えていることですが、フーバー教授とハンス・ショルは私の草稿に同意するどころか、よくないという意見でした。その夜にショルの家に私がいた間には、フーバー教授は自分では反国家的なビラの原稿を書きませんでした。〔……〕その夜は、初めからオデオンのコンサートに行くつもりでしたから、ショルのところにはそれ以上はとどまらず、決着がつかないうちにその場を立ち去りました。」このように、シュモレルはすでに処刑された友人についてだけは罪を認めたが、共同被告人であるフーバー教授の罪を軽減するとともに、同じく共同被告人のヴィリー・グラーフがその話し合いの場にいたことを黙っていることで、グラーフの罪をも軽くした。フーバーも一九四三年三月二日の供述で、シュモレルがコンサートへ行くためにその会合から早く立ち去ったことを裏づける証言をしている。そのために、シュモレルの草稿はビラには使われなかったとも言っている。フーバーもヴィリー・グラーフがその場にいたことには触れていない。ヴィリー・グラーフの方は一九四三年三月十六日のこの問題に関する尋問で、アレクサンダー・シュモレルについて一言も触れていない。フーバーはショルの求めに応じてショルの原稿にコメントし、文体を直しただけだというのだ。この点ではヴィリー・グラーフの証言も同じパターンである。つまり、すでに処刑された友人の罪を認め、共同被告人の友人シュモレルが有利になる証言をし、共同被告人フーバー教授の役割は副次的なものとして証言している。生き延びた「白バラ」のメンバー、例えばズザンネ・ツェラー＝ヒルツェルは、尋問の時には同じような戦略をとったと言っている。ただし、そのためには仲間たちの運命がどうなったかを知っていることが前提条件になる。ツェラー＝ヒルツェルの場合は、房のドアの下から新聞の切り抜きが差し入れられ、それによってクリストフ・プロープスト、ハンス・ショル、ゾフィー・ショルの処刑を知った。ショックを受けたが、同時にこう思ったと言う。「これからは嘘がつけるとわかったのです」（二〇〇四年三月十八日のズザンネ・ツェラー＝ヒルツェルの著者とのインタビューより）。

★17　一九四三年二月二十七日ゲシュタポによるクルト・フーバーの尋問より。「この件は、大管区長官ギースラーが演説した大会議場での学生集会よりも前のことです。」三月二日の取り調べでは、フーバーはおそらく勘違いからこの話し合いを一九四三年一月十八日から二十日の間だったと述べている。

★18　五番目の『すべてのドイツ人に呼びかける！』のビラ、全文は二八頁以降を参照。

★19　一九四三年二月五日、ミュンヘンのゲシュタポ本部からベルリン国家保安本部宛。BA ZC 13267, Bd. 1.

★20　四つの「白バラ」のビラはアレクサンダー・シュモレルとハンス・ショルが原稿を書き、一九四二年六月二十七日、三十日、七月四日、十二日に送付された。どれも一〇〇部ほどしか印刷されなかった。宛先は医者、飲食店の店主、商店のオーナーなどで、ビラの作者は、自分たちの文書を宛名の人々が広めてくれることを期待していた。しかし、多くの者はビラを即座にゲシュタポに提出した。四十人の名簿がBA ZC 13267, Bd. 1 に残っている。

★21　ローベルト・モーアの報告、in: Inge Scholl, Die Weiße Rose, Frankfurt 1993, S. 172.〔邦訳『白バラは散らず　ドイツの良心　ショル兄妹』インゲ・ショル著、内垣啓一訳、未來社、一九六四年。ただし、邦訳は旧版からの訳であるため、この箇所はない〕

★22　一九四三年二月十二日、ミュンヘンのゲシュタポ本部のオズヴァルト・シェーファーからベルリン国家保安本部宛。

★23　一九四三年二月三日、大ドイツラジオ放送のニュース。

★24　オズヴァルト・シェーファー〔註22参照〕。

★25　オズヴァルト・シェーファー〔註22参照〕。

★26　第六番目のビラ『女子学友諸君！　男子学友諸君！』、三〇頁以降参照。

★27　第六番目のビラ〔註26〕、三〇頁以降参照。

★28　リヒャルト・ハルダー、BA Berlin, ZC 13267 Bd. 1.

★29　リヒャルト・ハルダー〔註28〕参照。

★30　二〇〇四年三月十八日のエリーザベト・ハルトナーゲルの著者とのインタビューより。

★31　フリッツ・ハルトナーゲル宛の一九四三年二月七日付の手紙。in: Hans Scholl und Sophie Scholl, Briefe und Aufzeichnungen, a. a. O., S. 234/235.〔註2参照〕〔邦訳『白バラの声　ショル兄妹の手紙』二六七―二六八頁〕

★32　トラウテ・ラフレンツ、in: Inge Scholl, Die Weiße Rose, a. a. O., S. 133/134.〔註21参照〕〔邦訳『白バラは散らず　ドイツの良心　ショル兄妹』ショル著は旧版からの訳であるため、この箇所はない。このことに関しては、Christian Petry, Studenten aufs Schafott a. a. O. 邦訳『白バラ抵抗運動の記録　処刑される学生たち』C・ペトリ著、一七九頁にも記載がある。註7参照〕

★33　この会合に関する関係者の証言は分析に注意が必要である。この会合があった時期は、ゾフィー・ショルはウルムへ行っており、二月十四日になってからミュンヘンへ戻ったので、この会合に参加していない。ハンス・ショルはこれについては何も述べていない。ショルはフーバーとハルナックの関与については、尋問中完全に黙秘し通した。アレクサンダー・シュモレル、クルト・フーバー、ヴィリー・グラーフ、ファルク・ハルナックは、当然のことながら、それぞれのゲシュタポの尋問調書のなかで、不利になるような証言を避けたり、ことを軽く見せようとしている。これに対して、会合の参加者のなかで唯一生き残ったファルク・ハルナックは、一九四七年の報告のなかで、この二回の会合を「ミュンヘン会議」と呼び、人民戦線運動の決起集会のように描写している。次の点についても疑問が残る。ハルナックが、本当に一九四三年二月二十五日の午後にベルリンでボンヘッファー兄弟と会う約束をして、ショルに伴ってボンヘッファーに会うために、予定通り夜七時に記念教会に行ったのかどうかという点である。二月二十三日にはすでにフェルキッシェ・ベオバハター紙が、ハンス・ショル、ゾフィー・ショル、クリストフ・プロープストが判決を受けて処刑されたことを報じていたからである。

★34　一九八九年のクラーラ・フーバーの著者とのインタビューより。

★35　BA Berlin, NJ 1704, Bd. 7, クルト・フーバーの取り調べ。

★36　六番目のビラ、三〇頁以降を参照。

★37　この部分の全文は以下の通り。「女子学生諸君！　男子学生諸君！　諸君は前線で、後方基地で、敵前で、負傷兵の救助で、また実験室や作業場で、ドイツ国防軍に献身的にはたらいてきた。われわれにとって、あらゆる前線において、ロシアのボルシェヴィズムと戦うこと以外の目的はありえない。一丸となって栄光あるわが国防軍の隊列に加わろう。」BA Berlin, NJ 1704, Bd. 7, クルト・フーバーの取り調べ、他に Clara Huber (Hrsg.), Kurt Huber zum Gedächtnis. »... der Tod war nicht vergebens«, München 1986, S. 15 も参照。

★38 この点については、ゲシュタポの尋問調書が唯一の一次資料であり、証人はだれも生き残っていないことから、この対立がどれほど激しいものであったのかを判断することは難しい。シュモレルは尋問調書のなかで、フーバーとの議論と、フーバーが同意したというくつかの変更について述べている。だが、国防軍の箇所は、フーバーが帰ってからショルと自分が直したので、フーバーの了解は得ていないという。フーバーの供述では、「私はこの草案を少々怒りを覚えながら、君たちのしたいようにするといいと言って、ショルに任せました」、また「二人はあの草稿は攻撃性が足りないという意見だったので、私は引き下がりました。あの草稿は使われないだろうと私は考えていました。」(BA, NJ 1704 Bd. 7) 尋問調書には、被疑者たちがさまざまな戦略を使っている様子が記録されている。最小限の、否定しようのないことだけ認め、他の被疑者のことにできるだけ言及しない。また、犯行の大部分をすでに処刑された友人にかぶせることも当然考えられるということも、ここで考慮しなくてはならない。

★39 Willy Graf, Briefe und Aufzeichnungen, a. a. O., S. 106.〔註15参照〕

★40 ハンス・ショルの取り調べ、BA Berlin, ZC 13267, Bd 2.

★41 Otl Aicher, innenseiten des krieges, Frankfurt 1985, S. 153.

★42 ヒルツェルは、自分の二月十七日の供述を、ウルムのゲシュタポ官吏レッヒシュタイナーがまじめに取らなかったことを知る由もなかった。レッヒシュタイナーはミュンヘンのゲシュタポに連絡しなかった。このため、ショル兄妹は二月十八日の朝ミュンヘンで自宅にいたとしても、家宅捜査も逮捕もされるおそれはなかったのである。

★43 トラウテ・ラフレンツ、in: Inge Scholl, Die Weiße Rose, a. a. O., S. 173 f.〔註21参照〕〔邦訳『白バラは散らず ドイツの良心 ショル兄妹』ショル著は、旧版からの訳であるため、この箇所はない〕トラウテ・ラフレンツの著者とのインタビューでも述べられた。リロ・フュルスト゠ラムドーアの報告によると、ハンス・ショルは大学での活動をやりたがっていたが、いつもは大変思いきったことをするアレクサンダー・シュモレルが拒否し、いつもは控えめで活動主義をいさめていたクリストフ・プロープストはいっしょにやろうと言ったという。それには、ゾフィー・ショルが反対し、プロープストの代わりに自分が兄といっしょに行くと言い張った。Lilo Fürst-Ramdohr, Freundschaften in der Weißen Rose, München 1995, S. 113-120 参照。尋問調書からはこの点についてはほとんど情報が得られない。ハンス・ショルとゾフィー・ショルは、自供せざるをえなくなってから、二月十八日に大学でビラを配布した責任を終始自分たちだけに限定した。シュモレルとグラーフは、尋問のなかで、すでに処刑された友人のしたことに加担したと言って、罪を背負い込む必要はないと考えたであろう。

★44　リヒャルト・ハルダー、BA Berlin, ZC 13267 Bd. 1.

★45　Robert Mohr, Erinnerungsbericht über die Ereignisse in München um die Geschwister Scholl und deren Haltung bei den Verhören, IfZ, Fa 215 Bd. 3, 省略箇所はあるが、Inge Scholl, Die Weiße Rose, a. a. O., S. 226f. も参照のこと〔註21参照〕〔邦訳『白バラは散らず　ドイツの良心　ショル兄妹』ショル著は旧版からの訳であるため、この箇所はない〕

★46　モーアはこれ以前にローベルト・ショルと連絡を取り、近々行なわれることになっていたらしい裁判のための証明書を書いてほしいと頼んだ。ローベルト・ショルは、それに対して、自分の子どもたちは、処刑される二時間前に、それぞれ別々に「ゲシュタポでの待遇はとてもよく、丁重だった」と言ったことを証言した（ここでは、弁護士ルーファーに宛てたショルの手紙、StA München, SpKa Karton 1104, をアントン・マーラーが引用している。ローベルト・ショルのこの文章は、終戦直後の数年間、報道などで繰り返し引用されている）。

★47　エルゼ・ゲーベルは兄のヴィリー・ゲーベルを通してミュンヘンのハルトヴィマー・オルシェヴスキのグループと接触し、このグループの伝令役をつとめたために投獄された。一九四三年二月には起訴されるのを待っているところで、一九四四年三月十八日に判決が下された。Kurzbiographie Else Gebel, S. 135 ff. 参照。

★48　Else Gebel, Dem Andenken von Sophie Scholl, November 1946, IfZ, Fa 215/Bd. 3.

★49　ローベルト・モーアによる〔註21参照〕。

★50　朝四時という時間については、大管区長官ギースラーの官房長官ボアマンに宛てた報告書を参照。in: BA Berlin, ZC 13267 Bd. 1. 尋問調書には時間の記録はないが、自供の順番はゾフィー・ショルの尋問調書の話の内容からわかる。

★51　ローベルト・モーアによる〔註21参照〕。

★52　Staatsarchiv München, SpKa Karton 1104, アントン・マーラー参照。

★53　ゾフィー・ショルの尋問調書、BA ZC 13267, Bd. 3. 一五頁目は、改めて「国家秘密警察　ミュンヘン国家警察本部」という頭書きと「被疑者ゾフィー・ショルの取り調べ続行」というタイトルがタイプされて始まっている（一六四頁以降参照）。

★54　引用はすべてゾフィー・ショルの取り調べより〔註53参照〕。

★55　ハンス・ショルの取り調べより、BA ZC 13276, Bd. 2.

★56　ゾフィー・ショルの取り調べより〔註53参照〕。

★57　Else Gebel, Dem Andenken von Sophie Scholl, a. a. O.〔註48参照〕

★58　Else Gebel, Dem Andenken von Sophie Scholl, a. a. O.〔註48参照〕

★59　BA ZC 13267, Bd. 1.

★60　Else Gebel, Dem Andenken von Sophie Scholl, a. a. O.〔註48参照〕

★61　BA ZC 13267, Bd. 1. 一九四三年二月二十二日に弁護士ザイドル博士からフライスラーに宛てた申請。

★62　レオ・ザムベルガーによる、in: Inge Scholl, *Die Weiße Rose*, a. a. O., S. 184.〔註21〕〔邦訳『白バラは散らず　ドイツの良心　ショル兄妹』ショル著は旧版からの訳であるため、この箇所はない〕

★63　レオ・ザムベルガーによる、in: Inge Scholl, *Die Weiße Rose*, a. a. O., S. 184.〔註62参照〕

★64　レオ・ザムベルガーによる、in: Inge Scholl, *Die Weiße Rose*, a. a. O., S. 184.〔註62参照〕

★65　BA ZC 13267, Bd. 1, 審議に出廷していたと思われるゲシュタポ官吏のシュマウスが、ある書類の上に手で書き記したメモ。

★66　Helmut Ortner, Der Hinrichter. Roland Fleisler - Mörder im Dienste Hitlers, Wien 1993, S. 300.

★67　一九四三年二月二十日付›Völkischer Beobachter‹、Kurt Huber Gymnasium Gräfelfing (Hrsg.), Kurt Huber, Stationen seines Lebens, Gräfelfing, o. J. にファクシミリで掲載。

第3章

★1　「白バラ」のビラI、一二頁以降参照。

★2　Inge Scholl, Die Weiße Rose, a. a. O., S. 18/19〔第2章註21参照、邦訳『白バラは散らず　ドイツの良心　ショル兄妹』ショル著、一二〇頁〕

★3　「白バラ」のビラI、一二頁以降参照。

★4　一九二九年十一月一日に結成されたため、その日付けにちなんでこう名づけられた。

★5 バート・カンシュタットにて一九三八年三月十四日付の両親宛の手紙より、in: Hans Scholl und Sophie Scholl, Briefe und Aufzeichnungen, a. a. O., S. 16.〔第2章註2参照、邦訳『白バラの声　ショル兄妹の手紙』一二頁〕

★6 一九三九年九月二十日付のハンス・ショルの日記より、in: Hans Scholl und Sophie Scholl, Briefe und Aufzeichnungen, a. a. O., S. 26.〔第2章註2参照、邦訳『白バラの声　ショル兄妹の手紙』二三頁〕

★7 Otl Aicher, innenseiten des krieges, Frankfurt 1985, S. 71.

★8 ローゼ・ネーゲレ宛の手紙より、in: Hans Scholl und Sophie Scholl, Briefe und Aufzeichnungen, a. a. O., S. 53/54.〔第2章註2参照、邦訳『白バラの声　ショル兄妹の手紙』五四頁〕

★9 一九九〇年七月十五日のハンス・ヒルツェルの著者とのインタビューより。

★10 「白バラ」のビラI、二二頁以降参照。

★11 ハンス・ショルの取り調べより、BA ZC 13267, Bd. 2.

★12 「白バラ」のビラII、一七頁以降参照。

★13 アレクサンダー・シュモレルの取り調べより、Sonderarchiv Moskau 1361-1-8808.

★14 「白バラ」のビラII、一八頁以降参照。

★15 IfZ München, Fa 215/Bd. 2.

★16 Christian Petry, Studenten aufs Schafott a. a. O., S. 17.〔第2章註7参照、邦訳『白バラ抵抗運動の記録　処刑される学生たち』C・ペトリ著、一六頁〕

★17 民族裁判所の上級帝国検事、シュモレル他に対する起訴状より、Christian Petry, Studenten aufs Schafott a. a. O., S. 18. 参照〔第2章註7参照、邦訳『白バラ抵抗運動の記録　処刑される学生たち』C・ペトリ著、一八頁〕。

★18 一九八九年三月二日のニコライ・ハムザスピアンの著者とのインタビューより。

★19 「白バラ」のビラIII、二二頁以降参照。

★20 アレクサンダー・シュモレルに対するゲシュタポの取り調べより、Sonderarchiv Moskau 1361-1-8808.

★21 アレクサンダー・シュモレルに対するゲシュタポの取り調べより〔註20参照〕。

★22 BA ZC 13267, Bd. 4.

★23 これに関しては一四七頁以降の「白バラ」メンバーの尋問調書参照。

★24 Lilo Fürst-Ramdohr, Freundschaften in der Weißen Rose, München 1995, S. 60 f.

★25 Inge Scholl, Die Weiße Rose, a. a. O., S. 44.〔第2章註21参照、邦訳『白バラは散らず　ドイツの良心　ショル兄妹』ショル著、六二頁〕

★26 一九九〇年七月十五日のハンス・ヒルツェルの著者とのインタビューより。

★27 Bernhard Knoop, Ansprache zum Gedenken an Christoph Probst, in: ... damit Deutschland weiterlebt. Christoph Probst 1919-1943, Gilching 2000, S. 133. 初出は Schondorfer Berichte, 30. Jahrgang, Schondorf 1983. ベルンハルト・クノープはのちにヴィリー・グラーフの妹アンネリーゼ・グラーフと結婚した。

★28 Angelika Probst, Christoph Propst, in: ... damit Deutschland weiterlebt, a. a. O., S. 128 f.〔註27参照〕初出は Der Fährmann. Zeitschrift der katholischen Jungmänner-Gemeinschaft im Bund der deutschen Katholischen Jugend, Heft 3, 1947.

★29 Christoph Propst, Abschiedsbrief an die Mutter, in: ... damit Deutschland weiterlebt, a. a. O., S. 118.〔註27参照〕この手紙が母親のカーリン・クレーブラットに渡されることは結局なかった。彼女は、ゲシュタポ官吏の立ち合いのもとで、一度だけ読むことを許され、できるだけ暗記して、そのあと記憶を頼りに書き写した。プロープストの姉アンゲリカの場合も同じで、この時にははっきりと、「彼が殉教者扱いされないように」手紙は渡さないと言われたということだ。Angelika Probst, Christoph Probst, in: ... damit Deutschland weiterlebt, a. a. O., S. 130.〔註27参照〕

★30 一九四一年四月十三日付のリザ・レムピス宛の手紙より、in: Hans Scholl und Sophie Scholl, Briefe und Aufzeichnungen, a. a. O., S. 175.〔第2章註2参照、邦訳『白バラの声　ショル兄妹の手紙』一九七頁〕

★31 一九八九年四月十五日のズザンネ・ツェラー＝ヒルツェルの著者とのインタビューより。

★32 この発言については、インゲ・アイヒャー＝ショルの報告がHermann Vinke, Das kurze Leben der Sophie Scholl, Ravensburg 1980, S. 43にある〔邦訳『ゾフィー二十一歳　ヒトラーに抗した白いバラ』ヘルマン・フィンケ著、若林ひとみ訳、草風館、二〇〇六年（新版）、四四頁〕。

★33 Hans Scholl und Sophie Scholl, Briefe und Aufzeichnungen, a. a. O., S. 130.〔第2章註2参照、邦訳『白バラの声　ショル兄妹の手紙』一四二頁〕より。

★34 Hermann Vinke, Das kurze Leben der Sophie Scholl, a. a. O., S. 54.〔註32参照、邦訳『ゾフィー二十一歳、ヒトラーに抗した白いバラ』フィンケ著、五八頁〕

★35　同右参照。
★36　同右 S. 56f.〔同右六〇／六一頁〕
★37　Hans Scholl und Sophie Scholl, Briefe und Aufzeichnungen, a. a. O., S. 140 の一九四〇年四月九日付のフリッツ・ハルトナーゲル宛の手紙より〔第2章註2参照、邦訳『白バラの声　ショル兄妹の手紙』一五三頁〕。
★38　二〇〇四年三月十八日のエリーザベト・ハルトナーゲルの著者とのインタビューより。
★39　Hans Scholl und Sophie Scholl, Briefe und Aufzeichnungen, a. a. O., S. 163/164 の一九四〇年九月二十三日付のフリッツ・ハルトナーゲル宛の手紙より〔第2章註2参照、邦訳『白バラの声　ショル兄妹の手紙』一八一頁〕。
★40　Inge Scholl, Die Weiße Rose, a. a. O., S. 41.〔第2章註21参照、邦訳『白バラは散らず　ドイツの良心　ショル兄妹』ショル著、五八頁〕
★41　当時この抵抗運動のことを知っていた一握りの人々のなかで、生き残った人のなかからも、ハンスかゾフィーからこのような話を聞き、インゲ・ショルにそれを伝えたという証言は全くない。
★42　BA ZC 13267, Bd. 3, ゾフィー・ショルの尋問参照。「この文書の作成や印刷や配布とは全く何の関わりもないということははっきりと申し上げておきます」という箇所を読むと、次のことがわかる。ゾフィーは一九四二年秋から一九四三年二月までの活動については、ゾフィーは実際の成り行きを細かいところまでよく知っており、仲間を守るために、仲間のしたこともゲシュタポにわからないようにうまく自分だけで負っている。たとえば、五番目のビラの作者についてや、ハンス・ヒルツェルと、その協力者であるズザンネ・ヒルツェルとフランツ・ミュラーによってシュトゥットガルトでビラが配布されたことなどである。つまり、ゾフィーの供述の仕方の傾向から言えば、最初の四種類のビラについても責任と協力を認め、たとえばアレクサンダー・シュモレルの罪を軽くしたり、隠したりしようとするだろうと考えられる。ゾフィー・ショルがそうしなかった理由は、一九四二年六月から七月にかけての実際の経過を本当に知らず、自分の関与を装おうのに、正確で裏づけがある、ぴったりした証言をねつ造することができなかったからであろう。
★43　一九八九年四月十五日のズザンネ・ヒルツェルの著者とのインタビューより。
★44　Willy Graf, Briefe und Aufzeichnungen. Hrsg. von Anneliese Knoop-Graf und Inge Jens, Frankfurt 1988, S. 84.
★45　同右 S. 89.
★46　一九八九年五月四日のハインツ・ボリンガーの著者とのインタビューより。

★47　同右。

★48　Willy Graf, Briefe und Aufzeichnungen. Hrsg. von Anneliese Knoop-Graf und Inge Jens, Frankfurt 1988, S. 199 f.

★49　同右 S. 88.

★50　Hermine Meier, Ein Lehrer vertieften Denkens, in: Clara Huber (Hrsg.), Kurt Huber zum Gedächtnis. »... der Tod war nicht vergebens«, München 1986, S. 94.

★51　Mirok Li, Kurt Huber und das Ausland, in: Clara Huber (Hrsg.), Kurt Huber zum Gedächtnis. »... der Tod war nicht vergebens«, München 1986, S. 162 f.

★52　引用は Claudia Schorcht, Philosophie an den Bayerischen Universitäten 1933-1945, Erlangen 1990, S. 166 による。

★53　国民社会主義ドイツ労働者党党員番号八二八二九八一、一九四〇年四月一日登録。それ以前、フーバーは一九四三年からナチ党福祉団体と国民防空団に所属していただけで、それは「ナチス政権下では最低限参加せざるを得なかったものである。」これについては、Michael Schneider, Winfried Süß, Keine Volksgenossen, Studentischer Widerstand der Weißen Rose, München 1993, S. 19 ff.〔邦訳『白バラを生きる　ナチに抗った七人の生涯』M・C・シュナイダー／W・ズュース著、浅見昇吾訳、未知谷、一九九五年、一八八頁〕参照。

★54　一九九〇年十二月二十三日のクラーラ・フーバーの著者とのインタビューより。

★55　クルト・フーバーの弁護弁論。この弁論の原稿は Christian Petry, Studenten aufs Schafott. Die Weiße Rose und ihr Scheitern, München 1968, S. 192 f. に、全文が掲載されている〔第2章註7参照、邦訳『白バラ抵抗運動の記録　処刑される学生たち』C・ペトリ著、三〇三―三一五頁〕。

★56　一九四六年十一月にエルゼ・ゲーベルが記した»Dem Andenken von Sophie Scholl gewidmet«, München Fa 215/Bd. 3. エルゼ・ゲーベルが言及している写真は、ユルゲン・ヴィッテンシュタインが撮影した一連の写真で、一九四二年の夏、ハンス・ショル、アレクサンダー・シュモレル、ヴィリー・グラーフ、その他の衛生中隊の仲間たちが、ミュンヘン東駅からソビエト連邦の前線実習へと出発する前に、彼らとゾフィーとクリストフ・プロープストが別れを惜しんでいるところが写っている。

★57　二〇〇四年二月十六日のヴァルター・ゲーベルの著者とのインタビューより。

★58　同右。

★59　これについては、Andreas Heusler / Tobias Weger: »Kristallnacht«, Gewalt gegen Münchner Juden im November 1938,

München 1998, 特に、S. 99, 107, 110 を参照。
★60　ウールフェルダーは一九三九年七月二日にスイスへ亡命することができた。
★61　Staatsarchiv München, OLG 3499, Urteil I d OJs 185/43, プレッツ他に対する判決、ゲーベルも含まれる。
★62　一九四六年十一月にエルゼ・ゲーベルが記した »Dem Andenken von Sophie Scholl gewidmet«, IfZ München, Fa 215/Bd. 3.
★63　同右。
★64　同右。
★65　ローベルト・モーアの報告、in: Inge Scholl, Die Weiße Rose, a. a. O., S. 173.〔註21参照。邦訳『白バラは散らず　ドイツの良心　ショル兄妹』ショル著は旧版からの訳であるため、この箇所はない〕
★66　同右 S. 178.
★67　同右 S. 178/179.
★68　例えば一九四三年二月二十日のゾフィー・ショルの最後の尋問のサインの前には、「口述筆記され、再読したのち、署名」と記されている。
★69　ローベルト・モーアの報告、in: Inge Scholl, Die Weiße Rose, a. a. O., S. 233.〔註21参照。邦訳『白バラは散らず　ドイツの良心　ショル兄妹』ショル著は旧版からの訳であるため、この箇所はない〕
★70　BA ZC 13267, Bd. 3, ゾフィー・ショルの尋問。
★71　すべての情報はローベルト・モーアの人事書類より、BA BDC.
★72　フランツ・ミュラー、ハンス・ヒルツェル、ズザンネ・ツェラー＝ヒルツェルなど。
★73　二〇〇三年十二月十二日のアンネリーゼ・グラーフの著者とのインタビューより。
★74　Ian Sayer / Douglas Botting, America’ s secret Army. The untold story of the counterintelligence corps, New York, Toronto 1989, S. 331.
★75　Helmut Ortner, Der Hinrichter. Roland Fleisler - Mörder im Dienste Hitlers, Wien 1993, S. 135.
★76　同右、S. 49 f.
★77　Bundesminister der Justiz (Hrsg.), Justiz und Nationalsozialismus, Köln 1989, S. 152.

★78　一九九〇年七月十五日のハンス・ヒルツェルの著者とのインタビューより。

第4章

★1　以下の指摘を参照。Hans Booms: Bemerkungen zu einer fragwürdigen Quellenedition. Die Veröffentlichung der » Kaltenbrunner-Berichte« vom »Archiv Peter«. In: Der Archivar. Mitteilungsblatt für deutsches Archivwesen 15 (1962), Spalte (Sp.) 105-112, hier Sp. 106.

★2　同右 Sp. 107.

★3　Anneliese Knoop-Graf: Hochverräter? Willi Graf und die Ausweitung des Widerstands. In: Hochverrat? Die »Weiße Rose « und ihr Umfeld. Hrsg. v. Rudolf Lill. Konstanz 1993, S. 43-88, ここでは S. 48.

★4　以下を参照。Hans-Adolf Jacobsens Vorbemerkung zu »Spiegelbild einer Verschwörung«. Die Opposition gegen Hitler und der Staatsstreich von 20. Juli, 1944 in der SD-Berichterstattung. Geheime Dokumente aus dem ehemaligen Reichssicherheitshauptamt. Hrsg. v. Hans-Adolf Jacobsen. 2 Bde. Stuttgart 1984, hier Bd. 1, unpaginierte Vorbemerkung zur Edition.

★5　Booms: Bemerkungen zu einer fragwürdigen Quellensedition〔註1参照〕Sp. 111.

★6　青年抵抗運動における位置づけに関しては以下を参照。Wilfried Breyvogel: Die Gruppe »Weiße Rose«. Ammerkungen zur Rezeptionsgeschichte und kritishen Rekonstrukution. In: Piraten, Swings und Junge Garde. Jugendwiderstand im Nationalsozialismus. Hrsg. v. Wilfried Breyvogel. Bonn 1991, S. 159-201., ここでは S. 160 ff., 198f.; 一九四五年以降の影響については以下を参照。Barbara Schüler: »Im Geiste der Gemordeten ...«. Die »Weiße Rose« und ihre Wirkung in der Nachkriegszeit. Paderborn 2000.

★7　Detlev Bald: Die »Weiße Rose«. Von der Front in den Widerstand. Berlin 2003, S. 15.

★8　尋問と公判に関する文書については、Karl-Heinz Jahnke: Jugend im Widerstand 1933-1945. 2. Aufl. Frankfurt am Main 1985（初出は Berlin-Ost 1970、タイトルは Entscheidungen - Jugend im Widerstand 1933-1945), S. 108 ff., 116 f.、および、Wir schweigen nicht! Eine Dokumentation über den antifaschistischen Kampf Münchner Studenten 1942/43. Hrsg. v. Klaus

Drobisch. Berlin-Ost 1968, 1977, 1983. を参照。

★9　以下を参照。Willi Graf. Briefe und Aufzeichnungen. Hrsg. Anneliese Knoop-Graf und Inge Jens. Frankfurt am Main 1988, 新版はペーパーバック版で 1994, S. 252.

★10　中心的な出版物としては以下がある。Inge Scholl, Die Weiße Rose, Frankfurt am Main 3. Aufl. 1952, 1955. 一九八二年、一九九三年の改訂版と一九八三年のペーパーバック版には「民族裁判所」の一九四三年二月二十二日および一九四三年四月十九日の判決文と多数の目撃証言が収録されているが、尋問調書は掲載されていない〔邦訳『白バラは散らず　ドイツの良心　ショル兄妹』インゲ・ショル著、内垣啓一訳、未來社、一九六四年。ただし、旧版からの訳であるため、この箇所はない〕。

★11　以下を参照。Christian Petry, Studenten aufs Schafott. Die Weiße Rose und ihr Scheitern. München 1968, S. 124 f.〔邦訳『白バラ抵抗運動の記録　処刑される学生たち』C・ペトリ著、関楠生訳、未來社、一九七一年、一九一頁以降〕、Scholl, Die Weiße Rose〔註10参照〕、hier erweiterte Neuausgabe ab 1982 und 1993, S. 212 f. und 178 f.〔邦訳『白バラは散らず　ドイツの良心　ショル兄妹』ショル著は、旧版からの訳であるため、この箇所はない〕

★12　同右参照〔註10参照〕、S. 212-225.〔邦訳二一四―二一五頁〕他にも、Michael Verhoeven / Mario Krebs: Die Weiße Rose. Der Widerstand Münchner Studenten gegen Hitler. Informationen zum Film. Frankfurt am Main 1982, S. 172 f.

★13　これに関しては以下を参照。Archivbestand Walter Hammer im Archiv IfZ München, ED 106/101; 同 Fa 215/1-5.「白バラ」に関する公判記録書類、ビラ、書簡などの収集、ベルリン・ドイツ抵抗運動記念館（GDW）Berlin Sammlung »Weiße Rose«; BA Berlin (Hoppengarten), ZC 13267, Bd. 1-16; ZC 14116, Bd. 1-2; ZC 19601; NJ 1704, Bd. 1-33; NJ 6136; モスクワ・ロシア国立軍事公文書館（RGVA）一三六一―一―八八〇八にもアレクサンダー・シュモレルに対する尋問調書や審理記録がある。この他の文献については以下に詳しい。Ernst Fleischhack: Die Widerstandsbewegung »Weiße Rose«. Literaturbericht und Bibliographie. Jahresbibliographie der Bibliothek für Zeitgeschichte. Weltkriegsbücherei 42 (1970, erschienen 1971), S. 459-507; Michael Kißener: Literatur zur Weißen Rose 1971-1992. In: Hochverrat? Die »Weiße Rose« und ihr Umfeld. Hrsg. v. Rudolf Lill. Konstanz 1993, S. 159-179; Tatjana Blaha: Willi Graf und Weiße Rose. Eine Rezeptiongeschichte. München 2003. 叙述と記録は以下を参照。Scholl, Die Weiße Rose〔註10参照〕〔邦訳『白バラは散らず　ドイツの良心　ショル兄妹』ショル著〕; Klaus Vielhaber: Widerstand im Namen der deutschen Jugend. Willi Graf und die Weiße Rose. Eine Dokumentation. Wurzburg 1963.（新版タイトルは Gewalt und Gewissen）〔邦訳『権力と良心　ヴィリー・グラーフと「白バラ」』クラウス・フィールハーバー他編、中井晶

夫・佐藤健生訳、未來社、一九七三年〕、Petry, Studenten aufs Schafott.〔註11参照〕〔邦訳『白バラ抵抗運動の記録　処刑される学生たち』ペトリ著〕、Karl Heinz Jahnke: Weiße Rose contra Hakenkreuz. Der Widerstand der Geschwister Scholl und ihrer Freunde. Frankfurt am Main 1969, ders.: Weiße Rose contra Hakenkreuz. Studenten im Widerstand 1942/43. Einblicke in viereinhalb Jahrzehnte Forschung. Rostock 2003; Verhoeven / Krebs, Die Weiße Rose〔註12参照〕; Hans Scholl und Sophie Scholl. Briefe und Aufzeichnungen. Hrsg. v. Inge Jens. Frankfurt am Main 1984, 新版、ペーパーバック版は一九八八年、一九九三年〔邦訳『白バラの声　ショル兄妹の手紙』ハンス・ショル／ゾフィー・ショル著、インゲ・イェンス編、山下公子訳、新曜社、一九八五年〕; Willi Graf. Briefe und Aufzeichningen〔註9参照〕; Annette E. Dumbach / Jud Newborn: Wir sind euer Gewissen. Die Geschichte der Weißen Rose. Stuttgart 1988, Freiburg 2002; Anneliese Knoop-Graf: »Jeder Einzelne trägt die ganze Verantwortung«. Willi Graf und die Weiße Rose. Berlin 1991;　同：»Jeder Einzelne trägt die ganze Verantwortung«. Widerstand am Beispiel Willi Graf. In: Piraten, Swings und Junge Garde. Jugendwiderstand im Nationalsozialismus. Hrsg. v. Wilfried Breyvogel. Bonn 1991, S. 222-240; dies.: Hochverräter?〔註3参照〕; Richard Hanser: Deutschland zuliebe. Leben und Sterben der Geschwister Scholl. Die Geschichte der Weißen Rose. München 1979, 1982; Hermann Vinke: Das kurze Leben der Sophie Scholl, Ravensburg 1980, 6. Aufl. 1991.〔邦訳『ゾフィー二十一歳　ヒトラーに抗した白いバラ』ヘルマン・フィンケ著、若林ひとみ訳、草風館、二〇〇六年〕; Wir schweigen nicht!〔註8参照〕; Gerhard Schott: Die Weiße Rose. Studentischer Widerstand im Dritten Reich 1943. Gedenkausstellung der Universitätsbibliothek München 1983. München 1983; Hochverrat? Die »Weiße Rose« und ihr Umfeld. Hrsg. v. Rudolf Lill. Konstanz 1993; Breyvogel: Die Gruppe　»Weiße Rose«〔註6参照〕; Harald Steffahn: Die Weiße Rose. Reinbeck 1992; Die Weiße Rose und das Erbe des deutschen Widerstandes. Münchner Gedächtnisvorlesungen. München 1993; Michael C. Schneider / Winfried Süß: Keine Volksgenossen. Studentischer Widerstand der Weißen Rose. München 1993.〔邦訳『白バラを生きる　ナチに抗った七人の生涯』M・C・シュナイダー／W・ズュース著、浅見昇吾訳、未知谷、一九九五年〕; Sippenhaft. Nachrichten und Botschaften der Familie in der Gestapo-Haft nach der Hinrichtung von Hans und Sophie Scholl. Hrsg. v. Inge Aicher-Scholl. Frankfurt am Main 1993; Barbara Leisner: »Ich wurde es genauso wieder machen«. Sophie Scholl. München 2000, 4. Aufl. 2001, 5. Aufl. 2003; Bald: Die »Weiße Rose«〔註7参照〕; Luise Schultze-Jahn: »Und der Geist lebt trotzdem weiter!«. Widerstand im Zeichen der Weißen Rose. Berlin 2003; Werner Milstein: Mut zum Widerstand. Sophie Scholl - Ein Porträt. Neukirchen 2003.

★14 BA Berlin (Hoppegarten), ZC 13267, Bd. 1: 一九四三年二月二十日のミュンヘン・ゲシュタポの報告書と、一九四三年二月十九日の記録。同 Bd. 2: 一九四三年二月十八日および二十日のハンス・ショルの尋問記録。スターリングラードでの出来事の影響については、同 Bd. 4: 一九四三年二月二十日および二十一日のクリストフ・プロープストの尋問記録を参照。

★15 Bald: Die Weiße Rose, S. 156.〔註7参照〕

★16 BA Berlin (Hoppegarten), ZC 13267, Bd. 1. 一九四三年二月十九日、ギースラーからボルマンに宛てた電報、および一九四三年二月十九日、ボルマンからギースラーに宛てた電報。「民族裁判所」での公判については以下を参照。Widerstand als »Hochverrat« 1933 bis 1945. Die Verfahren gegen deutsche Reichsangehörige vor dem Reichsgericht, dem Volksgerichtshof und dem Reichskriegsgericht. Hrsg. v. Institut für Zeitgeschichte München. Mikrofiche-Edition und Erschließungsband. Bearb. v. Jürgen Zarusky und Hartmut Mehringer. München 1997-1998.

★17 BA Berlin (Hoppegarten), ZC 13267, Bd. 1.

★18 ローベルト・モーアの証言は Inge Scholl, Die Weiße Rose, S. 220.〔註10参照〕〔邦訳『白バラは散らず』ショル著は旧版からの訳であるため、この箇所はない〕

★19 BA Berlin (Hoppegarten), ZC 13267, Bd. 1: 一九四三年二月二十一日付の起訴状参照。

★20 BA Berlin (Hoppegarten), ZC 13267, Bd. 1: 一九四三年二月二十二日付の判決参照。この他に Widerstand als »Hochverrat« 1933-1945〔註16参照〕。判決文は以下にも掲載されている。Wir schweigen nicht!〔註8参照〕S. 129-142; Scholl: Die Weiße Rose, S. 137 ff.〔註10参照〕〔邦訳『白バラは散らず』ショル著は、旧版からの訳であるため、この箇所はない〕

★21 BA Berlin (Hoppegarten) u. GDW Berlin Sammlung »Weiße Rose«, ZC 13267, NJ 1704、また、Sonderarchiv Moskau, 1361-1-8808、一九四三年三月一日のシュモレルの取り調べより。Willi Graf. Briefe und Aufzeichnungen〔註9参照〕S. 22.

★22 以下を参照。Widerstand als »Hochverrat« 1933-1945.〔註16参照〕; Kurt Huber zum Gedächtnis. Bildnis eines Menschen, Denkers und Forschers. (»... der Tod war nicht vergebens«). Hrsg. v. Clara Huber. Regensburg 1947, Neuauflage München 1986, S. 32 ff. (1947), S. 53-55 (1986); Scholl: Die Weiße Rose, S. 143 ff.〔註10参照〕〔邦訳『白バラは散らず』ショル著は、旧版からの訳であるため、この箇所はない〕

★23 Bald: die »Weiße Rose« S. 158.〔註7参照〕

★24 BA Berlin (Hoppegarten), ZC 13267, Bd. 1: 一九四三年二月十八日、十九日、二十日のハンス・ショルとゾフィー・ショルの尋問調書、および、一九四三年二月二十日、二十一日のクリストフ・プロープストの尋問調書より。
★25　ビラは以下に掲載されている。Aufstand des Gewissens. Militärischer Widerstand gegen Hitler und das NS-Regime 1933-1945. Katalog zur Wanderausstellung des Militärgeschichtlichen Forschungsamtes. Hrsg. v. Heinrich Walle. 4. durchges. Aufl. Herford 1994, S. 116, 118、他にもSteffahn: Die Weiße Rose, S. 131-144〔註13参照〕; Wir schweigen nicht! S. 65-99; Scholl〔註8参照〕, Die Weiße Rose, S. 96-121〔註10参照〕〔邦訳『白バラは散らず』ショル著、一一七―一四六頁〕特に、六番目のビラは同書、S. 120〔邦訳一四三―一四六頁〕を参照〔註10参照〕。
★26　BA Berlin (Hoppegarten), ZC 13267, Bd. 1: ミュンヘンにて、一九四三年二月十七日、十八日付、リヒャルト・ハルダー教授。この鑑定書は以下に掲載されている。Hochverrat?〔註3参照〕S. 209 ff., S 213 ff.
★27　前線実習任務での体験については、特に以下の文献で指摘されている。Karl Heinz Jahnke: Weiße Rose contra Hakenkreuz 1969〔註13参照〕; 同: Antifaschistische Widerstand an der Münchner Universität. Die Stundentengruppe Scholl / Schmorell. In: Zeitschrift für Geschichtswissenschaft 16 (1968), H. 7, S. 874 ff.; Christiane Moll: Die Weiße Rose. In: Widerstand gegen den Nationalsozialismus. Hrsg. v. Peter Steinbach und Johannes Tuchel. Bonn 1994, S. 443-467〔邦訳『ドイツにおけるナチスへの抵抗一九三三―一九四五』ペーター・シュタインバッハ／ヨハネス・トゥヘル編、田村光彰他訳、現代書館、一九九八年、二四三―二六八頁〕; 同 in: Widerstand gegen die nationalsozialistische Diktatur 1933 bis 1945. Hrsg. v. Peter Steinbach und Johannes Tuchel. Bonn 2004, S. 375-395; Gerd R. Ueberschär: Zum »Ruslandbild« in deutschen Widerstandskreisen gegen Hitler. In: Jahrbuch 1997. Dokumentationsarchiv des österreichischen Widerstandes. Redaktion: Siegwald Ganglmair. Wien 1997, S. 69-82, ここではS. 77; 特にBald: Die »Weiße Rose«〔註7参照〕
★28　以下を参照。Johannes Tuchel: »Von der Front in den Widerstand?« Kritische Überlegungen zu Detlef Balds Neuerscheinung über die »Weiße Rose«. In: Zeitschrift für Geschichtswissenschaft 51 (2003), S 1022-1045; Armin Ziegler: Widerstand in Sachen »Weiße Rose«. Kritische Anmerkungen zu dem Buch von Detlef Bald: "Die Weiße Rose - Von der Front in den Widerstand/". Selbstverlag Schönaich 2003; Karl Heinz Jahnke: Jüngste Auseinandersetzugen um die Geschichte der Münchner Widerstandsgruppe Weiße Rose. In: Informationen - Studienkreis Deutscher Widerstand Frankfurt / Main 29. Jg., Nr. 59 v. Mai 2004, S. 33-35. 一九四二年夏の東部戦線での戦争体験が、「白バラ」の抵抗運動に与えた特別な影響に関しては、新たにペーパーバック版で刊行されたデトレフ・バルトの研究のなかでさらに明らかにされている。以下のペーパーバック版を参照。

Die »Weiße Rose« Von der Front in den Widerstand. Berlin 2004, S. 11, 14 f., 22 ff.

★29 Bald: Die »Weiße Rose«〔註7参照〕より。Jahnke, Jüngste Auseinandersetzungen〔註27参照〕S. 33では、このことを、彼らが抵抗運動を展開していくうえでの「鍵を握る体験」と述べている。

★30 GDW Berlin Sammlung »Weiße Rose« および、モスクワ・ロシア国立軍事公文書館、一三六一―一―八八〇八。一九四三年二月二十五日、二十六日、三月一日、十一日、十三日、十八日の尋問調書。一九四三年三月八日のシュモレルの政治的信条、その他のアレクサンダー・シュモレルに対する捜査記録参照。本書に掲載されたものも参照されたい。

★31 同右。一九四三年二月二十六日のシュモレルの取り調べより。ゾフィー・ショルは、「白バラ」を代表して、スイス、ユングフラウヨッホにある「自由の殿堂」にその名を刻まれ、「自由という錦の御旗」のための不屈の戦いの功績を世界的に讃えられた。

訳者あとがき

本書は、二〇〇五年に公開された映画『白バラの祈り――ゾフィー・ショル、最期の日々』の制作の記録である、Fred Breinersdorfer (Hrsg.): "Sophie Scholl - Die letzten Tage" (Frankfurt am Main 2005, Fischer Taschenbuch Verlag) のうち、「白バラ」のビラ、ビラの草稿、「白バラ」に関する論説、「白バラ」主要メンバーと関係者のバイオグラフィー、そして近年初めて明るみにでた「白バラ」メンバーの尋問調書からなる「資料篇」を邦訳したものである。オリジナル・シナリオと映画成立の過程に関する記述（原著第4章）は、フレート・ブライナースドルファー著、瀬川裕司・渡辺徳美訳『白バラの祈り――ゾフィー・ショル、最期の日々〔オリジナル・シナリオ〕』（二〇〇六年、未來社）として既に刊行されている。同書で「資料篇」の存在を知り、本書の刊行を待って下さっていた読者もおられることと思う。

映画では、ショル兄妹がミュンヘン大学構内でビラを撒き、逮捕、尋問、そして斬首されるまでの五日間が、妹のゾフィーにスポットをあてて、克明に描かれている。観る者をスクリーンに引き込む迫真の演技の裏には、「白バラ」の全体像に迫る綿密で広範な調査があった。本書の註にあげられた数多くの資料と文献、関係者とのインタビュー記録からうかがえるように、映画制作にあたり、種々の先行研究が参照され、さらに新たな視点からの総合的な検証作業が行なわれた。その成果の集大成とも言える本書は、「白バラ」関連文献の中で、特に重要な一冊に加えられよう。

今回「白バラ」が新たに映画化されるに至った背景には、メンバーの「尋問調書」という新資料の発掘があった。この文書の存在は、旧東ドイツが崩壊した一九八九年以降に明らかとなり、その内容が本書で初めて公表された。また、ゾフィーの好敵手として、映画の副旋律を奏でる尋問官ローベルト・モーアについては、これまでごく僅かな情報しかなかったが、今回、その人事関係書類が発見され、写真や息子の証言なども得て、彼の人物像が明らかになった。

ミュンヘン大学本部前の広場は「ショル兄妹広場」と名付けられ、「白バラ」を記念するプレートが、吹き抜けホールに向かう学生たちの足元に埋め込まれている。2007年3月（撮影：田中美由紀）。

モーアは戦後、ショル兄妹の逮捕とその後のいきさつについて証言を残している。そこから、逮捕された当初、二人がビラや「白バラ」との関与を否定し、巧みに追及をかわしてモーアに無罪と思わせたことはこれまでも知られていた。しかし、釈放寸前まで行きながら、事態が急展開し、尋問の再開から法廷に立つまでの過程については、起訴状から読み取る以外、想像するより他なかった。本書に収められた尋問調書からは、「白バラ」メンバーとゲシュタポ係官との生々しいやりとりが伝わってくる。

動かぬ証拠をつきつけられ、言い逃れようとすれば仲間に罪をかぶせることになると知ると、ショル兄妹は一転、すべての責任を自ら背負って闘った。ゲシュタポは「白バラ」を組織的な反ナチ抵抗運動と見ており、大胆な行動に脅威を感じていた。このため、少しでも多くの情報を聞き出し、「組織」とその関係者全員を洗い出そうと躍起になった。誘導を狙った執拗な尋問を繰り返し、活動の資金や物品の出所、友人や知人の名前を何度も問い質している。それぞれのメンバーの証言を照合し、食い違いを突いて口を割らせようとしたり、捜索で名前が上がった人物について、協力者あるいは仲間であるという証言を引き出そうとしたりしたことがうかがえる。

回答を迫られたショル兄妹は、自分たちに関する容疑を率直に認め、事実関係を細かく証言する一方で、関係者の範囲をできる限り狭め、細心の注意を払って仲間の嫌疑を晴らそうとした。その意味で、尋問調書にはショル兄妹の真実の吐露としての面だけでなく、仲間をかばう戦略的な意図も投影されていると見るべきだろう。

厳しい尋問に耐え、仲間を守りつつ自らの理想と信念を貫いたショル兄妹。二つの祖国への愛を抱き、平和を求めたアレックス・シュモレル。守るべき家族のため、生き延びる道を求めたクリストフ・プロープスト。そこには、何か／誰かのために自分の命を犠牲にしようとする「英雄」ではなく、良心と自由を信じ、家族や友人のため、祖国の人びと、そして国のために生き抜こうと苦闘する人間たちがいる。彼らは自ら死を選んだのではない。仲間を犠牲にせず、自らの信念をも曲げることなく生き延びられる道があったならば、迷わずそれを選んだことだろう。しかし、そのチャンスは与えられなかった。

「白バラ」運動の動機については、たとえば東部戦線での従軍体験がどこまでこれに影響を及ぼしているかといった議論が今でも続いており、すべてを解明するには至っていない。活動の中心を担ったメンバーは、周囲を巻き込むまいとして、活動の記録をほとんど残しておらず、それぞれの動機や活動の細部についてまだ不明な点が多い。なぜあの日、ショル兄妹は突然大量のビラを大学で撒いたのか、なぜゾフィーはビラを吹き抜けに投げ落としたのか。これらの点も、本書で明らかになったわけではない。ただ本書から分かるのは、「白バラ」は、特定の運動組織も、共通のイデオロギーもなく、メンバーそれぞれが自分の内面に由来する動機に突き動かされて行動を起こし、その信念を貫き通したということである。彼らはビラを通してナチ体制に反対の声をあげ、戦後ドイツの、そしてヨーロッパのあるべき姿を訴えた。彼らははっきりと「国家の市民として」「国民のために最善と思ったことをした」と語っている。「国家反逆罪」の罪を着せられても、国を愛し、その未来に理想を描いていたからこそ、時の権力に逆らい、自らの信念を曲げようとしなかった。彼らにとって国とは、権力によって押し付けられるものではなく、自分たちの意思で作り上げて行くものであり、「愛する」とは、権力に命じられてただ従うことではなく、自分自身の理性と知性、そして良心によって築かれる確信なのだ。

ショル兄妹がビラを投げ落とした吹き抜けホールにある「白バラ」記念碑。2007年3月（撮影：田中美由紀）。

「白バラ」運動が当時どれだけの影響力をもっていたかについては諸説ある。自らの逮捕と処刑によって、ドイツの学生たちの間に抗議と抵抗の波が起こり、やがて始まる連合軍の侵攻とともに戦争はすぐに終結すると、彼らは信じていた。だが、実際は抗議の声はあがらず、細々と引き継がれた「白バラ」運動からはさらなる弾圧の犠牲者が出た。そして、ドイツ敗戦までなお二年以上の歳月が費やされた。それでも、「白バラ」の声は対戦国イギリスに伝わり、ナチ一色に見えたドイツ国内に抵抗運動が存在し、良心と正義のために闘う勇気ある若者たちがいることを悟らせた。

戦後のドイツでは、ショル兄妹は自由と民主主義の象徴として、数多くの街路、広場、学校などにその名を残すことになった。ミュンヘン大学前の広場は「ショル兄妹広場」と呼ばれ、同大学政治学研究所も兄妹に因んだ名を冠している。「白バラ」は、絶望のナチ時代から放たれた一条の光のごとく、現代のドイツの人々に希望と誇りを与え、「市民的勇気」の手本を示してきたのである。

その一つの証言ともいえる本書を日本で紹介できることは、訳者にとって大きな喜びである。本書の出版にご尽力下さった未來社社長の西谷能英さんと編集担当の小柳暁子さんに、心から御礼申し上げたい。なお訳文には細心の注意を払ったが、思わぬ見落としがないとは限らない。読者のご教示を賜りたい。

二〇〇七年七月

訳者

■編者略歴

フレート・ブライナースドルファー（Fred Breinersdorfer）
1946年生。弁護士、作家。ドイツ作家協会会長。

■訳者略歴

石田勇治（いしだ・ゆうじ）
1957年生。東京大学大学院総合文化研究科教授。ドイツ現代史・ジェノサイド研究。著書に『過去の克服 ヒトラー後のドイツ』（白水社、2002年）、『20世紀ドイツ史』（白水社、2005年）、*Jungkonservative in der Weimarer Republik. Der Ring-Kreis 1928-1933*, Frankfurt am Main 1988. 史料集に『資料 ドイツ外交官の見た南京事件』（大月書店、2001年）、訳書にクリストフ・クレスマン『戦後ドイツ史 1945－1955 二重の建国』（共訳、未來社、1995年）、イアン・カーショー『ヒトラー 権力の本質』（白水社、1998年）。

田中美由紀（たなか・みゆき）
ドイツ、マルティン・ルター大学哲学部政治学科卒、M.A., 現在弘前大学非常勤講師、独日日独翻訳。著書に『ドイツの見えない壁――女が問い直す統一』（共著、岩波新書、1993年）。

「白バラ」尋問調書

――『白バラの祈り』資料集

2007年8月10日　初版第一刷発行

（本体3200円＋税）――定価

フレート・ブライナースドルファー――編

石田勇治・田中美由紀――訳

HOLON――装幀

西谷能英――発行者

株式会社　未來社――発行所

〒112-0002 東京都文京区小石川3－7－2
tel 03-3814-5521（代表）
http://www.miraisha.co.jp/
E-mail: info@miraisha.co.jp
振替 00170-3-87385

萩原印刷――印刷・製本

ISBN 978-4-624-11196-0 C0022